Ortfried Schäffter (Hrsg.) · Das Fremde

Ortfried Schäffter (Hrsg.)

Das Fremde

Erfahrungsmöglichkeiten zwischen Faszination und Bedrohung

Westdeutscher Verlag

Die Deutsche Bibliothek - CIP-Einheitsaufnahme

Das Fremde: Erfahrungsmöglichkeiten zwischen Faszination und Bedrohung / Ortfried Schäffter (Hrsg.). - Opladen: Westdt. Verl., 1991
ISBN 3-531-12245-2
NE: Schäffter, Ortfried [Hrsg.]

Der Westdeutsche Verlag ist ein Unternehmen der Verlagsgruppe Bertelsmann International.

Umschlaggestaltung: Horst Dieter Bürkle, Darmstadt
Druck und buchbinderische Verarbeitung: Lengericher Handelsdruckerei, Lengerich
Gedruckt auf säurefreiem Papier
Printed in Germany

ISBN 3-531-12245-2

Inhalt

III. Assimilationsversuche
Die Auflösung des Fremden im Zugriff der Aneignung

IV. Das Unheimliche im Vertrauten
Paradoxes Oszillieren zwischen Innen und Außen

Vorwort

"Sage mir, was Dir fremdartig erscheint, und ich sage Dir, wer Du bist!"

Seit einiger Zeit wird das Verhältnis zwischen "Innen" und "Außen" prekär und uns dabei auf lustvolle wie auf schmerzliche Weise bewußt. Vielfältige Grenzflächen zum Fremden haben sich emotional aufgeladen und erweisen sich als ambivalent: ihre Erfahrungsmöglichkeiten bewegen sich zwischen Faszination und Bedrohung.

Mit der zunehmenden Durchlässigkeit der politischen und sozialen Grenzen und einer sich steigernden globalen Mobilität werden auch die Möglichkeiten zur Auseinandersetzung mit dem "konkreten Fremden", d.h. mit seiner ernüchternden Alltäglichkeit vielfältiger. Wenn lange Zeit die Vorstellung vorherrschen konnte, daß "die Fremde" vorwiegend räumlich außerhalb des eigenen Lebenshorizonts anzusiedeln sei, so gerät sie uns heute bereits auf vielfältige und oft sonderbare Weise "unter die Haut".

Es geht daher nicht mehr allein um die Klärung dessen, worin die Fremdartigkeit des Anderen im einzelnen besteht oder wie sie sich in vertrauten Begriffen beschreiben und erklären ließe. In der spannungsreichen Beziehung zwischen einem eigentümlichen "Innen" und einem fremdartigen "Außen" werden wir vielmehr damit konfrontiert, daß es zunächst um die eigenen Wahrnehmungsweisen und Erfahrungsmöglichkeiten geht, durch die Teile der Außenwelt (aber auch unbekannte Innenwelten) uns zu be-fremden vermögen.

Fremdheit wird in diesem Sammelband daher nicht auf den "exotischen" Charakter eines Gegenstandsbereichs zurückgeführt, sondern auf das meist unbewußt bleibende Faktum, daß in befremdlichen Erlebnissen immer auch die besonderen Wahrnehmungsstrukturen und Deutungsmuster einer Person, einer sozialen Gruppe, einer Kultur oder historischen Epoche zum Ausdruck gebracht werden.

Das vorliegende Buch bietet unterschiedliche Möglichkeiten, den besonderen Erfahrungshintergrund von Fremderleben sichtbar werden zu lassen. Es macht sozusagen die "Rückseite des Spiegels" erkennbar, auf dem sich in eigentümlicher Weise das reflektiert, was schließlich als befremdliche Außenseite in Erscheinung tritt.

Ausgangspunkt und Zentrum möglicher Deutungen ist das Spannungsverhältnis zwischen einer personalen, sozialen oder kulturellen Identität zu dem von ihr selbst Ausgegrenzten - sei es als das psychisch Verdrängte (die innere Fremdheit), *die* Fremde als räumliche Ferne, *der* Fremde als alter ego oder *das* Fremde als fremdartiger Objektbereich.
Die Deutungsangebote aus verschiedenen Wissenschaftsdisziplinen beruhen auf Vorträgen der BERLINER SOMMER UNI 90, die von der Berliner Akademie für weiterbildende Studien e.V. in Zusammenarbeit mit dem Referat für Erwachsenenbildung der Freien Universität Berlin vom 2. bis 10. Juli 1990 durchgeführt wurde. Der Sammelband fügt sie nun als Spektrum unterschiedlicher *Erfahrungsmodi von Fremdheit* zu einem Gesamtbild zusammen. Ihrem jeweiligen Problemzugang entsprechend wurden die Beiträge vier Hauptteilen zugeordnet und durch eine theoretische Einführung als einander ergänzende Perspektiven aufeinander bezogen. Erfahrungsmöglichkeiten des Fremden "zwischen Faszination und Bedrohung" lassen sich hierdurch als ein *Steigerungsverhältnis von System-Umwelt-Relationierungen* auffassen. Insgesamt wird damit differenzierter beschreibbar, welche besonderen *Erfahrungsformen* von Fremderleben sich im Laufe der Zeit herausgebildet haben - vor allem aber, welche *Erfahrungsmöglichkeiten* von Fremdheit uns gegenwärtig in unterschiedlichen Lebensbereichen überhaupt zur Verfügung stehen.

Gerade aufgrund ihrer Vielfalt bilden die Beiträge einen Resonanzboden für den Zusammenklang von persönlicher Betroffenheit, sozialwissenschaftlicher Analyse und für die Berücksichtigung globaler Impulse, die immer neue Querverbindungen zwischen bislang getrennten Lebenszusammenhängen hervorrufen.

Berlin, im April 1991 Ortfried Schäffter

EINFÜHRUNG

Modi des Fremderlebens

Deutungsmuster im Umgang mit Fremdheit

Ortfried Schäffter

Wege zu globalem Denken

Die europäischen Formen, in denen die Fremdheit der Welt entdeckt und erfahren werden kann, haben mittlerweile viel von ihrer arglosen Selbstverständlichkeit verloren. Erkennbar wird inzwischen an diesen "Modi des Fremderlebens", wie wir im Laufe unserer Geistesgeschichte mit der eigenen und der fremden Andersartigkeit umzugehen gelernt haben: nämlich über räumlich expansives Ausgreifen, geistige Vereinnahmung und Subsumption in das eigene Weltbild und durch Unterordnung der anderen Erfahrungswelten und Traditionen unter die Perspektivität unserer eigenen Geschichtsschreibung.

In der gegenwärtigen globalen Risikolage, in die sich die gesamte Menschheit hineinbewegt, kann man sich solch blinden Ethnozentrismus jedoch immer weniger leisten. Vielfachen Gefährdungen ausgesetzt, erweist sich das "Raumschiff Erde" als gar nicht mehr so unermeßlich weiträumig und reich an Ressourcen, wie dies zu Beginn der menschlichen Expansion in die Wildnis einer äußeren Natur noch erschien. Als Mitbewohner einer zunehmend ent-fremdeten und auch begrenzteren Welt müssen wir uns mit der Tatsache auseinandersetzen, daß sich unser Globus in seinen Kontinenten, Regionen und Lebensbereichen zu einem immer engeren Netz gegenseitiger Abhängigkeiten verknüpft. Hierdurch werden auch einander ferne Lebenszusammenhänge in ein immer dichter gefügtes Mosaik gepreßt, in dem mentale und historische Distanzen überhaupt erst miteinander in Kontakt gebracht werden. Fremdheit stellt sich uns daher immer seltener als eine ausschließlich räumlich erfahrbare Spannung dar. Sie erscheint vielmehr als eine konfliktträchtige Zeitgenossenschaft von unterschiedlichen Bedeutungszusammenhängen, zwischen denen häufig eine unüberbrückbare geschichtliche Distanz liegt.

Erst dadurch, daß unsere Lebensbereiche in immer geringerem Maße zwischen einem "Innen" und "Außen" getrennt sind und folglich mehr und mehr Überschneidungsbereiche herausbilden, wird erfahrbar, daß Fremdheit ein Beziehungsverhältnis darstellt, das sich durch Nähe intensiviert. Erst so können die zunächst latent zugrundeliegenden Unterschiedlichkeiten eine soziale Bedeutung erlangen und sich zu persönlichen, gruppenbezogenen, politischen, ökonomischen oder kulturellen Reibungsflächen aufbauen. Erst durch unmittelbare Kontakte werden wir sensibel für die Bedeutung unvergleichbarer "Eigenzeiten".[1] Damit ist gemeint, daß ein Sinnkosmos seinem eigentümlichen Entstehungszusammenhang und Entwicklungsrhythmus unterworfen ist, aus dem heraus sich die jeweils äußere Welt konstituiert und aus dem er seine besondere Bedeutung erhält. Jedes autonome Sinnsystem - sei es eine Person, soziale Gruppe, gesellschaftliche Institution oder kulturelle Einheit - verfügt somit über ihre eigene Vergangenheit, besondere Gegenwart und spezifische Zukunft. Daher sind sie einander vor allem in bezug auf ihre "Temporalität" fremd: Sie existieren in verschiedenen Eigenzeiten, was zur Folge hat, daß sie in gegenseitigem Kontakt eine Verschränkung ihrer divergenten Geschichten, d.h. eine "Gleichzeitigkeit von Ungleichzeitigem" hervorrufen. Besonders hieraus gewinnt unsere weltgechichtliche Entwicklung eine neuartige Spannung. Fremdheit entwickelt sich zunehmend deutlicher zu einer "temporalen Problematik": Es geht dabei um eine Zeitgenossenschaft divergenter Gegenwärtigkeit.

Fremdheit als Beziehungsverhältnis

Fremdheit, nicht als objektiver Tatbestand, sondern als eine die eigene Identität herausfordernde Erfahrung, ist Indiz und lebhafter Ausdruck dafür, daß nun neuartige und für das bisherige Selbstverständnis "befremdliche" Beziehungen erschlossen werden konnten. Erst wenn Grenzen zu Kontaktflächen werden, wird Fremdheit zu bedeutsamer Erfahrung. So läßt sich festhalten, daß nur dann, wenn wir uns näher gekommen sind, die Fremdheit des anderen überhaupt erst in Erscheinung tritt. Fremdheit ist daher keine Eigenschaft von Dingen oder Personen, sondern ein Beziehungsmodus, in dem wir externen Phänomenen begegnen. Fremdheit ist ein relationaler Begriff, dessen Bedeutung sich nur dann voll erschließt, wenn man seine eigenen Anteile in diesem Beziehungsverhältnis mit zu berücksichtigen vermag. Es geht dabei um die Fähigkeit, seine eigene Position und Sichtweise als *eine* Möglichkeit u.a. zu erkennen und dabei zu sehen, daß das, *was* ich und *wie* ich es als fremd erlebe, sehr wesentlich von meiner eigenen Geschichte abhängt. Fremdheit ist somit ein historisch gebundenes Phänomen. Es ist die jeweilige personale und soziale Identität, die erst die Fremdartigkeit des Anderen hervorruft.

Das trifft gleichermaßen für das jeweilige Gegenüber der Interaktion zu: Auch aus der Perspektive der "anderen Seite" (d.h. z.B. einer fremden Persönlichkeit, sozialen Gruppe, Generation, fremden Nation oder Kultur) kann meine Eigenheit auf sehr verschiedene und schwer nachvollziehbare Weise fremdartig erscheinen. Bei der Begegnung zwischen differenten Sinnwelten stoßen daher immer auch unterschiedliche Konzepte und Wahrnehmungstraditionen von dem aufeinander, was als fremdartig gilt. Fremde sind daher einander oft auch auf unterschiedliche Weise fremd - und sind sich dessen nur ausnahmsweise bewußt. So kann die Art und Weise, wie z.B. ein Mann von einer Frau, ein Europäer von einem Asiaten oder ein Großvater von seinem Enkelkind als fremd erfahren wird, wiederum eine bestürzend fremdartige Erfahrung sein - sofern diese Wahrnehmungsdifferenz überhaupt thematisierbar wird.

Die Einsicht in diese Vielschichtigkeit einer Distanz, die zwischen zeitgenössischen Partnern liegt, vermittelt ein weit realistischeres Bild von den praktischen Verständigungsproblemen, als man es bei den bislang gewohnten einseitigen Problembeschreibungen erhält. In der unmittelbaren Auseinandersetzung mit der Fremdheit eines konkreten Gegenübers geraten daher die Interaktionspartner schnell in ein Spiegelkabinett gegenseitig unbekannter "Erwartungs-Erwartungen": Man kann nicht sicher sein, welche Erwartungen man auf der Gegenseite realistischerweise erwarten kann. Wie viel einfacher war es da noch in den "klassischen", standardisierten Fremdenrollen, wie dem auswärtigen Händler, dem Eroberer, dem fremden Weisen, dem fremden Künstler, dem Flüchtling oder dem Heimkehrer, bei denen weitgehend sozial geregelt war, was man von einander zu halten hatte und was jeweils in welcher Bedeutung als "fremd" gelten konnte.[2)]

Wie kompliziert wird hingegen der Alltag, wenn das Zusammenstoßen getrennter Sinnwelten nicht mehr durch Sonderrollen ausgewiesen ist, so daß man immer seltener auf universelle Modi zurückgreifen kann. Diese Verhaltensunsicherheit führt dazu, daß Fremderleben in bezug auf seine situative Angemessenheit problematisch werden kann und daher immer wieder reflexionsbedürftig wird. Wie aber läßt sich diese notwendige Reflexion auf Fremdheit in einer Gesellschaft und global zwischen verschiedenen Gesellschaften auf Dauer stellen?

Der Austausch forschender Blicke jeweils hinüber zur anderen Seite, der durch eine realistischere Antizipation des Fremden zunächst eine größere Tiefenschärfe gewann, verliert sich schließlich in einem heillosen Zirkel der Reflexion. Fremderleben löst sich dabei auf in ein relativistisches Oszillieren zwischen Innen und Außen, das in die unheimliche Erfahrung von Bodenlosigkeit umschlagen kann.

Fremdheit als Unterscheidung

Es ist in diesem Zusammenhang daher von theoretischem wie von praktischem Interesse, welche "Modi des Fremderlebens" es überhaupt miteinander zu tun bekommen können und mit welchen Auffassungen von gegenseitiger Fremdheit man in der realen Begegnungssituation überhaupt zu rechnen hat.

Reflektierter Umgang mit Fremdheit reicht daher notwendigerweise über eine isolierte Selbstklärung des eigenen Fremderlebens hinaus - so wichtig dies zunächst als erster Schritt auch sein mag. Offenheit für das Anderssein des Gegenübers muß darüber hinaus in Rechnung stellen, daß man es auch mit unbekannten Reaktionsformen im Umgang mit Fremdheit zu tun bekommen kann. Bei Verständigungsversuchen über die Bedeutung möglichen "Nicht-Verstehens" stellt es eine wichtige Klärung dar, wenn erkennbar wird, aus welchen Grenzsetzungen heraus eine kulturelle, nationale, soziale oder personale Identität ihre spezifische "Eigenheit" ableitet und gegen Andersartiges kontrastiert.

Die möglichen Deutungsmuster des Fremderlebens beziehen sich daher auf soziale Bruchlinien, die in der (gesellschaftlichen) Umwelt zunächst als Differenzen vorgefunden werden und der sie nun einen besonderen Sinn verleihen. In Anlehnung an Gregory Bateson läßt sich formulieren, daß eine soziale Bruchlinie auf diese Weise zu *einem Unterschied wird, der einen wichtigen Unterschied ausmacht.*3) Welcher Unterschied nun auf dieser elementaren Scheidelinie jeweils wirksam wird, bleibt dabei zunächst noch bestimmungsbedürftig. Sie kann die Bedeutung erhalten von Grenzlinie, Kontaktstelle, Spannungsgefälle, Konfliktfeld, Berührungsfläche, Erfahrungshorizont, Informationsquelle, um nur die offensichtlichsten Varianten möglicher Relationierungen zu nennen. Hierdurch erhalten Erfahrungsmodi des Fremderlebens eine *inhaltliche* Bedeutung,4) wie z.B.:

- *Das Fremde als das Auswärtige*, das Ausländische, d.h. als etwas, das sich jenseits einer räumlich bestimmbaren Trennungslinie befindet. Raumbezogene Deutungsmuster des Fremden unterscheiden hierbei zwischen "Zugänglichkeit" und "Unzugänglichem". Es geht dann um die lokale Erreichbarkeit von bislang Abgetrenntem. Diese Perspektive enthält gleichzeitig eine starke Betonung des "Inneren" als Heimat oder Einheitssphäre.
- *Das Fremde als Fremdartiges*, z.T auch im Sinne von Anomalität, von Ungehörigem oder Unpassendem steht in Kontrast zum Eigenartigen und Normalen, d.h. zu Eigenheiten, die zum Eigenwesen eines Sinnbezirks gehören.
- *Das Fremde als das noch Unbekannte* bezieht sich auf Möglichkeiten des Kennenlernens und des sich gegenseitig Vertrautmachens von Erfahrungsbereichen, die prinzipiell erreichbar sind.
- *Das Fremde als das letztlich Unerkennbare*, ist das für den Sinnbezirk transzendente Außen, bei dem Möglichkeiten des Kennenlernens prinzipiell ausgeschlossen sind.
- *Das Fremde als das Unheimliche* zieht seine Bedeutung aus dem Gegensatz zur Geborgenheit des Vertrauten. Hier geht es um die beklemmende Erfahrung, daß auch Eigenes und Vertrautes zu Fremdartigem umschlagen kann. Die Grenze zwischen Innen und Außen verschwimmt, wenn das "Heimische" unheimlich wird.

Fremdheit in ihrer Funktion für Ordnungskonzepte

Modalitäten des Fremderlebens lassen sich nicht nur in ihren inhaltlichen Einfärbungen charakterisieren, sondern auch in bezug auf ihre Strukturbedingungen daraufhin untersuchen, aus welchem Ordnungsschemata die ihr zugrundeliegende Unterscheidung hervorgeht. Dies ist in der Tat folgenreich! Zu beachten ist bei allen Ordnungsschemata, daß es um gesellschaftliche Wirklichkeitsdefinitionen und damit um Fragen von Macht und Kontrolle geht. "Virulent wird das Fremde in solchen Lebens- und Geschichtsphasen, in denen Ordnungen schwanken und Ordnungspfähle sich verrücken. Ordnungsschübe ziehen Fremdheitsschübe nach sich mit allen Zeichen der Ambivalenz."[5] Erfahrungsweisen von Fremdheit, so "natürlich" sie im einzelnen zunächst auch erscheinen mögen, sind daher Ausdruck von selbstvergessenen Ordnungsleistungen, die auf einer elementaren Wirklichkeitsebene eine permanente Reproduktion von Mustern der Unterscheidung bewirken. Solche tradierten Unterscheidungsmuster gliedern die Welt, machen sie verständlich, vorhersehbar und damit in gewissem Maße beherrschbar. Gleichzeitig sind sie aber immer auch Ausdruck des jeweiligen Standorts und eines besonderen Eigeninteresses, das in konkreten Auseinandersetzungen schnell in Konflikt mit anderen Perspektiven der Weltdeutung geraten kann. Daher werden Deutungsmuster der Fremdheit als politisch wirksame unterschwellige Ordnungsleistungen immer dann repressiv, wenn sie sich als natürliche Ordnung verstehen und folglich den ihnen zugrundeliegenden Interessenstandpunkt zu einer objektiven oder universellen Sicht verabsolutieren.

Die Konstitution einer je spezifischen Sicht von Fremdheit erfüllt daher eine elementare Funktion für das Herausbilden und Aufrechterhalten von Ordnungsstrukturen. Bernhard Waldenfels formulierte daher kurz und treffend: "Eine Ordnung im Entstehen lebt von dem, was sie draußen läßt"[6]. Folglich wird es notwendig, nicht allein die vielfältigen inhaltlichen Erscheinungsformen von Fremderleben auseinanderzuhalten, sondern i.S. einer *Phänomenologie der Fremdheit* auch deren zugrundeliegende strukturellen Voraussetzungen zu berücksichtigen. Es ist zu fragen, auf welcher "Leitdifferenz"[7] sich eine Ordnung herausbildet und welche Konsequenzen diese elementare Scheidung für den Modus des Fremderlebens hat. Um es in einer Metapher auszudrücken: Der Blick sollte sich nicht nur auf die möglichen Erscheinungsbilder der Welt richten, wie sie im Umgang mit Fremdheit zu beobachten sind, sondern auch auf den "Hintergrund des Spiegels", von dem es abhängt, welche Auffassungen von Fremdheit jeweils verfügbar werden.

Es wird daher vorgeschlagen, mögliche *Deutungsmuster von Fremdheit* anhand von vier elementaren Ordnungsschemata systemspezifischer Innen/Außen-Beziehungen zu unterscheiden:

- Ordnungen transzendenter Ganzheit:
  Das Fremde als tragender Grund und Resonanzboden von Eigenheit.

- Ordnungen perfekter Vollkommenheit:
  Das Fremde als Negation von Eigenheit.

- Ordnungskonzepte dynamischer Selbstveränderung:
  Fremdheit als Chance zur Ergänzung und Vervollständigung.

- Konzeptionen komplementärer Ordnung:
  Eigenheit und Fremdheit als Zusammenspiel sich wechselseitig hervorrufender Kontrastierungen.

Im folgenden werden die vier Ordnungskonzepte und die von ihnen konstituierten Modi des Fremderlebens genauer erläutert. Für den Sammelband bilden sie einen Deutungsrahmen, mit dem sich die Beiträge in ihren unterschiedlichen Perspektiven ordnen und aufeinander beziehen lassen. Es ist zu hoffen, daß hierdurch das Spektrum von "Erfahrungsmöglichkeiten zwischen Faszination und Bedrohung" als ein Steigerungsverhältnis von System-Umwelt-Relationierungen nachvollziehbar wird. Hierfür bieten die einzelnen Beiträge jeweils exemplarische Zugangsmöglichkeiten, die am Ende dieses Rahmenaufsatzes als Lese-Anregung verdeutlicht werden.

I. Fremdheit als Resonanzboden des Eigenen

Der erste Modus des Fremderlebens beruht auf einem *Ordnungsschema*, in dem sich die Unterscheidung gegen die Grundlage einer noch ungeteilten Basis richtet. Das Fremde erscheint hierdurch als abgetrennte Ursprünglichkeit. Die für das Herausbilden von Eigenheit notwendige elementare Scheidung, wie z.B. von Innen und Außen, Nähe und Distanz, Zivilisation und Wildnis, Wachen und Schlafen, Mensch und Tier, Geist und Körper u.ä. wird als ein Spannungsverhältnis auf der Grundlage basaler Gemeinsamkeit aufgefaßt. Das Trennungserleben beruht daher auf dem *konstitutiven Zusammenhang* einer "Figuration" mit ihrem "Hintergrund", vor dessen Unbestimmtheit diese erst als Bestimmtheit in Erscheinung treten kann. In dieser Deutung erhält das Fremde für eine Ordnungsstruktur die Funktion des Ursprünglichen, des "Urgrundes" oder eines allgemeinen Bedingungszusammenhangs. Die Grenzlinie zwischen Eigenheit und Fremdheit bezieht sich daher nicht auf einen prinzipiellen Bruch, sondern auf ein Verhältnis spannungsreicher Verbundenheit, einen Gleichklang von Unterschiedlichem oder eine existentielle Teilhabe. Resonanz als Modus der Innen-Außen-Verschränkung läßt Fremdheit über Affinität, Verständnis, Einfühlung, Solidarität, Liebe, Mitleid oder Empathie als prinzipiell verstehbar erscheinen, ohne dabei die Grenze vernachlässigen oder leugnen zu müssen: Der vedische Spruch: "Tat twam asi" bezieht sich auf eine derartige Deutung des anderen als das von mir zwar Unterschiedene, aber der gleichen Wurzel Entstammende: "Sieh', das Fremde ist ganz wie Du!" - als Kreatur, Organismus, Mensch oder bewußtes Selbst. So thematisiert dieser Modus des Fremderlebens die konstitutiven Voraussetzungen der Ordnung als gemeinsame Allgemeinheit mit. Das "Eigene" ging erst durch ein Heraustreten, durch eine Trennung oder einen "Abfall" aus der ursprünglichen, undifferenzierten Ganzheit hervor, die nun als Außenseite und Hintergrund verfremdet wird und hierdurch der eigenen Identität die Kontrastfläche bietet. In temporaler Deutung erscheint hier das Fremde als das Ursprüngliche, ohne das die Eigenheit nicht möglich wäre, zu der sie jedoch im Verlauf einer Identitätsentwicklung in Distanz treten muß. Hierdurch entsteht ein Spannungsverhältnis zwischen Abhängigkeit und emanzipatorischer Bewegung, aus dem eine eigentümliche *Integrationsfunktion* des Fremden für die Identitätsentwicklung folgt:

Einerseits wird der konstitutive Weltengrund als Fremdartiges nur aufgrund einer Emanzipation der Eigenheit thematisch und erhält somit erst durch das jeweilige Sinnsystem seinen Ausdruck. Andererseits erscheint das Fremde in Gestalt der universellen Außenwelt als eine totale Dimension von überwältigend bedrohlicher Übermacht. Rudolf Otto[8] bezeichnet diese existentielle Variante des Fremden als "das Numinose", das ein "Kreaturgefühl" hervorruft, das mit Erschrecken und Erschaudern vor der unbegreiflichen Übermacht des "Ganz Anderen" verbunden ist.

Fremdheitserfahrung als Einsicht in den tragenden Grund der eigenen kreatürlichen, psychischen, sozialen oder kulturellen Existenz kann sich als Faszination an einer sensitiven Verbundenheit mit dem eigenen Ursprung, aber auch als "Tremendum", als Schauder angesichts drohender Identitätsauflösung und Verschlingen durch den mythischen Uroborus-Drachen äußern. Diese Verbindung von Gefährdung und Verlockung gelangt in vielfältiger Weise in den Naturmythen, in den kollektiven Erinnerungen an das Ende des Goldenen Zeitalters, in den archaischen Heroen, aber auch in den Berichten der Mystiker zum Ausdruck. Der Erfahrungsmodus beruht dabei auf einer System-Umwelt-Relationierung, durch die sich an den Kontaktflächen des Eigenen zum Fremden eine "Ordnung im Zwielicht" herausbildet. Fremdheit wird hier nicht als schroffe Entgegensetzung, sondern als "Schwellenerfahrung" erlebbar. Die Grenze zwischen Innen und Außen, zwischen Mensch und Tier, Wachen und Träumen, Bewußt und Unbewußt läßt sich, wie es Bernhard Waldenfels formuliert, als ein "Einzugsbereich" verstehen, in dem sich unzuvereinbarende Ordnungsstrukturen überlagern und hierdurch ins "Zwielicht" geraten.[9]

Walter Benjamin stellt Fremderfahrungen, die hier möglich werden, in den Zusammenhang mit "rites de passage - so heißen in der Folklore die Zeremonien, die sich an Tod, Geburt, an Hochzeit, Mannbarwerden etc. anschließen. In dem modernen Leben sind diese Übergänge immer unkenntlicher und unerlebter geworden. Wir sind sehr arm an Schwellenerfahrungen geworden. Das Einschlafen ist vielleicht die einzige, die uns geblieben ist. (Aber damit auch das Erwachen.) Und schließlich wogt wie der Gestaltenwandel des Traums über Schwellen auch das Auf und Nieder der Unterhaltung und der Geschlechterwandel der Liebe." "Schwelle ist eine Zone. Wandel, Übergang, Fluten liegen im Worte 'schwellen' und diese Bedeutungen hat die Etymologie nicht zu übersehen."[10]

Wenn Eigenartiges und Fremdartiges sich in dieser Sicht derartig bedingen und sich zeitweilig in der Erfahrung resonant überlagern, so bedeutet dies nicht notwendigerweise, daß sie auch unter eine gemeinsame Ordnung zu subsumieren wären. Das Fremde bleibt hier trotz aller tieferen Affinität und trotz gemeinsamer Herkunft dennoch der eigenen Erfahrung transzendent. Einfühlung, Sympathie und empathisches Verstehen bleiben damit weiterhin voraussetzungsvolle Deutungsmuster im Umgang mit Fremdheit. Der Widerhall, den das Eigenartige im Fremdartigen und die Fremdheit im Vertrauten findet, bleibt daher immer an eine spezifische innere Ordnung gebunden:

"Die Gegenstimme tönt mir nicht erst von außen entgegen, sie ertönt im eigenen Haus als ein Echo, das mich narrt oder begleitet wie in der latenten Mehrstimmigkeit mancher Solostücke."[11)]

In der europäischen Tradition hat die Deutung von Fremdheit als Entdeckung und Wiedergewinnung des eigenen Ursprungs seinen festen Platz. ..."Wie Goethe seinen Hafis entdeckte, so erschloß Rückert sich die Weisheit der Brahmanen; und Herder riet, sich "einzufühlen" in jedes Zeitalter und jede Himmelsgegend, um durch das Kunstwerk das Wesen der Fremde nachvollziehend anzueignen: Stets fand man derart suchend unfehlbar die Fremde, die man gesucht hatte."[12)]

In einem immer wieder einsetzenden "Aufbruch nach Asien" bildete sich ein Erfahrungsmodus heraus, in dem die fernöstlichen Kulturen als Kindheit Europas gedeutet wurden:

"Asien galt Herder als Unschuld, Reinheit und Ursprünglichkeit, als Ursprung und Tiefe des eigenen abendländischen Wesens. Besonders faszinierte ihn der Gedanke der Einheit hinter allem Seienden im asiatischen Denken und die daraus resultierende Friedfertigkeit allem Lebenden gegenüber."[13)]

Neben der Südsee mit Tahiti als Metapher eines irdischen Paradieses wurde in der weiteren Entwicklung vor allem Indien zum europäischen Symbol einer verlorenen menschlichen Ganzheitlichkeit, nach der die Europäer sehnsuchtsvoll verlangten und die nur über sensible Einfühlung wiedergewonnen werden könnte. Christiane Günther arbeitete in ihrer Studie über "Kulturelle Fremde in der deutschen Literatur um 1900" heraus, wie man vor den Weltkriegen noch der Überzeugung sein konnte, daß "Deutsche zur Einfühlung in die Kulturfremde besonders befähigt seien". Nach damaliger Auffassung erzeugten die deutschen Dichter "eine größere 'relative' Wahrheit, indem sie nämlich nur die *wirklich bekannte Menschlichkeit* des Exoten registrierten und nicht weiter vorgäben, ihn genau zu durchschauen. Diese *Intuition*, dieses *seelische Anschmiegungsbedürfnis an das Fremde*, das dem Deutschen zu eigen sei, lege ihm denn auch die Aufgabe nahe, *Brücken zu bauen* und dadurch das Fremde zu *beleben*."[14)]

(Wieder-)Entdeckung universeller oder existentieller Voraussetzungen und Ursprünglichkeit des Eigenen im Fremden kann sich über interkulturelles Verstehen hinaus auf sehr verschiedene Erfahrungsdimensionen beziehen und läßt sich daher allgemein als ein Rekurs auf die "Conditio Humana" begreifen. Dieses Deutungsmuster im Umgang mit Fremdheit beruht auf der Prämisse einer grundsätzlichen Verstehbarkeit aller menschlichen Ausdrucksformen, sofern man nur selbst Zugang zur gemeinsamen anthropologischen Basis fände. Aus dem theoretischen Konstrukt einer "psycho-physischen Einheit der Menschheit"[15)] begründet sich schließlich auch die Möglichkeit zu einer "interkulturellen Hermeneutik". Indem man sich auf "existentielle transkulturelle Erfahrungen" stützt, wird die Fremdheit der anderen Kultur oder Persönlichkeit auf der gemeinsamen Grundlage eines Allgemein Menschlichen erfahrbar, so wie grundsätzlich jedes hermeneutische Vorgehen ein gemeinsames "Vorverständnis" als Grundlage von Fremdverstehen vorauszusetzen hat.

II. Fremdheit als Gegenbild

Einem weitgehend anderen Zusammenhang entspringt Fremderleben, wenn es aus einer *Ordnungsstruktur* hervorgeht, die einerseits nach Eindeutigkeit sowie innerer Kohärenz und konsequenterweise andererseits nach Ausgrenzung des Andersartigen, des für sie "Abartigen" und "Artfremden" verlangt. In dem nun skizzierten Deutungsmuster erhält das Fremde daher den Charakter einer Negation der Eigenheit, und zwar im Sinne von gegenseitiger Unvereinbarkeit. Erlebbar ist hier nicht mehr das latente Verschränkungsverhältnis von Figur und Grund; statt dessen richtet sich die Aufmerksamkeit von Faszination und Bedrohtheitsgefühl auf eine feste und klar definierte Grenzlinie, mit der die Integrität der Eigenheit bewahrt und geschützt werden soll. Insofern gerät das Fremde zum Ausgegrenzten, das dem Eigenen "wesensmäßig" nicht zugehörig ist und als Fremdkörper die Integrität der eigenen Ordnung zu stören und in Frage zu stellen droht. Jenseits dieser Grenze jedoch erfüllt es die *Funktion* eines signifikanten Kontrasts, der als Gegenbild gerade die Identität des Eigenen verstärken kann. Wer noch nicht in der Fremde war, kennt die Heimat nicht - wer keine Fremdsprache erlernt hat, kennt seine Muttersprache nicht.

Als Gegenbild kann Fremdheit unbestimmt und allgemein, aber auch als sehr konkreter Gegensatz in Erscheinung treten. Im Sinne von ungewohnt, unüblich, undenkbar erscheint das Fremde als allgemeine Negation des ständig mitgedachten Horizonts des Eigenen und bleibt als "mitlaufende Selbstreferenz" in der Regel latent: Das Fremde ist das Unding, das Nicht-Eigene. Diese Asymmetrie der Innen-Außen-Relation zeigt sich in einer Überbetonung des Inneren, das sich in seinem "Wesen" zu vervollkommnen sucht und zu einem möglichst perfekten Selbstausdruck gelangen möchte. Die für die Ordnungsstruktur der Einheit und Integrität charakteristische Metaphorik von Reinheit, Unvermischtheit, innerer Stärke und Gesundheit tendiert dazu, dem Fremdartigen daher auch die Konnotation von Vermischung, Unreinheit, Gift und Schmutz zuzuweisen. Dies gilt vor allem, wenn die innere Ordnung der Eigenheit noch nicht gesichert oder im Innen-Außen-Verhältnis durch "Überfremdung" gefährdet erscheint.

Mit der Verfestigung der inneren Integrität und der Außengrenzen erhält auch die Außenwelt eine höhere Bestimmtheit, die deutlich von dem Eigenbild abhängt: das Außen ist sozusagen alles das, was das Innen nicht ist. Die sich verfestigende Schale der zur Einheit geschlossenen Eigenheit wird somit zum Spiegelbild der Innenseite[16)] und läßt die systemspezifische Umwelt in eine Dualität schroffer Gegensätze und Widersprüche eines "entweder-oder" zerfallen: Wachbewußtsein oder "Unbewußtes"; Realität oder Traum; Mensch oder Tier; Mann oder Frau; Rationalität oder Unvernunft; Körperlichkeit oder Geist, Individuum oder Kollektivität usw.

Da sich die Eigenheit dieser Ordnungsstruktur in selbstbewußter Eindeutigkeit ausschließlich einer Seite des dualen Verhältnisses zuschreibt, ruft Fremderleben notwendigerweise konflikthafte Gegensätzlichkeit hervor. Das Fremde erscheint als der "natürliche Feind". Zumindest stellt es eine latente Bedrohung der eigenen Integrität dar, die letztlich nur durch eigene Stärke in Schach gehalten werden kann. Stellt sich das Verhältnis zwischen Mann und Frau im ersten Modus noch als Differenz auf der Grundlage einer androgynen Ununterschiedenheit des Menschlichen dar, die Fremdverstehen über Empathie möglich macht, so begründet Fremderleben in dem hier skizzierten zweiten Modus eine Unausweichlichkeit des Geschlechterkampfs.

Je bestimmter und kontrastschärfer sich jedoch ein duales Gegensatzpaar konstelliert, um so leichter stellt sich schließlich eine Balance her, in der das Eigene und das Fremde sozusagen eine Gleichung mit austauschbaren Vorzeichen bilden. Bei diesem Stand der Entwicklung ist der Punkt nicht weit, wo das konkrete Gegenbild zum Vor-Bild umzuschlagen vermag. Je stärker daher das Fremde als normativer Gegensatz zur Konstitution der Eigenheit benötigt wird, umso stärker ist mit der Konstruktion der "positiven Seite" auch der Aufbau einer "negativen Seite" verbunden. Hierdurch erhält das Fremde über den ursprünglichen diffusen Bedeutungshof des Ungehörigen, Unzulässigen, Sündhaften, Bestialischen oder undenkbar Schrecklichen hinaus die zunehmend konkretere Bedeutung einer verführerischen unzulässigen Alternative zur reduzierten Eigenheit. Die Welt des Anti-Christ erscheint schließlich faszinierender als die Langweiligkeit eines "lieben Gottes", das Irrationale "lebendiger" als die dröge Rationalität schulmeisterlicher Aufklärung.

So droht "*die andere Seite*", wie sie z.B. bei Kubin krisenhaft zu künstlerischem Ausdruck kam[17)] und wie sie als psycho-therapeutische Problematik des eigenen Schattens von C.G. Jung analysiert wurde, bei zu großer Einseitigkeit der "positiven Seite" abrupt zur Gegenseite umzuschlagen. Die duale Struktur dieses Deutungsmusters "produziert" daher ihre eigene Negation, die schließlich als Gegenbild bedrohlich wird:

"Kanton ist eine gespenstische Stadt. Alles ist seltsam. Die dunklen Straßen sind krumm und unheimlich und vom Himmel abgeschlossen. Der Gestank in der Luft ist nicht zu atmen. Die Gassen sind voll von einer schmutzigen Menge... Wenn man, wie von einem bösen Traum verfolgt, von Gasse zu Gasse eilt, starren sie einem nach mit neugierigen Gesichtern. Da kommt einem die Erinnerung an die teuflische Art des Volkes, an seine möderischen Aufstände, an seine satanische Grausamkeit."[18)]

Die *Ausgrenzungsfunktion* dieses Deutungsmusters läßt daher auch triviale Erfahrensweisen und Beschreibungen des Fremden mythisch-traumhaft erscheinen, unabhängig davon, ob es sich um dabei um innerpsychische, interpersonale oder interkulturelle Auseinandersetzungen mit der abgespaltenen Außenseite handelt. Gemeinsam ist den Beschreibungen eine unterstellte Gefährdung. Erst aufgrund einer Integrationsform, die das Fremde nicht "indifferent" in ihrer Eigenart belassen kann, erhält das Nicht-Subsumptionsfähige als Unbewußtes, als Krankheit, Irrationalität oder als Aberglaube zutiefst bedrohlichen Charakter. So gebiert z.B. die Vernunft durch fehlendes Bewußtsein ihrer eigenen Bedingtheit und

Begrenzung die Ungeheuer, vor denen sie erschrickt, wie dies in dem berühmten Bild von Goya allegorisch dargestellt wird.

Das Gegenbild des Fremden kann indes auch zum positiven Gegensatz einer *negativ* erlebten Eigenheit umschlagen. Gerät die "Eigenheit" über fortschreitende Prozesse der Ausgrenzung und Abspaltung zu immer höherer "Reinheit" und "Perfektion" in eine Stagnation ihrer Entwicklung, so kann der Komplex des Verdrängten und Ausgegrenzten die Bedeutung einer positiven Alternative erhalten. Die Gleichung wechselt ihr Vorzeichen. Hieraus erschließt sich der *utopische Charakter des Fremden* als Negation einer reduzierten und einseitig verfestigten Eigenheit. Strukturell hat sich jedoch in diesem Ordnungsschema nichts verändert: "So ist die Utopie gewissermaßen ein System, das *vorgibt*, ein anderes zu sein."[19]

Fremdheit übernimmt in Gestalt der Utopie die beschriebene Ordnungsfunktion eines eindeutigen Gegenbildes. Sie ist ein mit Hoffnung geladener Ausdruck der "inneren Außenseite" eines perfektionierten und vereinseitigten Sinnsystems, das nach Wiedergewinnung von Vielfalt, Neuheit und Überraschung verlangt, sich hierbei aber in den Fesseln seiner dualen Grundstruktur verfängt. Geboren werden hier vielfältige Mythen der Zivilisationskritik und Natürlichkeitssehnsucht mit ihren Idealisierungen von dem, was das Eigene gerade nicht bieten kann. Wenn das Gegenbild des edlen Wilden oder der paradiesisch friedlichen Humanität nicht mehr in dem räumlich eng gewordenen Globus gesucht werden kann, weil sich die idealisierte Fremde im Kontakt mit dem "konkreten Fremden" als Enttäuschung herausgestellt hat, so bleibt als Fluchtweg nur noch die Zeit. Das utopische Gegenbild kann nicht mehr auf fernen Inseln vermutet und gesucht werden, sondern wird in die Zukunft verlagert: Die Gattung des utopischen Romans und der sozialwissenschaftlichen Zukunftsforschung übernimmt die Funktion von erträumten Reiseberichten und Entdeckermythen.

Auf den Herrschaftscharakter und die Aggressivität einer assimilativen Vereinnahmung des Fremdkulturellen durch diesen Modus des Fremderlebens weist der afrikanische Ethnologe Duala-M'bedy in seinem Buch "Xenologie. Die Wissenschaft vom Fremden und die Verdrängung der Humanität in der Anthropologie"[20] engagiert und in scharfer Form hin. Er vertritt vor dem Hintergrund des hier skizzierten Deutungsmusters die These, daß die europäische Kultur gerade "aus Unbehagen an sich selbst" den "Mythos des Fremden als eines Kunstückes" benötigt, "um sich selbst wieder in den Griff zu bekommen."[21] Die Wahrnehmung des Fremden als Gegenbild des Eigenen ermöglicht eine Ausbalancierung und produziert in spiegelbildlicher Verkehrung abermals ein vereinseitigtes und reduziertes Bild des Anderen, um eine "eindeutige Alternative zur eigenen Erfahrung" zu gewinnen und dies schließlich als "Kulturregulativ" instrumentalisieren zu können. In Übereinstimmung mit dem hier skizzierten zweiten Erfahrungsmodus schreibt er treffend: "Das Phänomen drückt sich umfassend in der Konfrontation des Anerkannten mit dem Aberkannten, des Normalen mit dem Anomalen aus, primär also in Antinomien aus."[22] Gemäß Duala-M'bedy wird Fremdheit in dieser Deutung zum "Stigma einer polarisierten Welt", in der das Fremde anderer Kulturen vor allem deshalb begehrenswert wird, weil das Eigene nur noch von einem kulturpessimistischen Standpunkt aus erlebt werden kann.

"Die Anderen werden nicht in ihrer Unvergleichlichkeit wahrgenommen, sondern sie sind das, was man selbst nicht ist", charakterisiert Petra Dietzsche diesen Erfahrungsmodus in ihrem Buch "Das Erstaunen über das Fremde."[23] *"Eine schillernde Spiegelung europäischen Vereinnahmungsbedürfnisses, des Strebens, alle menschliche Besonderheit zu subsumieren unter die eigene Idee des Allgemeinmenschlichen, ist der Drang, in die fernste Ferne aufzubrechen, um sich dort selbst zu finden. Je größer die Spanne überbrückter Fremde, desto tiefer die Erfahrung der Selbstwerdung im eigenen Ich."* [24]

III. Fremdheit als Ergänzung

Mit der steigenden Komplexität eines Sinnsystems lassen sich die trennscharfen und schematischen Deutungsmuster einer dualen Ordnung immer schwerer aufrechterhalten, weil sie der sozialen Realität nur unzureichend gerecht werden. Schon durch interne Differenzierung verfügt eine Person, Gruppe oder Kultur über eine Vielzahl unterschiedlicher Umwelten und damit auch über ein Spektrum interner Fremdartigkeit. Die Ordnungsleistung komplexer Systeme bezieht sich daher weniger auf eine statisch seinsverankerte Identität, i.S. eines "eigenen Wesens", sondern sie strukturiert einen prozeßhaften Wandel von eigener Entwicklungslogik. Die Produktivität dieser *Ordnungsstruktur* beruht daher nicht auf der Herstellung einer internen Eindeutigkeit und in der schützenden Abgrenzung des Eigenen nach außen, sondern in der Regelung von Prozessen einer Verinnerlichung des Äußeren und einem Entäußern von Innerem. Dies hat entsprechende Konsequenzen für die daran anschließenden Funktionen und Erfahrungsmodi von Fremdheit. Das für diesen Erfahrungmodus bestimmende Innen-Außen-Verhältnis ist daher durch ein Zusammenspiel von Aneignung von Fremdem mit struktureller Selbstveränderung gekennzeichnet. Die Identität einer solchen Ordnung läßt sich daher als ein selbstregulierter Wachstumsprozeß bzw. Entwicklungsverlauf verstehen, der durch einen Wechsel von "Assimilation und Akkomodation" (Piaget) vorangetrieben wird.

Das Spannungsgefälle zwischen Eigenem und Fremdem beruht daher auf der Bedeutung, die der Fremdkontakt für den jeweiligen internen *Entwicklungsstand* erhält. In dem nun zu klärenden Deutungsmuster geht es somit nicht mehr um einen prinzipiellen Gegensatz, sondern um temporale Probleme einer gegenseitigen *Anschlußfähigkeit* von Entwicklungen. Die Relation bezieht sich auf die Verschränkung von Entwicklungs- und Wachstumsprozessen einer gegenwärtigen Eigenheit mit ihrem je spezifischen Außen. Das Fremde erhält für ein dynamisches Ordnungsgefüge die *Funktion eines externen Spielraums*, der entwicklungsfördernde Impulse und strukturelle Lernanlässe erschließen hilft und in dem auch unvorhersehbare Entwicklungen möglich werden. Grundsätzlich entsteht hierdurch ein Wechselverhältnis zwischen der unausgeschöpften Potentialität einer Ordnungsstruktur und den Realisierbarkeitschancen ihrer Entfaltung. So geht es hier nicht allein darum, das Eigene durch assimilatives Auffüllen mit immer Gleichem auszuweiten, sondern um die Entdeckung bislang ungeahnter Möglichkeiten: "Werde, der Du bist." Das Zusammenspiel innerer und äußerer Fremde hilft dabei, die bislang noch latenten Potenzen durch Prozesse der Selbstveränderung freizusetzen. Bei diesem Wechselspiel zwischen Assimilation und Akkomodation ist zwischen Intensitätsgraden und Tiefenniveaus der Fremderfahrung zu unterscheiden:

"*Das Fremde* wären unbekannte und unverfügbare Erfahrungsgehalte und Erfahrungsbereiche, sozusagen weiße Flecken innerhalb der eigenen Welt, Unbestimmtheiten, für die Bestimmungsregeln bereitliegen, und Leerstellen, die sich bei geeignetem Erfahrungsfortschritt füllen lassen. *Fremdartiges* wäre dagegen etwas, was die bestehenden Erfahrungsstrukturen und Erfahrungsordnungen sprengt, Unbekanntes in einem gesteigerten Sinn also, für das unsere Ordnungsraster nicht ausreichen." 25)

Besonders in seiner zweiten Bedeutung, d.h. in seiner Akkomodationswirkung erhält hier das Fremde die Funktion einer strukturellen Ergänzung. Fremderfahrung ermöglicht in diesem Zusammenhang *Selbsterfahrung* im Sinne eines Aufdeckens von Lücken, Fehlstellen oder, wenn man will, auch von "Fehlern". Die räumliche Fremde wird so zum Lernumfeld für wandernde Scholaren, Handwerksgesellen und Abenteurer und der fremdländische Lehrer zum gefragten Experten fremder Künste oder zur archetypischen Verkündergestalt von Geheimwissen und schockierend Unerwartetem. Die daraus entstehende Faszination des Fremden, die sich in diesem Deutungsmuster aus Informationsbedarf, Abwechslungsbedürfnis, Neugierde und Wissenstransfer begründen läßt, hängt jedoch in hohem Maße von der Entwicklungsgeschwindigkeit und dem Entwicklungsstand des betreffenden "Sinnsystems" zusammen. Wie bei allen Prozeßverläufen mit unübersehbar komplexer Eigenlogik stellen sich auch hier im Verhältnis zwischen Eigenem und Fremdem unkalkulierbare Probleme der Verfrühung und Verspätung. Das "Nicht-Entdecken" von systemrelativ "wichtiger Fremdheit" kann daher weitreichende Folgen für den weiteren Entwicklungsverlauf haben. Dies läßt sich auf der Folie einer "Normalbiographie", einer gelungenen Karriere oder eines "gesunden Wachstums" auch als "Entwicklungsknick" oder gar als Scheitern bewerten. In dieser Bedeutung läßt sich der Entwicklungsstand eines Sinnsystems danach beurteilen und mit anderen vergleichen, inwieweit und auf welche Weise es in der Lage ist, "relevante Fremdheit" für sich zu entdecken und sich über Selbstveränderung anzueignen. Dies gilt nicht nur für strukturelle Lernfähigkeit und Bildungsbereitschaft von Individuen, sondern auch für die Fähigkeit zur produktiven Umweltaneignung bei sozialen Gruppen, gesellschaftlichen Institutionen und von Kulturen.26)

In einem derartig expansiven Selbstverständnis wird Fremderleben weitgehend auf die *Funktion von Informationsbeschaffung* reduziert, die für die Weiterentwicklung des Eigenen nützlich ist. Für das aneignende System stellt sich hierbei möglicherweise die eigene *Verarbeitungskapazität* für Neues und Ungewohntes als Problem. Dann verliert das Fremde unversehens seine Faszination und wird bedrohlich. Die Gefährdung der Eigenheit beruht dabei nicht wie im zweiten Erfahrungsmodus in einer unheimlichen Wiederkehr des bislang Abgespaltenen, Ausgegrenzten und Verdrängten, sondern in einer verschärften Integrationsproblematik, die in Selbstentfremdung und in disparate Eigenentwicklungen abgleiten kann. Fremdheit in einem existentiell bedrohlichen Sinne erwächst dynamischen Ordnungen somit vor allem "von Innen" durch Verlust ihres "Selbst": Wie der "Mann ohne Eigenschaften" zersplittert es in ein lockeres Nebeneinander unverbundener Einzelbestandteile. Fremdheit durch Selbstentfremdung erscheint dabei in der Erfahrung der Moderne als Sinnverlust, die aus einer Überforderung der eigenen Integrations- und Verarbeitungskapazität herrührt.

Auch lustvolles Assimilieren stellt somit immer auch einen Test auf interne Integrationsfähigkeit dar, bei dem nie vorhergesehen werden kann, welche überraschenden Folgen wohl durch die Hereinnahme fremdartiger Strukturen ausgelöst werden. Expandierende Systeme werden dabei mit dem Grundproblem konfrontiert, daß niemals vorher entschieden werden kann, ob Selbstveränderung eine "Bereicherung" darstellen oder zu einer systemsprengenden Überforderung führen wird.

Das hier besprochene Deutungsmuster läßt sich daher nicht ausschließlich durch seine expansive Aneignungsstruktur charakterisieren, sondern ist wie alle anderen Modi des Fremderlebens zutiefst ambivalent. Die zentrifugal nach außen drängenden "Assimilationsgelüste" finden ihren Gegenpol in der zentripetalen Bewegung einer Sicherung der internen Verarbeitungsmöglichkeiten. Das Deutungsmuster im Umgang mit Fremdheit kann daher sehr unterschiedliche Züge tragen, je nach dem wie groß die Risikobereitschaft ausgeprägt ist, sich auf einen offenen, möglicherweise sogar existentiell bedrohlichen Entwicklungsverlauf und "Kulturschock" einzulassen. Hier lassen sich sicherlich "haushälterische" Aneignungsstrategien von dem Abenteurertum eines sich im Außen verlierenden Eroberers unterscheiden.

Unproblematisch erweist sich das Deutungsmuster zunächst immer dort, wo Entdeckung von Fremdheit als Wiedergewinnung abgespaltener Erfahrungsmöglichkeiten und als Entfaltung latenter Potenzen der Eigenheit gedeutet werden kann. Wo jedoch Akkomodation an fremde Strukturen die interne Verarbeitungskapazität schwächt und daher als Selbstentfremdung erlebt wird, verengt sich das expansive Deutungsmuster und muß auf die Sicherheit einer schroffen Abgrenzung des zweiten Erfahrungsmodus zurückgreifen.

IV. Fremdheit als Komplementarität

Die bisherige Varianten des Fremderlebens hatten bei aller Unterschiedlichkeit eines gemeinsam: "Das Fremde wird nicht stehen gelassen in seiner Besonderheit, die Auseinandersetzung damit geschieht nicht partnerhaft-dialogisch, sondern alle Andersheit wird auf dem kürzestmöglichen Wege als Eben-doch-Eigenes vereinahmt."[27] Erklärbar war dies damit, daß Fremdheit für die jeweils zugrundliegende Ordnungstruktur eine wichtige Funktion bei der Konstitution von Identität erhält. Unabhängig davon, ob die Trennungslinie der "Ur-Scheidung" als resonante Membran, als reflektierende Außenhaut oder als Vielfalt ausgreifender Kontaktstellen konzipiert war, letztlich entscheidend blieb die Fixierung auf einen internen Standpunkt. Dies ist jedoch nicht mehr der Fall, wenn sich das Deutungsmuster auf Phänomene einer wechselseitigen, sich gegenseitig hervorrufenden Fremdheit bezieht.

Hier zeichnet sich nun eine, verschiedene Einzelperspektiven übergreifende Ordnungsstruktur ab, in der "Inneres und Äußeres" nicht als separate *Bereiche* behandelt, wohl aber als Momente eines Strukturierungsprozesses verstanden werden, in dem sich Eigenes und Fremdes wechselseitig relativieren und bestimmen. So läßt sich das für unsere heutige Welt realistischere Bild eines "polykontexturalen" Universums, d.h. einer Realität aus vielen autonomen Einzelzentren rekonstruieren. Aus der nicht mehr zu leugnenden Vielzahl eigenständiger Perspektiven und gleichermaßen "möglicher" Interpretationen der Welt wird erkennbar, daß im Aufeinandertreffen unterschiedlicher Bezugssysteme kein unbestreitbares Fundament und kein allem übergeordneter Bezugspunkt zur Verfügung steht, um über sie zu entscheiden. Die Vorstellung einer universellen Rationalität wird ebenso fragwürdig, wie die einer universell beobachtbaren empirischen Welt. "Das Wissen über die Welt bleibt unaufhebbar an lokale und soziale Konstitutionsprozesse angebunden. Für die Möglichkeit einer Übersetzung und Verbindung zwischen diesen lokalen Wissensbeständen gibt es keine übergeordnete Garantie mehr: Die Erkenntnistheorie, das fundamentale Projekt der Moderne zur Sicherung solcher Übersetzungen, wird durch die Hermeneutik abgelöst."[28]

Ordnungsstrukturen einer so gedeuteten Welt sind daher nicht mehr ambivalent, sondern polyvalent. Sie beziehen sich auf eine *Praxis des Unterscheidens*, d.h. auf ein Wechselverhältnis zwischen allen überhaupt praktikablen Deutungen des Fremden. Die Ordnung lebt dabei von einem permanenten "Oszillieren" zwischen Positionen der Eigenheit und der Fremdheit, die sich im wechselseitigen Kontakt gegenseitig hervorrufen. Charakteristisch für ihre Offenheit ist daher eine "Wechselbezüglichkeit und Ambiguität der Momente, die in sich selbst nicht zur Ruhe kommen und keine Etablierung einer reinen Innen- oder Außenwelt, einer reinen Eigen- oder Fremdwelt zulassen."[29] Eine derartig offene, dynamische Struktur soll hier als *"komplementäre Ordnung wechselseitiger Fremdheit"* bezeichnet werden.

Praktischer Ausgangspunkt ist hierbei die unübersehbare Erfahrung, daß sich wirklich Fremdartiges auch beim besten Willen nicht verstehen läßt und daß die interne Verarbeitungsfähigkeit in Konfrontation mit immer zahlreicheren komplexen Außenbereichen schnell überfordert wird. So kann schließlich auch "Fremdheit" nur noch selektiv und meist nur beiläufig zur Kenntnis genommen werden. Folglich wird gerade bei intensiver Auseinandersetzung mit der Unverständlichkeit des Anderen von einem gewissen Punkt ab nicht mehr mit elastischer Akkomodation geantwortet, sondern mit der Feststellung von "Nicht-Verstehbarkeit". Es handelt sich dabei keineswegs um eine Verweigerung von Verstehen, sondern um die Anerkennung einer Grenzerfahrung im Sinne einer bedeutungsvollen Einsicht in eine konkrete Grenzlinie eigener Erfahrungsmöglichkeiten. Diese Deutung zieht somit die Konsequenz aus der Erfahrung, daß es externe Bereiche gibt, die prinzipiell nicht aneignungsfähig sind und daher realistischerweise (und nicht nur aus ethischer Überzeugung) in ihrem autonomen Eigenwert respektiert werden müssen. Die Deutung berücksichtigt, daß hier ein Aufrechterhalten des Anspruchs auf integrative Vereinnahmung zu einer problematischen Illusion führt, weil dies gerade der besonderen Beziehung des "Anderen" als für mich prinzipiell Fremdem nicht gerecht wird.

Im Deutungsmuster komplementärer Fremdheit werden Schwellenerfahrungen nicht mehr als Verlockung zu einer umfassenden und dadurch letztlich inflationären Ausweitung des Innen aufgefaßt, sondern als Zwang zur radikalen Anerkennung einer *gegenseitigen Differenz*, als Sensibilität für gegenseitige Fremdheit.[30] Die Funktion, die Fremdheit für eine komplementäre Ordnung erfüllt, läßt sich daher als ein *Offenhalten interner Perspektiven* beschreiben. Es geht dabei u.a. auch um eine Verweigerung der gesellschaftlich präformierten Antithetik des "Entweder-Oder". Es geht um einen (möglicherweise verzweifelten) Versuch, den bisher fixierten Zuordnungen dadurch zu entkommen, daß man sie unentscheidbar werden läßt.[31] Hieraus entsteht die für derartige Ordnungskonzepte typische Kipp-Struktur oder Oszillationsbewegung, die bereits in unterschiedlichen Manifestationen analysiert und beschrieben wurden. In einer Studie, in der sie Denkstrukturen von Franz Kafka mit einer sich abzeichnenden feministischen Erkenntnistheorie in Beziehung setzt, kennzeichnet z.B. Brigitte Lühl-Wiese derartige Ausbruchsversuche aus der tradierten Antithetik als "Ablösung von der Ordnung des Vaters"[32]. In ähnlicher Weise liegt von G. Neumann[33] eine weit über eine literaturwissenschaftliche Kafka-Deutung hinausreichende Strukturanalyse des "gleitenden Paradox" vor, auf die hier nur en passant hingewiesen werden kann: "Der scheinbar erlangte Fixpunkt verwandelt sich in den Drehpunkt des kafkaschen Denkens, die objektivierte Bewegung wird zur ichgerichteten verkehrt; nicht die Welt, sondern das Ich springt aus den Angeln." [34]

Dabei handelt es sich um ein Verfahren der Weltbeschreibung, das ein Zurückfallen in perspektivisches Denken zu verhindern sucht und daher "den Leser regelmäßig in dem Augenblick desorientiert, wo er zu verstehen glaubt."[35] Die Paradoxien "kommen daher weder zur Erstarrung noch zum Ausgleich, weil sie aus dem Ich entwickelt werden und sich zugleich dem Ich als unlösbare Aufgabe stellen. Sie lassen sich weder als rein selbstbezogen noch als rein objektbezogen determinieren."[36] Grundsätzlich geht es bei der Erzeugung dieser Art von Fremdheitserleben offenbar um "das verzweifelte Verfahren, durch Ablenkung von den herkömmlichen schematischen Denkgesetzen ... zur Beschreibung jener 'Fixierungen' vorzustoßen, die sich zwischen Ich und Umwelt stets neu konstituieren und die dann so kompliziert sind, weil das Ich nie bloß erkennend bleibt, sondern sich diesem Erkenntnisprozeß stets auch selbst unterwirft." [37]

Es ist nun an dieser Stelle nicht der Ort, noch genauer auf die erst in Ansätzen rekonstruierbare offene Ordnungsstruktur einzugehen.[38] Wesentlich ist im gegebenen Zusammenhang, daß es sich um den *Ausdruck von Widerstand* gegen herkömmliche Denkstrukturen handelt.[39] Verweigert wird das "Übersetzen" von der "einen" zur "anderen" Seite und das Einverleiben des anderen unter die eigene Perspektive. Statt dessen bemüht man sich um eine Freisetzung der Denkbewegungen und überläßt sich hierbei dem, was Dietrich Krusche das "Inifinitesimal der zwischen den Partnern liegenden geschichtlichen Distanz" nennt.[40]

Fremdheit wirkt in einem solchen Bedeutungszusammenhang als Ferment einer (inter-)kulturellen und innerpsychischen Dynamik und setzt dabei eine strukturelle Sprengkraft frei, von der die herkömmlichen eindeutigen Orientierungen in eine Pluralität divergenter Einzelpositionen aufgelöst werden. Dies wiederum ruft die Notwendigkeit einer "Dauerreflexion auf Fremderleben" hervor. Hierbei kann sich die Ordnungsleistung nicht mehr in einer immer neuen Wiederherstellung dualistischer Zuordnungen verausgaben, sondern muß sich auf die jeweilige *Praxis des Fremderlebens* beziehen. Das Fremde wird hierdurch als Ergebnis einer Unterscheidungspraxis in wechselseitiger Interaktion erkennbar, nie jedoch endgültig bestimmbar: Es kann nur noch beobachtet werden, wie der Beobachter die anderen Beobachter beim Beobachten des Beobachtens beobachtet. Gegenseitige Fremdheit als Komplementarität bezieht sich daher auf das Verhältnis *zwischen* einander auf fremdartige Weise fremden Positionen. In diesem Spannungsfeld überlagern sich daher die Vektoren unterschiedlicher Ordnungsstrukturen und führen zu einer wechselseitigen Bedingtheit der beschriebenen Erfahrungsmodi von Fremdheit.

Als eine Folge dieser Entwicklung für die globale Kommunikation macht in diesem Zusammenhang Dietrich Krusche darauf aufmerksam, daß sich in Japan ein eigenes, von Europa unabhängiges Zentrum der Weltgeschichte herausgebildet hat, das zunehmende "Geschichtsmächtigkeit" entwickelt. Daher sei "mit einer geschichtlichen Fremde zu rechnen, die europaresistent ist."[41] In Zukunft wird folglich "ein neues Verständnis von kulturhistorischer Distanz" notwendig, das gegenseitige Fremdheit in Rechnung stellt. Die Beobachtung der gegenseitigen Differenz als Grundlage komplementärer Fremdheit bedeutet in den Worten der Japanologin Irmela Hijiya-Kirschnereit folgendes: "Uns bleibt nur die Möglichkeit, unsere Verwurzelung in unserer eigenen Kultur klar zu erkennen und ein Gespür zu entwickeln für unsere Abhängigkeit von den eigenen gesellschaftlichen Normen, im Denken, Empfinden und Handeln. Paradox ausgedrückt, heißt dies: Erst wenn wir *bewußte* Eurozentriker sind, vermögen wir das Fremde unvoreingenommen... wahrzunehmen. So gesehen, wäre Eurozentrismus geradezu Bedingung der Erkenntnis".[42] Der eigenen Pespektivität bewußt, können wir dann das Fremde als *Fremdes* belassen. Dietrich Krusche vertritt bei aller Skepsis gegenüber einer Idealisierung fremder Kulturen die Auffassung, daß wir Europäer von asiatischen Intellektuellen lernen können: "Wir müssen uns von unserem dogmatischen Denken in Politik und Geistesgeschichte befreien und die asiatischen Methoden des Nachahmens, des naiven Beschreibens, Schauens, Zuhörens, des Fremdsprachenlernens an die Stelle des von uns bisher praktizierten Interpretierens, Deutens, Pressens in eigene Kategorien setzen."[43]

In vielen Fällen kann dies bedeuten, nun erst verstehen zu lernen, was wir *nicht* verstehen. Wir können beobachten, was wir nicht zu beobachten in der Lage sind: Fremdheit macht den "blinden Fleck" der eigenen Wahrnehmungsfähigkeit erkennbar und wird so zur mühevollen Erfahrung einer gegenseitigen Grenze. Hieraus folgen möglicherweiseine neue Formen von "Gemeinsamkeit", die sich als tragfähiger erweisen, als die Einfühlung in vermeintlich "universelle" Grundlagen des Humanen.

Der Aufbau des Sammelbandes

Die Beiträge sind in vier Hauptteile gegliedert, die den "Modi des Fremderlebens" folgen. Hierbei ist zu berücksichtigen, daß jeder Artikel für sich steht und ohne Kenntnis dieses Rahmenaufsatzes geschrieben wurde. Ihre Zuordnung zu den Modi kann daher nur als ein Deutungsangebot und als zusätzliche Anregung zum Lesen verstanden werden, wie überhaupt derartige Klassifizierungen nicht durch schematisch trennscharfe Abgrenzungen überzeugen, sondern gerade von möglichen Verknüpfungen und Überschneidungen ihrer Elemente leben.

Mit dem Sammelband sollen sich daher die vielfältigen Aspekte und Gesichtspunkte zueinander in Beziehung setzen lassen, so daß sich beim Lesen die unterschiedlichen Perspektiven zu einem Netzwerk komplementärer Deutungen verbinden. Um hierzu Anregungen und Hinweise zu geben, werden nun die Beiträge in knapper Skizzierung den Erfahrungsmodi des Fremderlebens zugeordnet. Wenn dies im einen oder anderen Fall zu Widerspruch herausfordern sollte, so hat dieser sicherlich etwas gewagte Versuch bereits seinen Zweck erfüllt: es gilt, die gegenseitige Fremdheit der Beiträge zu nutzen, um den Blick für ihre Gemeinsamkeiten und Differenzen zu schärfen. Dennoch möchte ich nicht ausschließen, daß hieraus insgesamt ein komplementäres Verständnis gegensätzlicher Deutungen im Umgang mit Fremdheit möglich wird.

I. Teil: Der Resonanzboden

Der erste Abschnitt enthält vier Beiträge, die sich auf die basale Verbundenheit von Eigenem und Fremdem beziehen. Dabei handelt es sich um

- Sozialanthropologische Grundlagen der Fremderfahrung
- Sprache als Voraussetzung einer Beschreibung des Fremden
- Die Psyche als Resonanzboden und als Integrationsinstanz
- Vergessene Ursprünge unserer Kultur im Arabismus

Bei dieser Themenstellung geht es um die Erfahrung eines latenten Vorverständnisses und eines universalen Hintergrunds, auf dem die Differenz gegenüber Fremdheit aufruht. Als unbestimmtes Allgemeines bildet das Fremde die Kontrastfläche, auf der eine "Eigenheit" ihre spezifische "Gestalt" gewinnen kann.

Dieter Claessens bietet mit seinem Beitrag: *Das Fremde, Fremdheit und Identität* eine allgemeine Einführung in die sozialen Konstitutionsbedingungen des Fremden. Beginnend mit Körperlichkeit, Sprache, dem System der sozialen Gruppe, vor allem aber in einem Überblick über sozialanthropologische Grundlagen werden die gesellschaftlichen Voraussetzungen herausgearbeitet, auf denen die elementare Scheidung aufruht. Gleichzeitig geht aus seiner Darstellung hervor, daß die verschiedenen Varianten des Fremderlebens immer auch Ausdruck einer basalen humanen Verbundenheit sind, die als eine "allgemeinmenschliche Seite" den Trennungen vorausliegt. Die Resonanz mit dieser fremdgewordenen Ursprünglichkeit wird allerdings nicht notwendigerweise nur als Fähigkeit zum Fremdverstehen und zur interkulturellen Verständigung spürbar, sondern ebenso als tiefgründige Feindseligkeit, so z.B. wenn man meint, sich des Anderen "bis aufs Messer" erwehren zu müssen. Dieses virulente Aggressionspotential läßt sich nur über ein kulturelles "Netz von Zuverlässigkeiten", z.B. in Gestalt von Minderheitenschutz, in Schach halten. "Humane Verbundenheit" ist somit immer nur mit dem Preis einer Unterwerfung "unter die herrschenden Sitten" der jeweils dominierenden Kultur zu haben. Claessens Beitrag läßt daher erkennen, daß die integrativen Deutungen des Fremden im 1. Erfahrungsmodus keineswegs auf eine harmonische Übereinstimmung hinauslaufen müssen; vielmehr macht er darauf aufmerksam, daß auf dem "Resonanzboden" sozialanthropologischer Voraussetzungen immer auch Aggressionslust, d.h. "Freude am Unglück" des anderen mitschwingt.

Martin Groß reflektiert die "Bedingungen, die sich demjenigen stellen, der heute versucht, über 'das Fremde' zu schreiben." Als Autor des Romans *Ferne/Nähe. Einige Überlegungen zum vorläufig letzten Versuch, die Fremde zu erfinden* setzt er sich mit der Sprache als Ordnungsgefüge der Weltbeschreibung auseinander. Für ihn ist das Fremde daher "ein sprachliches Ereignis", "das Randphänomen einer bestimmten Bewegung der Sprache." Die Art und Weise, das Fremde sprachlich zu erzeugen, ist daher eng verbunden mit einer "Ordnung des Vaters", die auch bei Reisen als narrative Struktur des Beschreibens mitgeführt wird und die dabei das Fremdverstehen steuert. In einer "vaterlosen Gesellschaft" geht mit der "vaterlosen Sprache auch ein gemeinsamer historischer Bezug und eine gemeinsame kulturelle Grundlage verloren". Vom Fremden zu erzählen, bedeutet dann, "der Desintegration im eigenen Ich nachzugehen. Ohne die Instanz des Vaters finden bekanntlich auch die Ich-Anteile zu keiner Integration." Groß bemüht sich um eine Klärung der für ihn wichtigen Bedingungen und Möglichkeiten einer schreibenden "Annäherung an das Fremde" - was sich unversehens als Distanzierungsleistung herausstellt: als räumliche Bewegung und als historisches Spannungsverhältnis.

Bei der *Reise-Thematik* geht es ihm jedoch nicht um das expansive Hinausdrängen aus einer zu eng gewordenen Einheit (3. Erfahrungsmodus), sondern um die Heimkehr zurück in eine zur Latenz abgesunkenen Ordnung, in das Schweigen der "vaterlosen Sprache". Hinsichtlich der *temporalen Problematik* des Fremden setzt sich Groß anschließend mit den gegenwärtigen Möglichkeiten von "Geschichte" als erzählender Weltbeschreibung auseinander.

In bezug auf die vier Modi des Fremderlebens ist dabei von großem Interesse, daß Groß in seinem Versuch einer Poetik des Fremden zunächst von der Sprache als kollektivem Bedingungsrahmen für die Konstitution des Fremden ausgeht, daß sich deren elementare Voraussetzungen dann jedoch als Verlust von basaler Ursprünglichkeit herausstellen: "Wenn keine väterliche Autorität mehr den Sinn der Worte verbürgt, wird man sich einer anderen Erzählung überlassen müssen." Seine Antwort auf derartige Verlusterfahrungen besteht nun jedoch nicht darin, die Ordnung einer väterlichen Sprache in traditionell erzählbaren Geschichten wiederzugewinnen, sondern in Versuchen, wie sie oben am Deutungsmuster der Komplementarität skizziert wurden. Groß schlägt vor, der Eindeutigkeit der Gegenwart "den Bezugspunkt zu verweigern": Man "kann jenen Bruch, den die Geschichte zugleich erzeugt und mit der Prämisse des Verstehens vertuscht, offen halten. Man kann also das 'Verstehen' verweigern." Erst durch die Unabgeschlossenheit eines "Nacherzählens von Erzählungen" wird wahrnehmbar, daß es sich bei den eigenen Beschreibungen um Bestandteile kollektiver Bilder handelt, in die auch "der andere in die eigenen Bilder hineinmalt" und sie ohne unmittelbar mit mir in Verbindung zu stehen, "in Bewegung versetzt". "Es ist eine einzige Erzählung an der doch tausend Stimmen weben. Was hängt daran, ob es meine Stimmen sind oder die des Anderen?"

Wolfgang Kleespies bezieht sich in seinem Beitrag: *Das Fremde in mir anhand von Träumen* auf das Unbewußte als tragenden Grund des bewußten Ich. Aus der Theorie und Praxis eines Nervenarztes und Psychoanalytikers verdeutlicht er, wie der unbewußte Grund der menschlichen Psyche trotz aller Bedrohlichkeit und Ambivalenz eine wichtige interne Integrationsfunktion zur Entwicklung des Selbst übernimmt. Der Traum läßt sich in diesem Verständnis als Resonanzphänomen auffassen, als sensible Reaktion auf drohende Desintegration zwischen psychischem Ursprung und der Gegenwart der bewußten Eigenheit, dem Ich. Die balancierende und kompensatorische Funktion des Unbewußten illustriert Kleespies an Fällen aus seiner therapeutischen Praxis und kann hierdurch deutlich machen, daß "Heilung" die Wiedergewinnung einer sensiblen Wechselbeziehung zwischen Bewußtsein und den elementaren Schichten des Unbewußten zur Voraussetzung hat, wenn nicht gerade hierin besteht. Psycho-Therapie bemüht sich in diesem Verständnis, der Universalität archetypischer und kollektiver Bilder wieder zu ihrem Recht zu verhelfen und sie als grundlegende, aber fremdartige Voraussetzungen der Individualität zu berücksichtigen. So kann sich die Integrationsinstanz der inneren Fremde über Träume "äußern", und zwar in einer "Fremdsprache", die zwar nicht begrifflich eindeutig verständlich wird, wohl aber deshalb in ihrer Bedeutung nachvollziehbar ist, weil sie den menschheitsgeschichtlich tragenden Grund bildet, aus dem heraus ein "Ich" als prozeßhafte Gestalt in die Erscheinung eintritt.

Achim Hellmich ruft in seinem Beitrag: *Die fremde vergessene Wissenschaft: Arabismus als Impulsgeber einer europäischen Wissenschaft* eine Schicht unserer intellektuellen Kultur in Erinnerung, die vor allem deshalb fremd erscheint, weil sie möglicherweise in bewußter Ausgrenzung dem Vergessen überlassen wurde und daher in ihrer Ursprünglichkeit nicht mehr verfügbar sein kann. Dennoch handelt es sich nicht um einen "abgespaltenen Schatten", sondern um fremd gewordene Voraussetzungen, die zur Sicherung und Klärung der eigenen kulturellen Identität relativ problemlos wiedergewonnen werden könnten. Europäisches Denken und Wissenschaft werden sich daher in ihrer Eigenart besser verstehen können, wenn sie sich ihres fremd gewordenen arabischen Ursprungs vergewissern. Hellmich bietet auch deshalb wertvolle Anregungen, weil erkennbar wird, daß es nicht nur um eine nachträgliche Anerkennung eines gemeinsamen Ursprungs geht, auf dem die einander fremd gewordenen Kulturen beruhen, sondern möglicherweise auch um eine bislang verschüttete gemeinsame Zukunft. Der Beitrag gibt Hinweise, wie sich die gegenseitige Resonanz neben der gegenwärtigen Bedrohlichkeit akuter Konflikte auch auf faszinierende Aspekte einer ganzheitlichen Sicht der Welt beziehen kann. Hier läßt sich an abgebrochene Suchbewegungen anknüpfen. Offenbar steht eine intensive Auseinandersetzung mit dem Arabismus noch aus, in der "das Fremde als tragender Grund" in all seiner Ambivalenz bearbeitbar werden kann.

II. Teil: Die "andere Seite" als Bedrohung

Der zweite Abschnitt umfaßt drei Beiträge, die sich darauf beziehen, daß sich in diesem Deutungszusammenhang das Eigene weitgehend aus der Abgrenzung gegenüber seiner Negation definiert. Hierdurch muß das Fremde als Bedrohung der eigenen Integrität gedeutet werden, ohne daß dabei der Eigenanteil am produzierten Spiegelbild erkennbar werden kann. Die duale Struktur, die diesem Deutungsmuster zugrunde liegt, kommt in den folgenden Themen zum Ausdruck:
- die politische Stabilisierungsfunktion des Wir-Gefühls;
- die Bedrohung durch verdrängte kollektive Traumata;
- antinomische Muster geschlechtsspezifischer Sozialisation;

Reinhart Blomert arbeitet in seinem Beitrag: *Wandlungen des Wir-Gefühls* heraus, wie mit dem Verlust einer elementaren Einbindung des Einzelnen in die "soziale Matrix der Gruppe" und wie durch eine epochale Ablösung vom "Boden aller wirksamen Beziehungen" ein Wandel des "Wir-Gefühls" einherging. Ein anthropologisch erklärlicher Bedarf an Grundorientierung und an psycho-emotionalem Schutz, der über eine "natürlich-organische Verbundenheit mit der Welt" zunächst noch gewährleistet war, muß nun von Wertegemeinschaften auf höherem Syntheseniveau und von gesellschaftlichen Institutionen der Sinnvermittlung übernommen werden. Blomert zeigt vor dem Hintergrund dieser Prämisse, wie das Bedürfnis nach sozialer und psycho-emotionaler Integrität eine gesellschaftliche Stabilisierung von "Eigenheit" erforderlich macht und z.B. als "Selbstbestimmungsrecht" erhebliche politische Konsequenzen für die Formen der nationalen Gemeinschaftsbildung nach sich zieht. Auf der Folie der Modi des Fremderlebens wird an den von Blomert skizzierten strukturellen Wandlungen des "Wir-Gefühls" rekonstruierbar, daß die Bemühungen um eine Stabilisierung von "Eigenheit" offenbar eine Entwicklungslogik in Gang setzten, die einer dualen Ordnungsstruktur verpflichtet war: Auf der Grundlage traditionell gegebener Differenzierungen entwickelten sich zunehmend kontrastreichere und schroffere Grenzen zwischen dem, was nun als Innen und als Außen erlebt wurde. Was sich daher zunächst noch als eine Vergewisserung von "Eigenheit" darstellt, reduziert sich auf eine binäre Struktur und schlägt in Krisensituationen zu einer Überhöhung des Innen und einer moralischen Abstufung des Äußeren um. Diese dramatisierende Inszenierung des Innen im Nationalismus erweist sich als eine eskalationsträchtige Konfrontationsstrategie. In ihr wird die Eigenperspektive verabsolutiert und muß sich folglich auch gegen die anderen Nationalismen richten, selbst wenn sie auf gleicher (ideologischer) Grundlage beruhen: Nationen bekämpfen einander im Namen der Nation. Das dualistische Verständnis von Innen und Außen, von Zugehörigkeit und Fremdheit erscheint daher als eine äußerst krisenhafte Entwicklungsphase auf dem Wege zu übergreifenden gesellschaftlichen Syntheseniveaus.

Der Beitrag von *Arvid Erlenmeyer* über *Kollektiv Verdrängtes und Fremdenfeindlichkeit* bezieht sich auf eine doppelte Schnittlinie von Innen/Außen-Relationierungen; nämlich einerseits auf das Verhältnis von bewußten und unbewußten psychischen Prozessen und andererseits auf die Spannung zwischen individuellen und kollektiven Erfahrungsdimensionen. Fremdheit als dualer Gegensatz zur gesicherten Integrität des Eigenen, z.B. als das Unzulässige, das Verrückte und als die geleugnete eigene Schattenseite wird daher als Bedrohung sowohl der individuellen wie der kollektiven Integrität erlebt. Darüber hinaus stellt sich Erlenmeyer die Problematik - von der er aus der Perspektive psychotherapeutischer Praxis berichtet - zudem noch als Täter-Opfer-Konflikt dar: Eine dualistische Konfliktlinie, die sich von der Generation der Opfer und Täter auf die Generation der "Täterkinder" und "Opferkinder" zu reproduzieren scheint. Bei einer derartig komplexen Problemstruktur wird verständlich, daß sich die Konfliktlinien gegenseitig verstärken: die Wiederherstellung personaler Integrität ist daher eng verbunden mit der Arbeit an kollektiven Störungen. Grundsätzlich läßt die von Erlenmeyer beschriebene Verflechtung von individuellen mit kollektiven Traumatisierungen erkennen, wie intensiv gerade individualtherapeutische Arbeit an kollektiv Verdrängtem wichtige Zugänge zu politischen Dimensionen des Fremden ermöglicht und erforderlich macht.

Helga Marburger belegt in ihrem Beitrag *Die Fremdheit der Geschlechter* die Auffassung, daß das Geschlechterverhältnis in der gegenwärtigen männerdominierten gesellschaftlichen Situation keinesfalls als eine Differenz auf der Grundlage einer basalen anthropologischen Übereinstimmung gesehen werden kann, sondern daß es sich als antinomischer Gegensatz darstellt, der von einem Unterdrückungsverhältnis "der anderen Seite" bestimmt ist. Marburger zeichnet diesen Dualismus zwischen "Frauenwelten" und "Männerwelten" als eine gesellschaftliche Spaltung nach, die sich dadurch reproduziert, daß die Dominanz der Männerwelt über alle Instanzen der Sozialisation und durch alle Lebensalter hindurch permanent als geschlechtsspezifische Diskriminierung und Abwertung der Frauen zum Ausdruck gelangt. Nicht nur, daß sich die Geschlechter als Fremde gegenüberstehen; darüber hinaus ist festzustellen, daß die Frauen sich selbst entfremden und sich vielfältiger Diskriminierung ausgesetzt sehen. Geht man nun von einer der Menschheit zugrundeliegenden "androgynen Ganzheit" aus, so verlangt dieser Konflikt über eine Balancierung im Geschlechterkampf hinaus eine Berücksichtigung der ungeteilten Potentialität des "ganzen Menschen". Aufgrund der gesellschaftlichen Machtverhältnisse scheint eine derartige Ausgewogenheit und Gleichrangigkeit gegenwärtig noch nicht erreichbar zu sein, sodaß sich Marburger in ihrer Argumentation "aus der Perspektive einer Frau" ausschließlich auf die Verteidigung der weiblichen Integrität konzentriert und sich für die strukturell schwächere Seite des dualen Kampfmusters engagiert. In diesem Sinne kommt in dem Beitrag selber die Struktur zum Tragen, die inhaltlich beschrieben wird.

III. Teil: Assimilationsversuche

Der dritte Abschnitt befaßt sich mit Schwierigkeiten, die auftreten, wenn sich eine expansiv-evolutionäre Ordnung systemspezifisch Fremdes zur Ergänzung und Vervollständigung einzuverleiben sucht. Die Spannung zwischen ihren "Assimilationsgelüsten" und der im Entwicklungsverlauf notwendigen Akkomodation, d.h. selbstverändernden Anpassung an externe Fremdartigkeit wird in den drei Beiträgen in folgender Weise thematisiert:

- als Selbst(miß)verständnis einer "multikulturellen" Gesellschaft
- als Auflösung von Fremdartigkeit im Zuge ihrer Aneignung
- als Problem der Selbstentfremdung und des Realitätsverlusts

Die Beiträge beziehen sich dabei weniger auf den historischen "Normalfall" reproduktiver Einverleibung, sondern auf die paradoxen Folgen einer Dialektik des Innen und Außen, in der sich die interne Integrationsfähigkeit pluralistisch aufzulösen droht. Die gewählten Problemstellungen bewegen sich daher bereits auf einer Grenzlinie, an der der Aneignungsmodus expansiver Assimilation sich selbst problematisch wird und im Begriff ist, in den "freien Fall" der dynamischen Ordnung des vierten Deutungsmusters umzuschlagen.

Als Ausgangspunkt seines Beitrags: *Multikulturalität als Monokultur* deckt *Dieter Lenzen* die "Beziehungsfalle" jeder integrativ vereinnahmenden Ordnung auf: "Man kann sich nicht gleichzeitig bereichern und den anderen dabei alles belassen." Er geht nun der Frage nach, wie es zu einem solchen strukturellen Dilemma, d.h. zu dem Widerspruch zwischen dem Assimilationsbedarf eines expandierenden Systems und einer gleichzeitigen Betonung der "Eigenheit" des Anderen kommen konnte. Er unterscheidet hierzu zwischen zwei "historischen Modellen im Umgang mit dem Fremden": Einerseits das Einbeziehen von Fremden im Sinne zeitlich begrenzter Kontakte mit der eigenen Ordnung, die mit ihnen produktiven Umgang ermöglichte. Durch Herausbilden von Einzugsbereichen und Schwellen (regionale Parzellierung) konnte das Spannungsverhältnis auf der gemeinsamen Grundlage einer räumlichen Ordnung als Austauschverhältnis gelöst werden. Diese Auffassung ist offenbar der Ordnungsstruktur des 1. Erfahrungsmodus verpflichtet. Das zweite der historischen Modelle sieht Lenzen darin, dem Fremden Gastrecht zu gewähren, wobei sich hierdurch die Ambivalenz des Fremden aufrecht erhalten, aber auch sozial produktiv nutzen läßt. Der Fremde war gerade in diesem Verständnis qua Definition nicht assimilationsfähig und gleichzeitig in seiner bedrohlichen Ambivalenz einer sozialen Kontrolle unterworfen. (2. Erfahrungsmodus) Als historische Ausnahme wertet Lenzen die

Proselytenpraxis des hellenistischen Judentums, die, ähnlich wie nachfolgend die christliche Heidenbekehrung das Fremde durch missionarische Subsumption in das eigene expansive Sinnsystem assimilierte. (3. Erfahrungsmodus)

Auf der Grundlage dieser Unterscheidungen muß Lenzen feststellen, daß die historischen Modelle im Umgang mit dem Fremden in räumlich verdichteten und säkularisierten Gesellschaften ihre Bindungswirksamkeit verloren haben, so daß sie heutzutage kein wirkungsvolles Motiv für die Aufnahme und Duldung von Fremden mehr bilden. In dieser Deutung läßt sich "Ausländerfeindlichkeit als Ausdruck einer modernen Motivationskrise" rekonstruieren und und zur Frage nach der Integrationsbereitschaft bzw. Integrationskapazität einer sich multikulturell aufsplitternden Gesellschaft radikalisieren. Offenbar kann sie immer nur so viel "fremde Identitäten" zulassen, wie dies einerseits ihre dynamische Struktur als Ressource benötigt und wie sie diese andererseits produktiv zu verarbeiten vermag. Es geht letztlich um die Diätetik eines zu verkraftenden Fremden. Spätestens hier stellt sich heraus, daß bereits das der Multikulturalität zugrundeliegende Identitätskonzept eine kulturgeschichtlich voraussetzungsvolle Ordnung darstellt, an der sich auch das Selbstkonzept der "Fremden" nolens volens zu orientieren hat. Die ihnen tolerant zugestandene "Eigenheit" entpuppt sich damit als eine extern eingefordertes, wenn nicht sogar aufgezwungenes Konstrukt. Lenzen ist an dieser Stelle seiner Argumentation in der Lage, Multikulturalität als sublime Form von Monokultur zu entlarven. Offensichtlich bleibt sie selbstvergessen in der Ordnungsstruktur des ihr zugrundliegenden Identitätskonzepts gefangen. Ein möglicher Ausweg aus diesem Dilemma kann daher nicht *innerhalb* dieser Weltsicht liegen, sondern möglicherweise in einer Verweigerung des Identifizierens. Lenzen verweist abschließend auf die Offenheit des vierten Erfahrungsmodus: Verzicht auf Subsumptionslogik, Differenzerfahrung als Akzeptieren von unüberschreitbaren Grenzen, das Fremde als Fremdes belassen können.

Walter Eder geht in *Zu Hause in der Fremde*? der Frage nach, welche Möglichkeiten touristische Reiseerfahrungen (noch?) bieten, um die Grenzen des Gewohnten und Vertrauten überschreiten zu können und somit Konfrontation mit dem Unvertrauten zuzulassen. Erfahrung des Fremden über räumliche Expansion, über erkundendes "Reisen", vor allem in Gestalt des organisierten Tourismus, charakterisiert Eder als ein soziales Privileg - sei es als historisches Phänomen, wo sich diese Erfahrungsmöglichkeit nur wenigen Adligen und Begüterten bot - sei es heutzutage, wo nur eine Minderheit der Weltbevölkerung die überwiegende Mehrheit "bereist". Darüber hinaus zeigt sich in Eders Analyse, daß im Tourismus Fremdkontakte offenbar nur unter erschwerten Bedingungen möglich werden. Die heutigen Formen, sich dem Fremden reisend anzunähern, geraten in eine strukturelle Paradoxie, sobald bei den Reisenden keine Bereitschaft (oder Verarbeitungskapazität) zur unvorhersehbaren

Selbstveränderung mehr gegeben ist, so daß das Veränderungsrisiko niedrig gehalten werden muß. So wird durch die Art des Zugriffs, nämlich durch den "Verlust der räumlichen Erfahrung", durch "Entfremdung der Fremde" und durch stereotype Erwartungsmuster die Chance zum Fremderleben verhindert. Gerade durch die unausgesprochene Garantie, das Ausmaß an notwendiger Selbstveränderung bei den touristisch aufbereiteten Fremdkontakten zu dosieren und die Bedrohlichkeit auf Faszination zu begrenzen, wird das verhindert, was versprochen wird: der Zugang zu fremdartigen Erfahrungsräumen. Statt dessen produziert ein derartig organisiertes "Reisen" eine fiktive Welt standardisierter Fremderfahrungen, die den Verlust des Erfahrungsraums vergessen lassen. Die Assimilationslust reproduziert sich durch Angebote einer konsumierbaren Fremdheit; sie überfremdet damit gleichzeitig die bereisten Kulturen und Weltgegenden und bewirkt hierdurch letztlich eine "Schizophrenie des modernen Reisens, das sich selbst zugleich fördert und vernichtet". Die Reproduktionsfunktion des Fremden für eine evolutionär expansive Ordnung, die sich schließlich ihre eigene fiktive Welt schafft, wird durch Eders Analyse besonders anschaulich.

In *Bild-Welten und Welt-Bilder* zeichnet *Rolf-Joachim Heger* die angestrengten Aneignungsbemühungen einer dynamisch in sich kreisenden, umweltverschlingenden Ordnung nach als ein "Anrennen gegen die Vergeblichkeit, alles sehen oder irgendwie erfassen zu wollen." Das Deutungsmuster des dritten Erfahrungsmodus, in dem das Fremde als Chance begriffen wird, innere Potentialität durch Ergänzungen von Außen freizusetzen, verselbständigt sich hier zu in sich kreisenden Prozessen der Verinnerlichung des Außen und Veräußerlichung des Innen. Dies führt nach Heger "fast zwangsläufig in jene Endgültigkeit, die das Fremde in einem andauernden Prozeß gebiert und wieder zerstört." Dieser Erfahrungsbereich, den er das "Heimat-Fremde" nennt, nämlich die innere reproduktive Unermeßlichkeit, bietet kreative Antworten auf den Verlust externer Fremdheit. Als innere Entfremdung werden hier "Kopf-Bilder" produziert - und diese Bilder sind "tausend mal schöner als eine Realität sein kann." Produktive Umweltaneignung und Entdeckung von Fremdheit durch Selbstentfaltung der Eigenheit fabriziert "Wunschbilder", die als Kopie rätselhafter wirken als das vermeintliche externe Original.

Die Reiseroute aus der "Heimat-Fremde" in die "Bild-Fremde" stellt sich bei Heger als eine Bewegung heraus, in der das "Nicht-Aufbrechen" mit dem "Nicht-Ankommen" zusammenfällt: Die freigesetzte "Bilder-Wut" kreist als expandierende Assimilation selbstproduzierter Fremdheiten in sich selbst, und die "ungeheure Flut der Bilder" überlagert schließlich als "Verpackungskunst" das Original einer zugrundegehenden Realität: "Eines Tages aber wird die ganze Welt mit einer Fototapete überzogen sein." Hier erreicht Heger im kreisenden Nachvollzug der Reiseroute expansiver Assimilation den kritischen Punkt, wo der Vernichtungsprozeß des Fremden sich nicht mehr von Selbstvernichtung unterscheiden läßt. Das Deutungsmuster expansiver Vervollständigung schlägt um in eine Dynamik der Selbstzerstörung: "In diesem Taumel der Selbstreferenz wird das Bild realer als das Reale und setzt seine eigene Spielregeln durch in der weiterführenden Perfektionierung seines eigenen Modells. In diesem Wirbel gerät auch das Fremde, oder genauer: das Ab-Bild davon."

Das Eigene und das Fremde lassen sich in der selbstreferentiellen Aneignungslogik schließlich nicht mehr von Imaginationen unterscheiden: Mit der perfektionierten "Bild-Auflösung" schlägt die Realität um in eine "Auflösung im Bild". Die Reiseroute in Hegers Beschreibung geht daher über in den Erfahrungsmodus komplementärer Überlagerungsphänomene, wenn er feststellt: "Es ist die Spurlosigkeit, die bei diesem Verschwinden erschreckt. Nichts bleibt als Umriß."

IV. Teil: Das Unheimliche im Vertrauten

Der vierte Abschnitt ist einer Krisensituation gewidmet, die eintritt, wenn sich das Strukturierungsvermögen zwischen Eigenheit und Fremdheit, zwischen Faszination und Bedrohung aufzulösen beginnt und in offene Bewegungen übergeht, die keinen universellen Bezugspunkt mehr zulassen. Fremdheit läßt sich nun nicht mehr als abgrenzbares oder polarisiertes Spannungsverhältnis erfahren, sondern ist nur noch als Orientierungsverlust und innere Leere zu erleiden - oder bestenfalls noch im expliziten "Nicht-Verstehen" als unüberwindbare Differenz festzumachen.

In den drei Beiträgen kommt der besondere Erfahrungsmodus zum Ausdruck, wie er sich einstellt, wenn sich existentielle Ordnungsstrukturen auflösen und die bedrohliche Desintegration sich hierbei als fremdartige Bewegung von eigener Gesetzlichkeit herausbildet. Wenn sie sozusagen als eine das eigene Innen und Außen umgreifende "höherwertige Ordnung" erkennbar wird, der die Erfahrung hilflos ausgesetzt ist. Das für diese Struktur der Freisetzung sich anbietende Bild eines offenen Oszillierens zwischen Eigenheit und Fremdheit, Lust und Schrekken, Innen und Außen, Individuum und Kollektiv eignet sich auch zur Deutung der thematisch recht unterschiedlichen Aufsätze. Stichwortartig geht es dabei u.a. um folgende Phänomene:

- die Interferenz im Gegensatz von Heimat und Fremde;
- die Überlagerung von Projektion und Reflexion;
- die Realität des Irrealen, als einer Ordnung des Unverständlichen.

Dietmar Kamper setzt in: *Lob der Fremde, Kritik der Heimat* mit einer Umkehrung des räumlichen Dualismus im Innen/Außen-Verhältnis ein. Er stellt fest: "Die räumlichen Muster sind ruiniert." Hieraus hat sich für die Dialektik von Aneignung und Fremdwerden "eine neuartige Fremdheit ergeben, die schrecklicher ist als die alte...", wobei praktisch noch zu erproben wäre, ob sie durch "mimetischen Umgang" aushaltbar wird. Dies verlangte jedoch ein "spezifisches 'Leisten' der Fremde: ein Erkennen, Aushalten, Erfahren, das nicht dumm machen läßt". Die unausweichliche Konfrontation mit einer "schrecklichen, inneren Fremdheit" verlangt, eine "inverse Spur" zu verfolgen, nämlich sich "einer im Realen wuchernden Monstrosität des eigenen Wesens" zu stellen und sie nicht räumlich zu verharmlosen, indem man die grauenvolle "Gewohnheit des Dazugehörens" durch "angstbesetzte Ausbrüche nach außen" abzureagieren versucht. Kamper verdeutlicht die "inverse" Struktur an gnostischen Zitaten, in denen die Innen/Außen-Beziehung durch wechselseitige Vertauschung der Pole Unbestimmtheit erzeugt, die in ein "paradoxes Oszillieren" (im oben skizzierten Sinne des "gleitenden Paradox") übergeht: "Wer Angst vor der Fremde hat, soll in die Fremde gehen, wer Heimat will, darf Heimat nicht wollen."

In bezug auf die heutige globale Situation formuliert Kamper drei Grundsätze, in denen der Übergang von räumlich fixierten hin zu temporal dynamischen Strukturen zum Ausdruck gelangt. Die "Raumordnungen" als verbindliche Orientierungen, die "Raumbeherrschung" als Zerstörung und die "Raumform der Zeit" als Gewohnheit sind dabei, aufgesprengt zu werden. Erforderlich wird daher ein "Standhalten im Offenen": "Keine erzwungene Identität. Zeitgenossenschaft erlaubt Differenzen."

An Gedichten von Joseph von Eichendorff geht Kamper der inversen Deutungsstruktur einer Interferenz von Heimat und Fremde nach, wobei er die duale Gegensatzstruktur nicht mehr geometrisch, sondern als Gleichzeitigkeit eines komplementären Spannungsverhältnisses deutet: Hierdurch ist das Romantische "nur scheinbar vertraut". "Das Sprechen von Heimat hat einen Hang ins Unheimliche." Er zitiert Adorno, "der den romantischen Dichter gegen seine Anhänger verteidigt": "Eichendorffs Bewahrendes ist weit genug, sein eigenes Gegenteil mit zu umfassen." Kamper schließt mit drei Grundsätzen, die sich wie die Programmatik einer offenen, temporalisierten Ordnung lesen: In einer Kritik des "toten Raums", der "totalen Aneignung" und des "totalitären Verstehens" versucht er, die Erfahrung für eine Konfrontation mit einer "inkommensurablen Fremdheit" zu öffnen: "Dieser Rahmen muß um des gefährdeten Anderen willen aufgebrochen werden. Ein Denken, das solche Frakturen fertig bringt, könnte 'fraktales Denken' genannt werden."

Ulrike Brunotte rekonstruiert in ihrem Beitrag: *Im Spiegel des Grauens* die dynamische Struktur eines Oszillierens von Eigenheit und Fremdheit am Verhältnis von Projektion und Reflexion im erzählerischen Werk Edgar Allan Poes.

Poe war der erste Autor der Moderne, der das Grauen und die Faszination beim gegenseitigen Diffusionsprozeß von Außen- und Innenwelten hinsichtlich seiner Erfahrungsstrukturen in sublimer Weise nachgezeichnet und literarisch gestaltet hat. "In der saugenden Kreiselbewegung des Maelströms - zugleich Metapher für äußeres und inneres Geschehen - hat Poe das klassische Bild des Sogs geschaffen". Das Bedrohliche und Grauenerregende des Fremden erwächst daraus, daß es im Äußeren nicht als das Ergebnis der Reflexion auf die eigene Angst erkennbar werden kann. Es ist somit nicht das völlig Fremde, wovor wir uns fürchten, sondern die Wiederkehr einer verdrängten, abgespaltenen Eigenheit (2. Erfahrungsmodus). Brunotte rekonstruiert nun an den Werken Edgar Allen Poe die innere Endlosigkeit einer Spiegelwelt, die sich durch die Reflexion auf projizierte Fremdheit auftut und die zu einer fließenden Austauschbarkeit von Eigenem und Fremdem führt. Die Verteidigung der eigenen Integrität gerät zu einem endlosen Leerlauf von Integrationsbemühungen und letztlich zur Selbstzerstörung, wenn die eigene "Identität" weiterhin dualistisch räumlich mißverstanden wird und nicht die inneren Gegensätze übergreifend verstanden werden kann. Am Beispiel der short-story *The Tell-Tale-Heart* macht Brunotte den "inneren Abgrund" strukturell nachvollziehbar, in den der Prozeß des Grauenssogs den Protagonisten hineinzieht, ein gestaltloser Schrecken, der schließlich in Katastrophenlust umzuschlagen vermag. Gerade durch seine Vielschichtigkeit bietet die Analyse dieser Erzählung eine exemplarische Rekonstruktion des Scheiterns männlich mentaler Reflexionsstrukturen "angesichts" komplementärer (hier selbstreferentieller) Prozeßverläufe.

In *Erschrecken und Befremden* ermöglicht *Susanne Dittberner* durch ihre Analyse von Francisco Goyas Zyklus "Los Disparates" einen kulturgeschichtlichen Zugang, in dem das Fremde als paradoxes Ineinanderfließen innerer und äußerer Ordnungsstrukturen zum Ausdruck gelangt. "Los Disparates" hat die Bedeutung von "merkwürdig, seltsam, befremdlich und ungewiß". Die Interpretationen von Dittberner helfen dabei zu erkennen, wie Goyas Zeichnungen einerseits konventionelle Erwartungsstrukturen sprengen, wie sie aber andererseits auch den "unheimlichen Geschmack des Schon-Gesehenen" enthalten. Das déjà vu als Stigma des Verdrängten, des wiederkehrenden Heimlichen, Allzubekannten bestimmt den Erfahrungsmodus.

Vor dem werkgeschichtlichen Hintergrund und in seinem historisch-politischen Kontext läßt sich nachvollziehen, daß das Erschrecken und Befremden von einer offenen Kippstruktur ausgeht, in der das Absurde und Disparate geradezu als das Reale erscheinen muß, während das historisch Reale schnell zum Absurden umschlägt. Es handelt sich nicht mehr um eine dual gegliederte Ambivalenz, in der sich nur die Vorzeichen vertauschen ließen, sondern um Wahnsinn, der System hat. Fremdheit wird erlebbar als ein realitätsauflösender innerer Schwindel; ein Schwindel jedoch, der gleichzeitig eine kluge und hellsichtige Beschreibung der politisch gesellschaftlichen Verhältnisse darstellt. Angemessenes Ausdrucksmittel einer solchen Welt brutaler und feindseliger Maskerade ist daher die vage Mehrköpfigkeit, die Vielgliedrigkeit und Mischpersonenbildung, die in ihrer diffusen Verfremdung schließlich in einer Ästhetik des Schreckens wiederum die Faszination fremdartiger Gestaltlosigkeit erzeugen kann. In ihrer Analyse kann Dittberner darüber hinaus die künstlerische Verarbeitungsleistung Goyas rekonstruieren, so daß die paradoxe Ordnung der Auflösung selbst wiederum in der bildlichen Beschreibung zum Ausdruck gelangt: Gerade durch den wachen Blick auf die bedrohliche Diskrepanz läßt sich die Erfahrung der Selbstentfremdung nicht "dumm machen". Goyas Bilder können daher als "realistische Beschreibung" einer Welt nach der Katastrophe gedeutet werden: Fremdheit wird erlebbar als "transzendentale Heimatlosigkeit". Die Bedrohung einer von unserer Gegenwart (noch) in die *Zukunft* ausgegrenzten Katastrophe liegt bereits in der Vergangenheit und ist offensichtlich schon Bestandteil unserer eigenen Geschichte: déjà vu?

Anmerkungen

1) vgl. Nowotny 1989
2) vgl. Simmel 1983, 509-512; Schütz 1972a, 1972b
3) Bateson 1983, 582
4) in Anl. an Waldenfels 1989
5) ebenda, 39
6) Waldenfels 1987, 169
7) Luhmann 1984, 105
8) Otto 1947, 8
9) Waldenfels 1987
10) Benjamin 1983, 617f.
11) Waldenfels 1987, 133
12) Krusche 1983, 10
13) Günther 1988, 46
14) ebenda, 264
15) Stagl 1981, 281
16) vgl.Schäffter 1989a, sowie 1991
17) vgl. Kubin 1908
18) zit. nach Günther 1988, 73
19) Gustafsson 1985, 292; Kosellek 1982
20) Duala-M'bedy 1977
21) ebenda, 9
22) ebenda, 21
23) Dietzsche 1984

24) Krusche 1983, 10
25) Waldenfels 1987, 122
26) vgl. Schäffter 1989b
27) Krusche 1983, 11
28) Giesen 1991, 119
29) Waldenfels 1976, 127
30) vgl. Schäffter 1986
31) vgl. Schäffter 1987
32) Lühl-Wiese 1980
33) Neumann 1973
34) ebenda,469
35) ebenda,476
36) ebenda,470
37) ebenda
38) vgl. z.B. zur Kippstruktur Spierling 1984
39) vgl. genauer Schäffter 1987
40) Krusche 1983, 12
41) ebenda, 99
42) Hijiya-Kirschnereit 1988, 210
43) Krusche 1983, 155

Literatur

Bateson, Gregory: Form, Substanz und Differenz. In: ders.: Ökologie des Geistes. Frankfurt 1983 (5.Aufl.), 576-597

Benjamin, Walter: Das Passagen-Werk. Band 1. Fankfurt 1983

Dietzsche, Petra: Das Erstaunen über das Fremde. Frankfurt 1984

Duala-M'bedy, Munasu: Xenologie. Die Wissenschaft vom Fremden und die Verdrängung der Humanität in der Anthropologie. Freiburg/München 1977

Giesen, Bernhard: Die Entdinglichung des Sozialen. Eine evolutionstheoretische Perspektive auf die Postmoderne. Frankfurt 1991

Günther, Christiane, C.: Aufbruch nach Asien. Kulturelle Fremde in der deutschen Literatur um 1900. München 1988

Hijiya-Kirschnereit, Irmela: Das Ende der Exotik. Zur japanischen Kultur und Gesellschaft der Gegenwart. Frankfurt 1988

Gustafsson, Lars: Negation als Spiegel. Utopie aus epistomologischer Sicht. In: Voßkamp, W. (Hrsg.): Utopieforschung Bd.1., Frankfurt 1985, 281-292

Kosellek, Reinhart: Die Verzeitlichung der Utopie. In: Voßkamp, W. (Hrsg.): Utopieforschung Bd.3, Frankfurt 1985, 1-14

Krusche, Dietrich: Japan. Konkrete Fremde. Dialog mit einer fernen Kultur. Stuttgart 1983 (2. überarb. Aufl.)

Kubin, Alfred: Die andere Seite. Ein phantastischer Roman. Mit einer Selbstbiographie des Künstlers. München 1908

Lühl-Wiese, Brigitte: Ein Käfig ging einen Vogel suchen. Kafka - Feminität und Wissenschaft. Berlin 1980

Luhmann, Niklas: Soziale Systeme. Grundriß einer allgemeinen Theorie. Frankfurt 1984

Neumann, Gerhard: Umkehrung und Ablenkung: Franz Kafkas "gleitendes Paradox". In: Politzer, H. (Hrsg.): Franz Kafka. Darmstadt 1973, 459-515

Nowotny, Helga: Eigenzeit. Frankfurt 1989

Otto, Rudolf: Das Heilige. München 1947 (26.Aufl.)

Schäffter, Ortfried: Lehrkompetenz in der Erwachsenenbildung als Sensibilität für Fremdheit. In: Claude, A., u.a.: Sensibilisierung für Lehrverhalten. Pädagog. Arbeitsstelle d. Dtsch. Volkshochschul-Verbandes. Frankfurt 1986, 41-52

Schäffter, Ortfried: Lernen als Ausdruck von Widerstand. In: Ebert, G., u.a.: Subjektorientiertes Lernen und Arbeiten Bd.2. Dtsch. Volkshochschul-Verband, Bonn 1987, 67-97

Schäffter, Ortfried: Resonanz - Die Antwort der Dinge. In: Émile: Zeitschrift für Erziehungskultur. 2.Jg., 1989 (a), H.2, 25-39

Schäffter, Ortfried: Produktivität. Systemtheoretische Rekonstruktionen aktiv gestaltender Umweltaneignung. In: Knopf, D./Schäffter, O./ Schmidt, R. (Hrsg.): Produktivität des Alters. Berlin (Deutsches Zentrum für Altersfragen) 1989 (b), 257-325

Schäffter, Ortfried: Lernen als Passion. Leidenschaftliche Spannungen zwischen Innen und Aussen. In: Heger, R.-J./ Manthey, H. (Hrsg.): Lern-Liebe. Weinheim 1991

Schütz, Alfred: Der Fremde. Ein sozialpsychologischer Versuch. In: ders.: Ges. Aufsätze, Bd. 2, Den Haag 1972(a), 53-69

Schütz, Alfred: Der Heimkehrer. In: ders.: Ges. Aufsätze, Bd.2, Den Haag 1972(b), 70-84

Simmel, Georg: Exkurs über den Fremden. In: ders. Soziologie. Untersuchungen über die Formen der Vergesellschaftung. Berlin 1983 (6.Aufl.), 509-512

Spierling, Volker: Die Drehwende der Moderne. Schopenhauer zwischen Skeptizismus und Dogmatismus. In: ders., (Hrsg.): Materialien zu Schopenhauers "Die Welt als Wille und Vorstellung". Frankfurt 1984, 14-83

Stagl, Justin: Die Beschreibung des Fremden in der Wissenschaft. In: Duerr, H.P. (Hrsg.): Der Wissenschaftler und das Irrationale. Bd. 1, Frankfurt 1981, 273-295

Waldenfels, Bernhard: Die Verschränkung von Innen und Außen im Verhalten. In: Phänomenologische Forschungen Bd.2, München 1976, 102-129

Waldenfels, Bernhard: Heimat in der Fremde. In: ders.: In den Netzen der Lebenswelt. Kap.10, Frankfurt 1985, 194-211

Waldenfels, Bernhard: Ordnung im Zwielicht. Frankfurt 1987

Waldenfels, Bernhard: Erfahrung des Fremden in Husserls Phänomenologie. In: Profile der Phänomenologie. Bd.22, München 1989, 39-62

I.

DER RESONANZBODEN

Fremdheit als Voraussetzung von Eigenheit

Das Fremde, Fremdheit und Identität

Dieter Claessens

Die Begriffe "Fremdheit" und "Identität" und ihre Verbindung decken ein derart großes Gebiet, daß es sowohl vom Umfang her als auch seinen Verästelungen in einem Zug nicht zu behandeln ist. Ein erster Überblick über die Thematik ist von dieser Last ja auch befreit: Die folgenden Beiträge dieses Sammelbandes werden einzelne Linien der Problematik teils sehr spezialisiert behandeln. Ich kann mich also darauf beschränken, einiges Grundsätzliches und auch Triviales zu sagen, und auf Aspekte zu verweisen, die meiner bisherigen Beobachtung nach im Zusammenhang mit den Begriffen "fremd" und "Identität" weniger beachtet werden.

Daß Identität heute mehr denn je ein Problem ist und daß Menschen ihre gegenseitigen Fremdheitsgefühle ausleben, bis zur gegenseitigen Vernichtung, ist nicht nur auf "Fremde" beschränkt, sondern entwickelt sich auch und gerade gegen sehr nahe Menschen: Die Mehrzahl an Morden, d.h. "heimtückischer Totschlag", hinterlistiges Töten, erfolgt im engsten Beziehungsbereich, oft gerade in der Familie, von Gewaltanwendung ganz zu schweigen.

Identität

Ich beginne mit den Begriff "Identität", der heute immer wieder verwendet wird. Der Soziologe und Philosoph Georg Simmel sagt an einer Stelle seiner 1908 erschienenen "Soziologie": "Der erste Instinkt, mit dem sich Persönlichkeit bejaht, ist die Verweigerung des Anderen."[1] Wir kennen diese Erscheinung als "Fremdenangst" im neunten Lebensmonat des Kindes. Der Aufbau einer eigenen Identität, des Wissens darum, daß man ein je Eigener ist, erfolgt in der Tat in der Absetzung vom anderen Menschen. Diese Aufgabe - des Gewinns von Identität - wird nicht selbstverständlich gelöst, sonst gäbe es nicht Erscheinungen wie den Autismus. Aber in der Regel erkennt der kleine Mensch, praktisch mit sich und der nächsten Umwelt hantierend, daß der Körper, den er "begreift", sein eigener ist, und er lernt ihn von der Außenwelt zu unterscheiden. Es ist also wirklich eine Absetz-Bewegung, die den (kleinen) Menschen zuerst einmal auf sich selbst hinführt. In diesem Sinne wird er "handlungsfähig" und widerständig gegenüber einer Welt, die ihn zwar von Anfang an kompakt "im Griff" hatte, deren er sich aber nun erst richtig bewußt wird. "Handlungsfähig" meint, daß sich die kleine Person festigt und in einem sinnvollen Prozeß eine gewisse Souveränität erlangt, die den Erziehenden, das heißt den so unendlich überlegenen Erwachsenen, die sich verantwortlich fühlen, dann bald ziemliche Probleme bereitet: War vorher ein - oft durchaus auch belästigendes - "Baby" da, tritt (oder besser: kriecht) ihnen nun ein "Mensch" *entgegen*.

Der Körper

Das Kind wird auf sein Geschlecht, seine Sprache und seine soziale Rolle hin geprägt. Damit hat es sich dann auseinanderzusetzen, und in einer Welt schnellen sozialen und kulturellen Wandels treten hier genug Probleme auf. Selten erwähnt wird aber bei der Behandlung dieser Probleme (d.h. des Begriffes "Identität"), daß der eigene Körper - wie er auch beschaffen sein mag! - durch seine Veränderungen hindurch das Leitseil der Identität bleibt - und dies kann auch durch operative Techniken nicht verändert werden.

Mit diesem still vor sich hin funktionierenden, und nur manchmal revoltierenden Körper haben wir unser erstes "Proprium", - so nannte es ein nordischer Schriftsteller vor langer Zeit (Swedenborg im 17. Jhd.) - gegen dessen Entäußerung wir uns "bis aufs Messer" wehren. "Körper" meint natürlich auch Leben, und man kann und muß sagen, daß "Leben" weit mehr ist als "nur Körper"; aber noch so differenziertes Leben ist ohne Körper nicht möglich, und zum eigenen Körper besteht offenbar vorab aller gesellschaftlichen und kulturellen Einflüsse ein besonders intimes Verhältnis: Gordon W. Allport, ein US-amerikanischer Psychologe, hat in Experimenten gezeigt, daß bei Studenten die Aufforderung, ihren auf die Hand gespuckten Speichel (eine im nichtkranken Zustand unverfängliche Flüssigkeit, die ganz zu uns gehört) wieder aufzulecken, Ekel erregte: Ihr Speichel war ihnen fremd geworden! So nah kann also Fremdes sein! Das eigentlich Identische bleibt unser Körper in sich selbst. Auch er kann uns in Krankheit und Alter fremder werden; aber eigentlich erinnert er bei Krankheit nur besonders deutlich daran, daß er da und zu pflegen ist, und beim Altern liegt es eher an unseren unangemessenen Ansprüchen, daß er uns fremder erscheinen mag: In Wirklichkeit wissen wir sehr wohl, daß es unserer ist; wir lehnen nur den Prozeß seines zwangsläufigen Verfalls ab. Das ist aber eine Frage der Einstellung und verändert nicht die Gewißheit, daß dies unser Körper ist.

Nationale Identität

Die nationale Identität wird uns - unseren Körper durchaus auch erfassend - in der Regel mit der Geburt "geschenkt". Daß sie im Individuum und der Gruppe dann stärker vorhanden ist, wenn sie im Volk, in dem wir geboren wurden, selbst stark ausgeprägt ist, ist ein besonderes Kapitel: hier haben wir Deutschen Probleme.

Die *Sprache* ist in der Regel das deutlichste Zeichen dieses frühen Eingebundenseins in eine übergreifende Identitätsstruktur. Und mit der Verleihung einer nationalen Identität erfolgt simultan die Überstülpung einer *kulturellen* und *sozialen* Identität: "Tochter" oder "Sohn" einer bestimmt gelagerten Familie oder eines Elternteils ist, z.B. nach "Engländersein", bereits insofern "Schicksal", weil damit Wege der Selbstfindung unter hohem sozio-kulturellem Druck vorgezeichnet sind.

Daß die Entwicklung einer kulturellen und sozialen Identität ein dessenungeachtet schwieriger Prozeß ist, zeigt sich daran, daß Menschen "an sich" irre werden können, ja "irre" werden! Aber für uns ist wichtiger, daß gerade eine sehr konsequente Pflege des Aufbaus von identischer Persönlichkeit beim Kind und Jugendlichen zu einer Festigung eben dieser Persönlichkeit führen kann, von der aus der ganze Prozeß in Frage gestellt werden kann: Wer ausbricht, ist schon stark! Labil erzogene Menschen werden später eher "Opportunisten", d.h. passen sich später eher an.

Daß dieses "Ausbrechen" näher liegt oder besser: gelegt wird, wenn die sozialen, politischen und kulturellen Verhältnisse sich schnell ändern, braucht kaum erwähnt zu werden. Aber auch dann gilt in der Regel, daß die uns mitgelieferten "Hüllen" der nationalen, sozialen und kulturellen Identität als sozusagen bereitstehende Garanten unserer inneren und nach Außen sich in unserem Verhalten darstellenden Identität "im Grunde" von uns hoch geschätzt werden. Wir wollen "normal" sein, und wir fürchten tief in uns jedes Infragestellen dieser Normalität. Sie soll möglichst weder von innen noch von außen in Frage gestellt werden.

Deshalb kann sich ein unsicherer Mensch so schwer "in Frage stellen" lassen, reagiert mit Ausweichen und Aggression. Verunsichert schneller Wandel die Menschen, dann ist also zu erwarten, daß sich sehr viele auf Identitätsbestände zurückziehen - oder an ihnen festhalten - die gerade allgemein in Frage gestellt werden. Verfremdung der Realität führt zur Stärkung alter Identitätsbestände.

Der "Fremde"

Diese Behauptung soll uns auf den Begriff des "Fremden" bringen. Ich beginne wieder mit dem harmlos Erscheinenden: Nach dem Fremden sehnt man sich, vor dem Fremden scheut man aber auch zurück. Das Fremde kann Ängste, ja Abscheu einflößen und doch fazinieren; es hat etwas vom "Heiligen", das fasziniert und Furcht einflößt, die dann - beim Heiligen - "Ehrfurcht" werden soll! Und die Ungeheuer sind ja auch in der Regel gefallene Abkömmlinge von Göttern; oft sind sie deren Lieblinge gewesen.

Diesem dramatischen Paradoxon: Abstoßung und Anziehung zugleich, entspricht das mildere Paradoxon, daß die fernen, fremden Länder durch Angleichung ihrer Lebensart an unsere Lebensart "den Reiz des Fremden" verlieren. Offensichtlich vermischen sich hier "das Fremde" und "der Fremde". Wenden wir uns zuerst "dem Fremden", dem Menschen, der fremd ist, zu. In seiner Aufsatzsammlung "Soziologie" schiebt Georg Simmel in den Abschnitt: "Der Raum und die räumlichen Ordnungen der Gesellschaft"[2)] einen "Exkurs über den Fremden" ein. In einer etwas altväterischen, veralteten Schreibweise führt er hier aus, daß die Raumfrage mit dem "Fremden" nicht so sehr deshalb zusammenhängt, weil er "heute kommt und morgen geht", d.h. "raumfremd" ist, sondern weil er auch bleiben kann. Simmel sagt dazu: daß er (der Fremde) "heute kommt und morgen bleibt - sozusagen der potentiell Wandernde, der, obgleich er nicht weitergezogen ist, die Gelöstheit des Kommens und Gehens nicht ganz überwunden hat" ist das Problem. Der so gemeinte Fremde "trägt (in den lokalen und sozialen) Raum Qualitäten hinein, die aus ihm nicht stammen und stammen können." Simmel nimmt sich als Beispiel dieses Überganges, der zum Problem wird, den ziehenden Händler: Zuerst ist er ganz selbstverständlich und interessant, in gewisser Weise "positiv aufregend", Fremder. Für ihn ist in bescheidenen Verhältnissen, z.B. dem Dorf, gar kein Platz auf Dauer. Aber man bedient sich seiner gern als einer brauchbaren Funktion. Er ist nützlich, geht aber - wie zu erwarten - weiter. Später wird er, hoffentlich, wiederkommen. "Für ihn - sagt Simmel - ist hier im Dorf keine dauernde Existenzgelegenheit."

Mit ihm, dem Fremden im Dorf, ist das Fremde nah; aber der Idee des "Fremden" entspricht eigentlich die räumliche Ferne: Das Fremde beschäftigt nicht ernsthaft, wenn es räumlich fern ist, "wie es sich gehört". In der Vergangenheit - so Simmel - konnte der Fremde nur bleiben, wenn er Zwischenhandel betrieb: "Ein irgendwie geschlossener Wirtschaftskreis mit aufgeteiltem Grund und Boden und Handwerkern, die der Nachfrage genügen, wird nun (irgendwann einmal, D.Cl.) auch dem Händler eine Existenz gewähren; denn allein der Handel ermöglicht unbegrenzte Kombinationen, in ihm findet die Intelligenz noch immer Erweiterungen und Neuerschließungen, die dem Urproduzenten mit seiner geringeren Beweglichkeit, seinem Angewiesensein auf einen nur langsam vermehrbaren Kundenkreis, schwer gelingt." So - sagt Simmel - kann der Fremde als Überzähliger ("Supernumerarius") dennoch existieren. Und seine, mit seiner Fremdheit verbundene, Distanz zu Raum und sozio-kulturellem Umfeld, eben dem Dorf oder der kleinen Stadt, schlägt um in eine Chance zu einer "fremden" Objektivität gegenüber seiner Umgebung, da er sich selbst ja als eigentlich fremd in dieser betrachtet, sich aber letztendlich ihr anpassen muß. Diese Objektivität läßt ihn in eigenartiger Weise überlegen scheinen, oft noch verstärkt durch seine Zweisprachigkeit: Ob er will oder nicht, er kann "mit zwei Zungen" reden.

Da intellektuelle Überlegenheit in einer zahlenmäßig weit überlegenen fremden Umgebung höchst gefährlich sein kann, wird der Fremde, der ansässig geworden ist, auch dort "Augen vorn und hinten" haben, wo der natürlich Ansässige blind sein kann, weil er "zu Hause", ein "Geborener" ist.

Wegen dieser, für den Eingesessenen unnötigen Klarsicht, beriefen italienische Städte ihre Richter von auswärts, "weil kein Eingeborener von der Befangenheit in Familieninteressen und Parteiungen frei war."

Besonders dem vorbeiziehenden Fremden werden oft die überraschendsten Offenbarungen gemacht, "bis zum Charakter der Beichte", sagt Simmel; aber ein Rest dieser seltsamen Erscheinung wirkt auch dann, wenn der Fremde bleibt: Man äußert sich ihm gegenüber unter Umständen so offen, wie man es dem Nahestehenden gegenüber nicht tun würde. (Daher mußte der älteren Auffassung nach der Analytiker oder Therapeut dem Analysierten fremd bleiben!).

Der Fremde bleibt lange fremd. Mit ihm verbindet nur sehr Allgemeines, während mit dem Nahestehenden Besonderes verbindet. "Der Fremde ist uns nahe, insofern wir Gleichheiten nationaler oder sozialer, berufsmäßiger oder allgemein menschlicher Art zwischen ihm und uns fühlen; er ist uns fern, insofern diese Gleichheiten über ihn und uns hinausreichen, und uns beide nur verbinden, weil sie überhaupt sehr Viele verbinden. In diesem Sinne kommt leicht auch in die engsten Verhältnisse ein Zug von Fremdheit. Erotische Beziehungen z.B. weisen in dem Stadium der ersten Leidenschaft jenen Generalisierungsgedanken sehr entschieden ab: eine Liebe wie diese habe es überhaupt noch nicht gegeben (meinen die Sichliebenden, D.CL.); weder mit der geliebten Person noch mit unserer Empfindung für sie sei irgend etwas zu vergleichen. Eine Entfremdung pflegt... in dem Augenblick einzusetzen, in dem der Beziehung ihr Einzigartigkeitsgefühl entschwindet; ein Skeptizismus gegen ihren Wert an sich und für uns knüpft gerade an den Gedanken, daß man schließlich mit ihr nur ein allgemein menschliches Geschick vollzöge, ein tausendmal dagewesenes Erlebnis erlebte, daß, wenn man nicht zufällig dieser Person begegnet wäre, irgend eine andere die gleiche Bedeutung für uns gewonnen hätte". So kann der Nahestehende plötzlich oder langsam "fremd" werden: Er ist dann sozusagen "allgemein" vorhanden, nur noch Mensch, schlimmstenfalls weniger.

Anthropologische Grundlagen

Was sind nun die konkreten Hintergründe dieser Fremdheit? Will man diese Frage konsequent beantworten, muß man - ob man will oder nicht - auf anthropologische Einsichten zurückgreifen. Die Definition, was zuerst ein "Mensch" war, soll uns hier nicht beschäftigen. Jedenfalls stammten die dann von uns so benannten Menschen von Vorfahren weniger menschlicher Art ab, eine triviale Feststellung, die es aber in sich hat (und übrigens auch heute nicht überall unproblematisch ist): Diese Abstammungs-Feststellung beinhaltet nämlich logisch auch, daß die evolutionären Hilfen, mithilfe derer die Menschvorgänger überlebten, noch lange im dann so definierten "Menschen" wirksam gewesen sein müssen; viele dieser evolutionären Hilfen oder Vorgaben sind noch in uns wirksam, vom stummen Wirken unseres Inneren über unser Geschlechtsverhalten bis zum Hirn, von dem man sagt, daß es einen Krokodil-Anteil, einen Pferde-Anteil und einen Mensch-Anteil (nach dem Aufbau unseres Hirns von den Altteilen bis zum Großhirn) habe.

Noch wichtiger erscheint mir, daß der Mensch etwa zwei Millionen Jahre in der von ihm von der Horde zur Gruppe gewandelten Gemeinschaft gelebt hat; einer selbstdefensiven, sich selbst nach außen und nach innen hin stabilisierenden Gemeinschaft. Das bedeutet, daß er sein Fühlen und Denken, seine gefühlsmäßigen Regungen, Mimik, Gestik und Sprache (also nonverbale und verbale Sprache) an der Gruppendimension (bis hin zu Stamm und Sippe) entwickelt hat.

Noch heute ist der Mensch, sind wir, auf Körperliches, Konkretes fixiert, auf das Hand-Habbare, noch sogar vor dem Computer sitzend: "Wir begreifen mit der Greif-Hand das Unbegreifliche und muten unserem Gehirn auch das Begreifen und den Be-Griff zu. Der Mensch ist also nicht nur triebmäßig sehr alt, sondern auch - wegen eben dieser von der alten Gruppe abgeleiteten Konkretheit - auch sozio-kulturell "antiquiert" (Günter Anders). Schon Anfang der 20er Jahre hatte der US-Amerikaner Ogburn vom "cultural lag" gesprochen, der Kluft zwischen den technischen Leistungen des Menschen und seinem sozio-kulturellem Verhalten, und Karl Mannheim sprach in seinem 1934 erschienenen Werk: "Mensch und Gesellschaft im Zeitalter des Umbaus" von der Gleichzeitigkeit des Ungleichzeitigen, und vom modernen Menschen "mit der Schubkarrenseele".

Der Mensch lebt zwar immer noch in Gruppen, ist aber längst nicht mehr so auf sie angewiesen, wie man seinem Verhalten und seiner Sprache entnehmen könnte. Daher können sich bei ihm noch immer Nationen "verbrüdern".

Wenn wir das heute sagen, dürfen wir aber nicht übersehen, daß diese "Antiquiertheit" des Menschen bisher seine vitale Stärke war, und, als gesellschaftliche und kulturelle Beharrlichkeit, seine gesellschaftliche Stärke. Ohne diese Vitalität und Beharrlichkeit unserer Ahnen wären wir heute nicht da.

Kulturelle Identität

Die vitale und evolutionär-biologisch bedingte Stärke interessiert in diesem Zusammenhang nicht. Dafür umso mehr das, was eben "gesellschaftliche Stärke" genannt wurde. Menschen entwickelten im Gruppenzusammenhang eine bestimmte Sprache, eine bestimmte Art des Verhaltens zu sich selbst und zu den "Genossen" und eine bestimmte Art und Weise, ihre unlebendige und lebendige Umgebung, die Natur, zu deuten, einschließlich der großen Naturphänomene und so unbegreiflicher Dinge wie Träume. Das heißt, sie entwickelten eine bestimmte, abgegrenzte Kultur. Und diese bestimmte Kultur wurde von Generation zu Generation (in zwei Millionen Jahren ca. 60 000 mal) weitergegeben. Dabei wurde die "alte Natur" ausgegrenzt sowie - nun auf Distanz - neu bedeutet; andere Gruppen/Sippen wurden ausgegrenzt und bestimmt, besonders gern als intime Feinde.

Das heißt: Das Verfahren der Distanzierung auf Grund der eigenen Selbst-Vergewisserung wurde von der alten Natur auf die eigene Spezies, soweit sie nicht der eigenen Kultur angehörte, übertragen. Die ausgegrenzten anderen Menschen konnten von Glück sagen, wenn sie als Menschen definiert wurden; noch vor nicht allzu langer Zeit, waren Sklaven keine Menschen, und "Leibeigene" oder Bedienstete, Lohnempfänger, Frauen und Kinder nur in sehr eingeschränktem Umfange "Menschen". Mensch im Vollsinn des Wortes war also derjenige, der der eigenen - bes. männlichen - Kultur angehörte. Und "Kultur" heißt hier: Gruppenzusammenhang und ein Wissen darum, wie alles ist, wie es war und wurde, wie es sein wird (nämlich genau so, wie es war und ist) und: "Wie man es macht"! Ein dörflicher hinterlistiger Scherz war noch bei uns um die Jahrhundertwende, jemand zu fragen: "Sie sind wohl nicht von hier?", was für die umstehenden Eingeweihten bedeutete: "Sie sind wohl ein bißchen dumm!?" Der erwachsene Einheimische, das heißt, der "Normale", Dazugehörige, wußte wo was ist und "Wie man es macht", fragte nicht. Die strategische Essenz solcher Kultur besteht darin, daß Werte (als Ziele) und Normen (als Verhaltensanweisungen) festgelegt sind, und zwar von Kulturangehörigen zu Kulturangehörigen gegeneinander, als oft unbewußter, meist nicht niedergeschriebener "Verhaltenskodex". Sogar dem Feind gegenüber gab es klare Verhaltensvorschriften, gedeckt vom Begriff der Ehre z.B., es gab "Kriegssitten"; das für dieses Jahrhundert berühmteste Beispiel waren die "Feuerpausen" im I. Weltkrieg an der "Westfront", in denen beide Seiten ihre Verwundeten bergen konnten, - Verhalten war abgesichert. Das war der erste strategische, d.h. umfassende Wert von Kultur: Verhaltenssicherheit gegenüber dem Anderen, den Anderen. Der zweite umfassende Wert von Kultur bestand in der Stabilisierung des Inneren der Menschen. Diese Innenstabilisierung geschah - weit vor den modernen Prozessen der Individualisierung - eben durch die Stabilisierung der sozio-kulturellen Außenwelt, des Naturverständnisses und der Stabilisierung des Gruppenverhaltens: Innenstabilisierung vollzog sich durch Außenstabilisierung (Arnold Gehlen). Der Mensch hat jene "Identität", die im Tier durch Instinkte und angeborene Dispositionen zum Lernen wirkt, durch Gruppenbezug sich erworben und erhalten. Das scheint nun wieder sehr trivial und selbstverständlich zu sein.

In der konkreten Wirklichkeit bedeutet aber Gruppenbezug Unterwerfung unter Regeln. "Regeln" meint nichts anderes, als eine klare Grenzziehung zwischen richtigem und falschem Verhalten, Normalität und Anomalitiät bzw. Anormalität. Im praktischen Verhalten verwischen sich die Grenzen zwischen "richtig" und "recht". Mit "Brauch und Sitte" wird nichts anderes akzeptiert, als ungeschriebenes - aber auch niedergeschriebenes! - Recht. Und Recht akzeptieren heißt, daß man es auch als ein gegen einen selbst verwendbares Sanktionsmittel akzeptiert, nicht nur als Mittel zur "Zurechtweisung" und/oder Bestrafung von Anderen! Daher wehrten sich kluge Sultane gegen die Einführung allgemeinen Rechts: Sie hätten sich irgendwann einmal selbst diesem Recht unterwerfen müssen; lieber blieben sie bei dem willkürlich - zu ihren Gunsten - gesetzten Recht "von Fall zu Fall", der "Kadijustiz". Noch heute erkennt man diese "Klugheit" dort, wo einer Selbstverpflichtung ausgewichen wird, besonders deutlich im Geschlechterverhältnis, besonders zuungunsten von Frauen.

Kultur bedeutet also Unterwerfung unter einen ganzen Kosmos von Verhaltensregeln. Und wir unterwerfen uns auch, wenn wir in einer fremden Kultur die dort übliche Sprache sprechen und uns "den geltenden Sitten unterwerfen". Dieser Umstand, daß man sich durch Akzeptieren einer bestimmten Kultur selbst unterwirft, kann naturgemäß vom kleinen Kind zuerst gar nicht erkannt werden; bald wird dann aber doch gefühlt, daß hier Unterwerfungsprozesse ablaufen. Der sogenannte Trotz sowie Auflehnung, treten auf, helfen meist nicht, der Unterwerfungsprozeß geht weiter. Zuletzt wird dieser Umstand verdrängt, und zwar nicht nur aus (übrigens sehr zweckmäßigem) Opportunismus, sondern, weil eine ganz andere Mechanik im Spiel ist: Jede Kultur hat in sich spezifische Erwartungshorizonte. Diese Erwartungshorizonte, z.B., daß man die hier übliche Sprache lernt, bestimmen dann, welche spezifischen Erwartungen sich beim Kulturangehörigen bilden dürfen. So erzogen, erwartet man dann bald und in der Regel nur noch bestimmte Erwartungen bei sich und den anderen. Erwartete Erwartungen, oder: Im Erwartungshorizont vorgesehene und damit prinzipiell auch erwartbare Erwartungen können dann nicht überraschen. Sie sind - wenn auch vielleicht ungewöhnlich - doch "rechtens", im kulturellen Sinn.

Recht und Unrecht

Das Fremde ist einer anderen Sphäre von Erwartungen, einem anderen Erwartungshorizont zuzuordnen. Faßt man den Begriff "Recht" so weit wie wir es bisher getan haben, dann gehört fremdes Verhalten einer anderen Rechtssphäre an. Daher kann Helga Bonus sagen: *"Das Fremde ist das Ungerechte"*.[3] Andere - besonders kulturell weit entfernte - Erwartungshorizonte produzieren andere, fremde Erwartungssysteme. In ihnen kann dann plötzlich das eigene Verhalten falsch, da "fremd" sein, weil es auf falschen/eigenen Erwartungen basiert. Und umgekehrt kann ein sich an fremden Erwartungshorizonten orientierendes Verhalten den eigenen Erwartungen nicht entsprechen. Wirkt solches "fremde" Verhalten auf uns ein (oder auf eine uns zugehörige/zugehörig gefühlte/ Gruppe), kann es kaum als "rechtens" interpretiert werden. Es ist Nicht-Recht, nahe am Un-Recht. Man fühlt sich ausgrenzt und zurückgesetzt. Dies gilt auch für das Verhältnis zwischen den Generationen und Geschlechtern, besonders bei schnellem Wandel. Kurt Lewin hat dazu schon in den 40er Jahren gezeigt, daß Erwartungshorizonte das Innere, das psychische Innere der Menschen bilden, sozusagen ringförmig, von Innen, dem Intimraum, nach Außen, dem "öffentlichen Raum", umeinandergelegt. Innerlich nicht in ihren Erwartungshorizonten aufeinander abgestimmte Menschen sind sich fremd und werden sich fremd. Verändert sich im schnellen technologischen und sozialen Wandel das innere Gefüge der Verhaltenshorizontee in den Menschen von Generation zu Generation (oder zwischen den Geschlechtern), dann "versteht man sich nicht mehr", wird sich fremd.

Normen und Selbstzwang

Kommen wir noch einmal zum allgemeinen Problem von Fremdheit - als Kontrast zu Vertrautheit, d.h. innerer und äußerer Abgestimmtheit - zurück: Das Feingefühl für ein Verhalten, das nicht den Normen entspricht, ist viel größer oder subtiler, als wir uns das in der Regel eingestehen. Nicht nur scherzhaft sei daher die gängige Bemerkung angeführt: "Wie hält denn der die Gabel!?" Hier geht es nicht darum, daß jemand mit Eß-Stäbchen, Löffel statt Gabel oder - entsetzlich - mit dem Messer ißt, sondern um Nuancen, um die "richtige" Haltung beim richtigen Gebrauch. Besonders die jüngere Generation scheint hier großzügiger zu sein, will es jedenfalls sein. Genauere Beobachtung zeigt aber, daß diese Großzügigkeit mehr auf einer *Verschiebung* des Spektrums dessen, was "richtig" ist beruht, als auf wirklich kosmopolitischer Haltung, - die übrigens ja auch ein gutes Stück Gleichgültigkeit enthalten kann, vielleicht sogar muß. Überall behalten daher Aussagen ihre Gültigkeit, die Jüngere sicher gern als überholt bezeichnen würden, wie: Jemand bewegt sich auffällig, benimmt sich auffällig; ist nicht ganz bei sich; fällt aus der Rolle; ist ver-rückt; ist außer sich, fassungslos; man ist "befremdet"; Das ist un-erhört; Wo gibts denn so was!; Nimm dich zusammen! Das ist un-verschämt! Die Worte mögen für Jüngere teils nicht mehr stimmen; dann müssen sie ausgetauscht werden, und zudem kann ein: "Laß dich nur ruhig gehen!" genau so imperativ sein, wie ein "barscher Verweis".

Aus einem Normengerüst, d.h. Vorstellungen von richtigem Verhalten, kommt kein Punk und kein Skinhead heraus. Und damit bleiben alle von den Geistern des "Fremden" umstellt. In allen solchen Redeweisen und den sie ankündigenden und begleitenden Mimiken und Gestiken, bis zum u.U.aggressiven Handeln, spiegelt sich des schon angedeutete Verhältnis: Das Recht, die Norm, Sitte und Brauch, zwingen einen selbst, und sei es zur Freizügigkeit oder auch zur Güte. (Der junge Harvard-Professor Robert Nozik fragte daher provokativ: "Wer hat die Unverschämtheit, von mir zu verlangen, etwas Gutes zu tun?"). Erziehung zwingt zum Selbstzwang; Befreiung von Zwängen bedeutet hohe Selbstdisziplin, ständig ist Selbst-Beherrschung gefragt bzw. notwendig.

Dieser Selbstzwang ist praktisch immer zugleich eine Unterdrückung eigener abweichender Regungen, und zwar auf das eigene Ich bezogener abweichender Regungen ("ich mußte mich gegen meine inneren Impulse wehren"), und auf den mir gegenüberstehenden Anderen bezogener abweichender Regungen ("ich hätte ihn schlagen können!"). Beide Formen der Zurück-Haltung können sich selbstverständlich überkreuzen oder vereinigen. Die zwingende Unterdrückung eigener tiefer Regungen erzeugt aber ein Reservoir von Aggression, denn man frustriert sich in der Tiefe ja selbst, das leicht zur Abwehr von "Abweichlern" mobilisiert werden kann. Mit Leichtigkeit kann sich - wie wir innerlich sehr genau wissen - diese Aggression bis zum Haß steigern: Was der/die macht, möchte ich auch machen oder machen dürfen! Das muß von Anfang an unterbunden werden!

Freud hat schon vor sechzig Jahren darauf verwiesen, daß Kultur - und das heißt auch: Menschwerdung - nur um den Preis von Triebverzicht zu haben sein dürfte. Die Probleme spezifischer Kultur hat er vorsichtshalber nicht berührt, spezifische Kultur wird erworben um den Preis spezifischer Verhaltensverzichte. Selbstverständlich gilt das dann auch für die Zugehörigkeit zu spezifischen Subkulturen die ihrerseits wieder spezifischere Verhaltensverzichte fordern.

Integrität durch Abgrenzung

Daher konnte Musil in: "Mann ohne Eigenschaften" sagen: "Schließlich besteht ja das Ding nur durch seine Grenzen... und die tiefste Anlehnung des Menschen an seine Mitmenschen besteht in dessen Ablehnung".[4] Die Ab-Grenzung erst ermöglicht das Zu-Einander-Kommen; aber untergründig rumort das Meer der Emotionen die sich sozusagen gegenseitig kritisch betrachten.

Und später sagt Musil: "Nun sind völkische Abneigungen gewöhnlich nichts anderes als Abneigung gegen sich selbst, tief aus der Dämmerung eigener Widersprüche geholt und an ein geeignetes Opfer geheftet, ein seit Urzeiten bewährtes Verfahren." [5] Verunsichert man sich durch solche Überlegungen? In jedem Fall ist es so, daß wir innerhalb des uns so oder so aufgezwungenen Verhaltens unsere Integrität bewahren wollen oder doch um sie kämpfen und ringen. Deshalb sind wir so beunruhigt, wenn Personen, die Integrität (das Unveränderliche) zu "verkörpern" scheinen, sich plötzlich als wenig integer zeigen: Wir sind entsetzt... Aber man muß diese Frage auch deshalb "dramatisieren", weil uns das Drama der "Begegnung mit dem Fremden" in der Wirklichkeit einholt. Hierbei mag uns der Gedanke helfen, daß der Fremde, der zu uns kommt "um zu bleiben", sich selbst im gegenläufigen Prozeß befindet: Von ihm wird in der "Gastkultur" ganz konkret eine "zweite Unterwerfung" gefordert. Ich glaube, daß das in einer Kultur, die mehr oder minder freiwillig Fremde aufnimmt, was überhaupt nicht überall selbstverständlich ist, legitim ist: Nie wird sich eine überwältigende Mehrheit anders verhalten; bestenfalls gibt es einen gewissen Minderheitenschutz; aber die generelle Unterwerfung, bes. was die Sprache anbetrifft, wird doch überall verlangt werden! - An dieser Stelle kann nur darauf aufmerksam gemacht werden, wie heikel diese Forderung nach Unterwerfung "unter die herrschenden Sitten" ist.

Man darf nicht jenes Potential von Aggression vergessen, das bereits im normal erzogenen Menschen innerhalb einer Kultur steckt. Und nun kommt eine zweite, viel bewußter erlebte Selbst-Erziehungsleistung auf den Einwanderer zu!

Ein guter Teil davon mag gemildert werden, weil der Fremde ja eben in das Land, in dem er nun ist, ziehen wollte. Aber es bleiben genügend Quellen und konkrete Anlässe, um Aggressionen "loszulassen". Und wir haben ebenfalls "Gelüste" dieser Art. Simmel bemerkt dazu: "Auch im Unglück unserer besten Freunde ist etwas - sagt er - was uns nicht ganz mißfällt.." Um wieviel mehr muß uns insgeheim das Unglück von Fremden gefallen! Wie werden wir also - selbst in schnellem Wandel und großen Anforderungen stehend - dieser komplizierten Situation gerecht? In einer derart fließenden Situation, in der wir Probleme mit der Frage der Identität überhaupt haben, können wir uns am ehesten dadurch stabilisieren können, daß wir direkt um uns ein Netz von Zuverlässigkeiten schaffen, daran mitarbeiten, die allein durch ihre Existenz unsere Identität garantieren. Vermutlich müssen wir uns überhaupt viel mehr auf den Wert der "menschlichen Zuverlässigkeit" besinnen, - womit nicht inhaltlose Pünktlichkeit gemeint ist.

Sind wir in diesem allgemeinmenschlichen Sinne zuverlässig, dann wird es uns nicht schwerfallen, unsere Identität in einem zuverlässigen Kreis zu finden, womit mit "Kreis" gerade nicht nur eine Gruppe, sondern ein Beziehungsgeflecht gemeint ist: Die Nahestehenden können räumlich sehr weit entfernt sein! Von einem solchen haltenden und schützenden Netz von Beziehungen aus dürfte es leichter sein, "dem Fremden" offen zu begegnen, als wenn wir verschlossen, aber im Grunde unsicher sind. Vermutlich ist es lebensklug, in ein solches Netz von Beziehungen, die unsere Identität bestätigen, Ausländer und Fremde einzubeziehen.

Anmerkungen

1) Simmel Berlin 1908, 261

2) ebenda, 614-708

3) Bonus 1990 14f

4) in: Der Mann ohne Eigenschaften, 1930, hier: 1978/88, Bd.I, 26

5) ebenda, 424

Literatur

Bonus, Helga: Norm und Recht, Münster 1990

Claessens, Dieter: Das Konkrete und das Abstrakte. Frankfurt/M. 1980

Claessens, Dieter: Gruppe und Gruppenverbände. Darmstadt 1973

Mannheim, Karl: Mensch und Gesellschaft im Zeitalter des Umbaus. Leiden 1934;
engl.: Man and Society in an Age of Reconstruction. New York 1949

Musil, Robert: Der Mann ohne Eigenschaften. Reinbek 1978

Simmel, Georg: Soziologie. Untersuchungen über die Formen der Vergesellschaftung. Berlin 1908

Ferne/Nähe

Einige Überlegungen zum "vorläufig letzten Versuch, die Fremde zu erfinden"[1)]

Martin Gross

Parzival

Auf dem Lande geboren, habe ich mich als Kind zwangsläufig in den Wäldern herumgetrieben. Ich habe unter Buchen oder Fichten gesessen oder am Rande irgendeiner Lichtung. Alles habe ich mir genau angesehen - all die enttäuschend nüchternen Dinge: das Gras, das Laub, die Fichtenzweige. Und immer wieder habe ich versucht, mir eine dieser legendären Figuren auf einer solchen Lichtung vorzustellen - Parzival zum Beispiel. Aber es war unmöglich. Ich habe es genau gespürt: Die Lichtung, auf der Parzival erschiene, wäre eine ganz andere Lichtung.

Worin ihre Andersartigkeit bestünde, hätte ich allerdings nicht sagen können. Es wäre doch Gras wie dieses Gras hier, und es wäre Buchenlaub wie dieses. Die Frage blieb also ungeklärt. In späteren Jahren glaubte ich, der Antwort etwas näher zu sein: Wenn an Parzivals Lichtung etwas anders wäre, dann nicht die Lichtung selbst, sondern die Art, in der Parzival sie sehen würde. Er würde natürlich auch Gras oder Laub sehen, sie würden ihm jedoch etwas anderes bedeuten, würden sich anders in seine Welt fügen. Aber wie? Diese Frage entpuppte sich als der Beginn einer endgültigen Trennung: Zwar konnte ich weiterhin einigermaßen begreifen, welche Aufgaben sich Parzival stellten, aber schon angesichts so einfacher Dinge wie dieser Lichtung war es mir unmöglich, mich in meinen Kindheits-Helden hineinzuversetzen. Etwa in dieser Zeit habe ich das Gefühl verloren, es sei möglich, einen fremden Menschen zu verstehen. Und etwa zur selben Zeit stellte sich die Phantasie ein, daß ich später einmal Romane schreiben würde; denn in den Romanen - so schien mir - war es noch am ehesten möglich, einem Fremden nahezukommen.

Der Roman

Dem vor kurzem erschienenen Roman "Ferne Nähe" hat man nachgesagt, er sei eine surreale Reiseerzählung, ein Panorama der Fremdheit. Andererseits hat man behauptet, es handle sich um die Geschichte einer äußerst kontaktarmen Vater-Sohn-Beziehung. Die Fremdheit der 'äußeren' Reise wäre demnach nur die symbolische Repräsentation der 'inneren Reise' zu einem unerreichbaren Vater. Wie es scheint, sind sich Leser und Kritiker unschlüssig, welcher der beiden Aspekte (die Reise oder die Vaterlosigkeit) als das eigentliche Thema und welcher als dessen Repräsentation anzusehen ist. Wenn nun aber beide Seiten zugleich eigentlich und symbolisch wären? Beide Stichworte entfalten ihre symbolische Arbeit doch ganz von alleine. So läßt sich beispielsweise der Begriff des Vaters kaum aussprechen, ohne eine heftige Bewegung in den Metaphern auszulösen: Vater - Vaterland - Autorität - Gesetz - Kultur - symbolische Ordnung - also letztlich auch Sprache. Das Reisen andererseits gilt als Symbol der Begegnung mit dem Andersartigen (dem Nicht-Ich) oder gar als Symbol des Lebens schlechthin. Was mag nun erst in einem Roman geschehen, in dem sich ein Mann auf die Reise zu seinem Vater begibt?

Weil der vorliegende Sammelband dem Thema "Fremde" gewidmet ist, werde ich mich im folgenden auf diesen Aspekt der Verschränkung von "Reise" und "Vaterlosigkeit" konzentrieren: Daß ein Leben außerhalb des "Vaterlandes" etwas mit Fremde zu tun hat, leuchtet unmittelbar ein. Wie steht es aber mit einem Leben außerhalb der väterlichen Sprache? Tatsächlich arbeitet dieser Roman nicht zuletzt an dem Versuch, in einer "vaterlosen" Sprache vom Fremden zu erzählen. Über diesen Versuch wird im folgenden zu sprechen sein; genauer: über seine kulturellen und historischen Voraussetzungen - also sozusagen über die Prämissen seiner Versuchsanordnung.[2] Es geht um die Frage, wie heute eine Literatur aussehen könnte, die vom Fremden spricht. Ich beginne mit einer weiteren legendären Figur: mit Marco Polo.

Marco Polo

Wer auf unserem Planeten noch etwas tatsächlich Fremdem begegnen will, wird sich beeilen müssen: Wie es scheint, findet man in allen Kontinenten bald nur noch das gleiche. Entsprechend laut wird in den letzten Jahrzehnten die Klage, mit der Ausbreitung der europäisch-amerikanischen Zivilisation sei der letzte Zugang zum ethnologisch Fremden ein für allemal verschüttet worden. Nie könne man mehr wie Marco Polo die Tore Pekings durchschreiten oder wie Kolumbus die Karibischen Inseln betreten. An den Traum, in den alten Zeiten gereist zu sein, knüpft sich folglich die Utopie, noch etwas tatsächlich Fremdes erfahren zu haben, etwas, was zugleich ungeheuerlich und verlockend wäre.[3] Aber die alten Reiseberichte enttäuschen. Ernüchternd wirken die Dokumente derer, die doch noch Augenzeugen dieser Fremdheit waren. Sie erzählen, als ahnten sie die Andersartigkeit und ethnologische Kostbarkeit dessen, was ihnen damals noch leibhaftig vor Augen stand, nicht im geringsten. Ausgerechnet Marco Polo, der wie kaum ein anderer kulturelle Differenzen erlebt haben muß, beschreibt die chinesischen Städte, als lägen sie irgendwo auf der Route von Venedig nach Padua.

"Nach diesen zwölf Tagen erreicht man in einer freundlichen und fruchtbaren Gegend die Burg Thaikan, wo ein großer Getreidemarkt abgehalten wird. Die Hügel südlich der Burg sind recht hoch. Einige von ihnen bestehen aus weißem, außerordentlich hartem Salz. Aus einem Umkreis von dreißig Meilen kommen die Leute hierher, um sich damit zu versorgen..."[4]

In ihrem lapidaren, buchhalterischen Ton sind solche Passagen wohl kaum zu überbieten. Da steht Marco Polo einer in höchstem Maße unbekannten Kultur gegenüber und kann doch nur das Bekannte sehen: Getreide, Salz und einen Markt. Natürlich handelt es sich dabei nicht um ein individuelles Versagen vor dem Fremden (oder präziser: vor dem, was wir heute als solches erwarten). Marco Polo sah und erzählte innerhalb der Konventionen seiner Zeit. Was Jahrhunderte später als Literatur empfunden werden sollte, stand ihm nicht zur Verfügung: der Sinn für Details, der Blick für singuläre Ereignisse und kulturelle Abweichungen, kurz: der Vorrang des Beschreibens vor dem Benennen. Marco Polo ist folglich kein Einzelfall: Auch Johannes Schiltberger, der 1396 von türkischen Truppen gefangengenommen wurde, beschreibt seine 31jährige Odyssee durch die fernsten Winkel des Orients in einer Weise, die wir heute als Banalisierung empfinden:

"Alexandreia ist eine schöne Stadt, etwa sieben welsche Meilen lang und drei breit. Der Nil fließt dort ins Meer, und er ist die einzige Trinkwasserquelle; sonst gibt es nur noch Wasser aus Zisternen. Es kommen viele Handelsschiffe aus den welschen Landen, von Venedig und Genua. Die Genuesen haben dort eine eigene Handelsniederlassung und die Venezianer gleichfalls."[5)]

Die Sprache und das Fremde

Die alten Reiseberichte, die wir nach dem Fremden befragen, antworten sehr ausweichend. Mit Marco Polo oder Schiltberger reisen zu dürfen, wäre also wohl an die Bedingung geknüpft gewesen, mit ihnen eine Sprache zu teilen, in der das Fremde nicht hätte von sich sprechen können. Es bedurfte des Kommentarbandes von Alvise Zorzi[6)] oder der zweibändigen Nachdichtung von Gary Jennings[7)], um den spröden Stoff für unsere Leseerwartung zu präparieren. Da findet also der Originaltext eines Reisenden keine Leser, weil er zu lapidar ist - zu "langweilig"; erst die Nachdichtung erzählt uns von dem, was Marco Polo vor Augen hatte, ohne es zu sehen. Man muß das Phänomen einer solchen Nachdichtung zu Ende denken:

1. Offensichtlich existiert das Fremde nicht schon deshalb, weil man woanders ist.
2. Das Fremde ist nichts, was man bei günstigen Bedingungen vorfindet. Insofern es ein Ereignis im Bereich dessen ist, was man "Bewußtsein" oder "Psyche" nennt, gleicht es eher einer Erfindung. Und falls man bereit ist, die Gesamtheit der unbewußten und bewußten Prozesse in linguistischen Begriffen[8)] zu beschreiben, ist das Fremde ein sprachliches Ereignis. Es ist das Randphänomen einer bestimmten Bewegung in der Sprache.
3. Man wird also die unterschiedlichen Sprachen nach ihrem je eigenen Verhältnis zum Fremden befragen müssen. Das, was uns zunächst einmal als Fremde erscheint, das ethnologisch Andersartige, ist dabei eine historisch recht späte und zugleich vorübergehende Erscheinung. Sagen wir es in aller Verkürzung: Die Fremde ist ein Phänomen der Reiseberichte zwischen 1750 und 1950.

Damit stehen wir nun freilich vor der Paradoxie, daß sich die Sprache der ethnologischen Fremdheit ziemlich genau in jenem historischen Augenblick zu entwickeln begann, als die fremden Welten selbst verschwanden. Einigermaßen ratlos nehmen wir zur Kenntnis, daß wir in einer fatalen Zwickmühle stecken: Entweder mit Marco Polo reisen und dem Fremden begegnen, ohne es zu sehen. Oder heute, wo all diese Dinge versunken sind, die Fremdheit, die einst von ihnen ausgegangen sein müßte, in unserer Sprache (also quasi künstlich) zu reproduzieren[9]. Es handelt sich dabei zweifellos um eine simulierte Fremdheit, unter objektiven Gesichtspunkten also beide Male nicht um das Fremde in seiner "wirklichen" Gestalt. Damit nähern wir uns der bekannten Frage, ob es überhaupt möglich sei, von etwas Fremdem zu sprechen, ohne es den Begriffen und der Struktur unserer Sprache anzupassen? Wäre es also möglich, unverfälscht vom Anderen zu sprechen? Natürlich ist es unmöglich. Wie weit wir auch reisen: wir kommen dort an, wo wir schon immer waren, bei uns selbst - und das heißt: bei unseren Begriffen und Sehgewohnheiten. Existiert demnach nichts, was uns wirklich fremd sein könnte? Leiden wir an einer hartnäckigen Nähe der Dinge? Eine Literatur, die über das Fremde zu sprechen beabsichtigt, wird also zunächst konstatieren, wie schnell sich das Problem einer unüberwindlichen Ferne (Beispiel: Parzival) in das Problem einer unüberlistbaren Nähe verwandelt (Beispiel: Marco Polo).

Das Fremde als Erzählung

Man muß sich folglich von einigen Alltagsweisheiten trennen. Im allgemeinen neigt man ja zu der Ansicht, uns seien die Dinge zunächst fremd, um dann in einem langwierigen Akt der Erkundung Name und Charakterisierung zu erhalten. Offensichtlich verhält es sich aber umgekehrt: Die Fremdheit stellt sich immer erst hinterher ein. Sie wäre demnach nicht der Zustand eines Mangels (ich verstehe etwas nicht), sondern der eines Vermögens (ich erkenne oder spüre eine Differenz, eine Lücke). Eine Literatur, die von Fremdheit spricht, wird diese zunächst einmal vom Makel des Defizits oder der Melancholie befreien müssen. Fremdheit ist eine Arbeit an den bisher selbstverständlichen Bildern des Anderen. Kurz: Sie ist eine Leistung.

Der Begriff der "Fremdheit" bezeichnet also einen hochkomplizierten Sprachzustand, innerhalb dessen die Sprache vom eigenen Versagen weiß. "Fremdheit" ist der Moment, in dem die Sprache über ihre Voraussetzungen ins Schwanken gerät, der Punkt, von dem aus sie den eigenen Wandel betreibt. In anderen Worten: "Fremdheit" ist der Name einer Erzählstrategie. Dabei schließt der Begriff des "Erzählens" selbstverständlich das "Denken" mit ein, also jene Art des stillen Erzählens, mittels dessen jeder am eigenen Weltbild arbeitet - sich einen Reim auf die Dinge macht. Schließlich leben wir alle in Geschichten, wie es an einer Stelle in "Ferne Nähe" heißt. Besonders die Literatur, diese professionelle Erzählerin, wäre demnach berufen, das Projekt des Fremden zu betreuen. Sie hätte die Reflexionen voranzutreiben und entsprechende Erzähltechniken auszubilden. So komme ich nach langen Überlegungen wieder an jenen Punkt meiner Kindheit zurück, an dem sich die Faszination für das Fremde mit der Literatur verband. Allerdings war diese Faszination selbst ja bereits durch Lektüre geprägt - nämlich durch den "Parzival". Vom Fremden zu lesen, ging der Erfahrung des empirisch Fremden voraus. Und so mag es scheinen, als folge die spätere Suche nach dem Fremden unbewußt der Absicht, eine sprachlich vorgeprägte Leerstelle auszufüllen.

Diese Überlegung relativiert im übrigen unseren (in erster Linie ethnologischen Begriff) des Fremden. Unsere Idee des Fremden erscheint nun lediglich als eine Variante dessen, was verschiedene Sprachen bzw. Erzählstrategien jeweils als Fremdheit erzeugten. In welcher Figur auch immer; die Sprachen kennen alle das Phänomen des Fremden - aufs äußerste verkürzt: die frühe Antike kleidet das Fremde in mythische Gestalten, die mittelalterlichen Reiseberichte dagegen in nützliches Wissen. Während die Renaissance das Fremde als das Kuriose beschreibt, inszeniert das späte 18. Jahrhundert Fremdheit als psychische Selbstentfremdung. Also hat sich lediglich die Art und Weise, das Fremde sprachlich zu erzeugen, verändert; und es gibt keinen Grund, eine dieser Strategien zu bevorzugen - als wäre ausgerechnet sie in der Lage, "wirklich" vom Fremden zu sprechen. Eine Literatur, wie ich sie mir vorstelle, verfügt über keinen Maßstab für historische Wertungen, und damit ist ihr im Grunde auch jede Art von Geschichtsoptimismus und -pessimismus verschlossen. Der Umgang mit dem Fremden war früher weder adäquater noch ignoranter. Diese Relativierung entbindet mich allerdings nicht von der Frage, wie aus meiner Sicht die Erzählung vom Fremden aussehen könnte. Welcher Sprache würde sie sich bedienen? Ich werde also weiter überlegen müssen.

Eine Reise ohne Vater

Man hat mich verschiedentlich gefragt, ob die Reiseroute meiner Romanfigur nicht in etwa eine Umkehrung jener Route sei, die Marco Polo eingeschlagen hatte. Geographisch gesehen ist das nur bedingt richtig. Immerhin könnte man sagen: Marco Polo reiste von Europa nach China, während sich der Protagonist meines Romans auf der Rückreise von Zentralasien nach Europa befindet. Indes scheint mir eine andere Umkehrung viel folgenreicher zu sein: Marco Polo reiste mit seinem Vater, Laan dagegen reist nicht nur ohne Vater, er reist zurück zu einem Vater, der zeitlebens geschwiegen hatte. Darin liegt neben den bekannten psychologischen und sozialen Komponenten ("vaterlose Gesellschaft") auch der Ursprung zweier unterschiedlicher Sprachstrukturen: Marco Polo reist in Anwesenheit, Laan dagegen in hartnäckiger Abwesenheit der väterlichen Worte. Der eine sieht, was er nach den Begriffen seines Vaters (eines Kaufmanns) sehen sollte: Märkte, Preise, Warenangebote. Dem anderen dagegen fehlen mit der biographischen Stütze - dem Vater - vor allem Worte, die Bestand hätten. Es geht dabei nicht um ein Versagen der Begriffe, nicht um einen Mangel, sondern eher um ein Zuviel: in Worten oder Sätzen - so wie sie Laan begegnen - spricht immer schon etwas anderes mit. Laan ist die pure (denotative) Reinheit der Vokabeln nicht gegeben. Er erfährt die Metaphorizität der Worte und die Metamorphose ihrer Bedeutungen. Marco Polo spricht im Zugriff auf die Dinge, Laan dagegen in Abschweifungen. Dieser Roman, der seinem Protagonisten den Vater verweigert, experimentiert also mit einer 'vaterlosen' Form des Erzählens. Es ist eine Form, der der Widerstand (und die Illusion) einer väterlichen Identität fehlt. Anstatt die Dinge heranzuholen, in eine falsche Nähe zu zwingen, spricht sie vor allem von der Distanz - und das heißt: vom Befremden. Insofern lokalisiert sie sich mitten in der oben skizzierten Aporie von Ferne und Nähe und kann keineswegs den Rang einer Problemlösung beanspruchen.

Die vaterlose Sprache

Wenn man die Gegenwart als "vaterlose Gesellschaft" bestimmt, wenn also die Zeit der Autoritäten vorüber ist, dann muß man nicht länger erzählen, als sei man noch immer an eine "wirkliche" Bedeutung der Worte gebunden. Es sieht - nebenbei gesagt - ganz so aus, als stelle sich die vaterlose Kultur weder der Trauer, noch der Lust, die sich mit ihrer Existenz verbinden. Sie verschließt sich ihrer Verlorenheit und ihren Möglichkeiten. Zu diesen Möglichkeiten des sich seit etwa zweihundert Jahren anbahnenden Verlusts der Väter gehört zum Beispiel, daß sich (im 18. und 19. Jahrhundert) zunächst der Blick auf das ethnologisch Fremde erweitert hat.

Auch wenn im Zuge des zivilisatorischen Prozesses die fremden Völker selbst verschwinden - die Literatur der Gegenwart entkommt dem Fremden dennoch keineswegs: Wie man weiß, erfolgt auf der Rückseite einer allgemeinen zivilisatorischen Standardisierung eine extreme Differenzierung in einzelne soziale Gruppen und Funktionen[10)]. Mit der Zahl der Berufe wächst die Zahl der philosophischen, spirituellen, psychologischen oder politischen Welterklärungsmuster; und von einer Art Basic-Wissen abgesehen, versteht heute keiner mehr den anderen, geschweige denn sich selbst. Das Fremde ist nun nicht länger eine Angelegenheit unterschiedlicher Welten, es ist das Produkt unterschiedlicher Weltansichten geworden.

An der Vaterlosigkeit in ihrer letzten Konsequenz zerschellen die jahrhundertealten Strategien des Verstehens, sofern es sich dabei um Verstehen als Vergegenwärtigung, als Integration von etwas Unbekanntem in ein vermeintlich Gemeinsames handelt. Uns ist mit den Vätern auch ein gemeinsamer historischer Bezug und eine gemeinsame kulturelle Prägung verloren gegangen. Falls sie nicht selbst an Welterklärungsmodellen arbeitet, reagiert die Literatur darauf überwiegend mit Zynismus oder Melancholie. Dabei empfindet sie das Nicht-Verstehen vor allem als Nicht-verstanden-sein. In ihrer Sehnsucht oder ihrem Abscheu bleibt sie allerdings an die Idee eines Verstehens durch Vergegenwärtigung gebunden. Aber die Epoche des Verstehens ist vorbei. Sie ist es nicht nur, weil sich die imperialen Prämissen des Verstehens nicht länger übersehen lassen, sie ist es vor allem deshalb, weil sich gegenwärtig die Produktion von Weltanschauungen und Selbstfindungsstrategien überschlägt. Die Strategien des Verstehens haben ihre Methoden vervielfacht und ihr Instrumentarium verfeinert. Im Ergebnis hat das Überangebot an Verständnishilfen nun freilich nicht zum Verstehen geführt, sondern das Mißverstehen intensiviert.

Wohlgemerkt: Ich spreche nicht von der pragmatischen Verständigung über die politische, kulturelle oder ökonomische Gestaltung des Alltags; ich spreche von jenem Bereich des "persönlichen" Gesprächs, das sich seit langem aus den pragmatischen Diskursen ausgrenzt und ganz besonders auf das Verstehen angewiesen wäre. Aber genau hier - im Bereich der Intimität - erweist sich das Verstehen als eine Strategie, die wider Willen die Desintegration vorantreibt. Ein immer differenzierteres Angebot an Verständnishilfen hat bisher die Intimität lediglich erhöht, die Mauern sozusagen hochgezogen und eine je eigene persönliche Welt ohne Anschlüsse geschaffen. Oder anders gesagt: die intime Welt, deren Ausbau das Verstehen betreibt, erweist sich zunehmend als Verständnislücke.

Allerdings: Gerade weil es die kulturellen Leistungen einer ganzen Epoche organisiert hat, sehe ich weder Möglichkeit noch Berechtigung, hinter die Strategien des Verstehens zurückzugehen. Man sollte den Versuch des Verstehens nicht einstellen - schon allein deshalb nicht, weil das damit verbundene Mißverstehen die Widersprüche belebt. Eine Literatur, die heute vom Fremden erzählen will, kann auf das Verstehen nicht grundsätzlich verzichten; indes betreibt sie während des Versuchs, den anderen zu verstehen, immer auch die Negation des Verstehens. Nachdem nun all die Techniken des Verstehens durch Vergegenwärtigung entwickelt wurden (die Geschichte, die Wissenschaft, der Journalismus, die Psychoanalyse usw.), stellt sich der Literatur das Projekt der Fremdheit, die Arbeit an einer Technik der Distanzierung. Und es stellt sich ihr die Suche nach Möglichkeiten einer Begegnung jenseits des Verstehens. Wie auch immer eine solche Begegnung aussehen mag, vermutlich gleicht sie weniger einem Gespräch als vielmehr den umständlichen Kontaktversuchen von Schwerbehinderten.

Wenn Literatur heute vom Fremden erzählen will, wird sie die Desintegration ernsthaft und zugleich spielerisch entfalten. Auch unter diesem Aspekt geht es nicht um ein Zurück hinter "unsere" Zivilisation, sondern um eine Erzählung von ihren Bedingungen und Möglichkeiten. Vom Fremden zu erzählen, heißt dabei übrigens auch: der Desintegration im eigenen Ich nachzugehen. Ohne die Instanz des Vaters finden bekanntlich auch die Ich-Anteile zu keiner Integration. Insofern läßt sich eine eingangs gemachte Formulierung auch umkehren: Nicht einmal das eigene Ich ist etwas, was einem wirklich nah sein könnte.

Die anderen Stimmen

Wenn keine väterliche Autorität mehr den Sinn der Worte verbürgt, wird man sich einer anderen Erzählung überlassen müssen. Was ich mir wünsche, wäre eine Literatur, die vor allem zuhört. Fast so, als würden - wie in den ältesten Legenden - die Dinge selbst sprechen, zu mir sprechen. Warum sollte die magische Vorstellung falsch sein, daß die Dinge etwas erzählen? Warum sollte ich statt dessen über sie erzählen? Was ich mir also wünsche, wäre eine Literatur, die davon lebt, daß es überall zu sprechen beginnt. Für mich persönlich heißt das zum Beispiel: viel zu reisen, zu fotographieren, mich den Ereignissen auszusetzen, aber auch: historische Reiseberichte zu studieren, Mythen zu lesen. Was da spricht, ist nichts Objektives, ist nicht "die Realität". Es handelt sich eher um anonyme Stimmen, die sich mit einem Land, einer Figur, einem Ereignis verweben, Reden mit langer Vergangenheit, Stimmen, die ihren Sprecher wechseln und nach keiner persönlichen Note fragen. Wenn die Welt längst vermessen und besprochen ist, ist die Zeit des ethnologisch Fremden vorüber. Es bleibt nur: Stimmen zu sammeln. Darin liegen Verlust und Lust zugleich: ohne die Trauer über das verlorene ethnologisch Fremde zu überspringen, wird die Literatur die Chance der Entpflichtung von allen dokumentarischen Ansprüchen nutzen können. Die adäquate Erzählform wäre also diejenige, die die Erzählungen anderer neu zusammenstellt. Folglich bin auch ich ein Nacherzähler.

Um es noch einmal zu sagen: Es ist nicht das reine Fremde, der "wahre" Andere, der dabei erscheint. Auch an den Figuren einer solchen Nacherzählung haben die Phantasien - und das heißt: die Projektionen - des Autors immer schon gearbeitet. Daß dabei keine dokumentarische Literatur entsteht, muß also nicht eigens betont werden. Es hat keinen Sinn, die eigenen "Projektionen" auszuschalten - nicht nur, weil dies ohnehin unmöglich ist, sondern auch, weil ich ja nicht ihr Eigentümer bin. Solche "Projektionen" sind mir, auf welchen Umwegen auch immer, zugelaufen. Meist neige ich dazu, sie hartnäckig und zugleich unbedacht in Beschlag zu nehmen. Indem ich sie der Literatur anvertraue, bietet sich mir allerdings die Chance, sie bewußt zu exponieren. Statt sie mir im Stillen zu eigen zu machen, kann ich diese Projektionen zurückgeben. Dabei bestreite ich keineswegs meine Verantwortung für sie, sondern lediglich mein Eigentum an ihnen. Indem ich schreibe, werde ich also die Phantasien, die sich an den Stimmen der anderen entzünden, zugleich wieder diesen Stimmen aussetzen. Ich werde sie dem Anderen, dem Fremden entgegenhalten, und er wird sie weder bestätigen noch widerlegen. Er wird sie nicht einmal kommentieren, aber er wird an ihnen arbeiten.

Merkwürdige Kommunikation: Man kann sich nicht verstehen, aber man wird feststellen, daß der andere in die eigenen Bilder hineinmalt, daß er sie in Bewegung versetzt. Also ist er doch da - der Andere, der Fremde. Aber weil wir weder über eine gemeinsame Sprache noch über die gleichen Gesten verfügen, ja nicht einmal über irgendeine Form direkter Gegenüberstellung, handelt es sich dabei nicht um ein Gespräch. Es ist kein Dialog, es ist aber auch kein Monolog - weder der des anderen, der erzählt, noch der des Autors, der nacherzählt. Es ist eine einzige Erzählung, an der doch tausend Stimmen weben. Was hängt daran, ob es meine Stimmen sind oder die des Anderen? Vergessen wir die Personen. Worauf es allein ankommt ist: diese Stimmen auch tatsächlich zu hören.

Das Vergangene

Die Frage nach der Geschichte kann in diesem Zusammenhang nicht ausbleiben. Vom Fremden trennt uns ja nicht nur eine geographische, sondern auch eine historische Distanz; und wie es scheint, begegnet die moderne Zivilisation dem historisch Fremden kaum anders als dem geographisch Fremden: Sie weist es zurück. Vielleicht hat keine Gegenwart ihre Vergangenheit so radikal verbannt wie die unsrige. Vergangenheit ist, was nicht mehr ist. Sie ist überwunden oder doch wenigstens beerbt. Darin besteht ja das Lebensgefühl der Moderne: Aus dem Stadtbild verbannt sind die alten Häuser. Aus der Produktion verbannt sind die Maschinen von gestern. Aus dem Verkehr verbannt - der Wagen Baujahr 1980. Die Losung lautet: Hier und Jetzt. Dem Vergangenen keine Gegenwart!

Unser Konzept von Gegenwart ist ein exklusives. In Richtung Vergangenheit hält man die Grenzen geschlossen; die Anwesenheit des historisch Überholten ist unerwünscht wie die eines Ausländers. Das historisch Fremde steht also vor demselben Problem wie das ethnologisch Fremde: man glaubt, es bereits zu kennen, oder besser: zu durchschauen. So gesehen ist es niemals fremd - und dementsprechend fühlt sich der Gegenwarts-Mensch zur Abweisung berechtigt. Allerdings betrifft dies nur den Fremden aus einem "rückständigen" Land - aus einem Land also, das an "Vergangenheit" erinnert. Als rückständig erscheint dabei besonders jene Gesellschaft, die einen anderen Umgang mit ihrer Vergangenheit pflegt. In "rückständigen" Gesellschaften wird etwas über Generationen weitergegeben: ein Haus, ein Beruf, eine Moral. Wie hätte da die Vergangenheit nicht präsent sein sollen? Damit taucht erneut das Thema "Vater" auf: Im Haus des Vaters wohnen, die Worte des Vaters benutzen usw. Nicht nur weil die Zeit fester Werte und autoritärer Väter längst zu Ende ist, ist die Moderne eine vaterlose Zeit. Sie ist es vor allem deshalb, weil sie historisches Bewußtsein hat - und das heißt: Sie lebt in der Gewißheit, noch vor zwanzig Jahren sei alles anders gewesen.

Die Geschichte

So sehr das Vergangene als Bestandteil der Gegenwart verbannt ist, so nachdrücklich wird es allerdings umgekehrt als Geschichte re-inszeniert. Die Hunnenschlacht der Nibelungen läßt sich in den Medien ebenso imitieren wie der Untergang der Titanic11). Keine Gegenwart umgab sich je mit so viel Vergangenheit.

So grundsätzlich die Gegenwart das Vergangene als längst Überholtes begreift; sie betreibt zugleich eine bestimmte Art der Vergegenwärtigung: Sie "versteht" das Vergangene. Und das heißt immer auch, daß sie es jeder normativen Geltung beraubt. Sie relativiert, indem sie erklärt. So wird aus dem historisch Fremden eine transparente Figur. Im Morast bei Schleswig hat man beispielsweise einige Knochensplitter gefunden. Die Mediziner erkannten in ihnen die Wirbelknochen einer 20-40 jährigen Frau, die vor etwa tausend Jahren lebte. Und sie erkannten noch mehr:

"Die in Grab 76 bestattete Frau hat über Jahre hinweg an einer sehr schweren Tuberkulose der Wirbelsäule gelitten. (...) Im vorliegenden Fall sind pathologische Veränderungen höchsten Grades an der unteren Brustwirbelsäule festzustellen. Es handelt sich dabei um eine extreme Knickung der Wirbelsäule. Die Wirbelkörper des 7. bis 12. Brustwirbels sind miteinander zu einem spitzwinkeligen Block verwachsen. Darüber hinaus zeigt die Wirbelsäule in diesem Bereich eine Krümmung in seitlicher Richtung (Skoliose). Im Bereich des achten, neunten und zehnten Brustwirbelkörpers dürfte ursprünglich ein sehr schwerer Krankheitsprozeß stattgefunden haben, der zur weitgehenden Einschmelzung der Knochensubstanz geführt hat (...) Da es sich bei einer tuberkulösen Knochenerkrankung nur selten um Primärinfektionen handelt, ist damit zu rechnen, daß die Frau noch andere Beschwerden hatte. Vermutlich litt sie auch an Lungentuberkulose."[12)]

Ein Mensch: Wir kennen sein Geschlecht, sein Alter, sein ungefähres Geburtsdatum, sein Leiden, seinen Tod. Kann die Vergangenheit unserem Zugriff noch entgehen? Vielleicht sollte man sich das Staunen nicht versagen: Da kennt die Wissenschaft nach rund tausend Jahren eine Wahrheit, die jene Frau, die sie betraf, nicht kennen konnte. So gesehen findet alles erst in der Zukunft seine Wahrheit.

Die heutige Geschichtsschreibung gerät dabei tendenziell in die Position einer letzten Sinninstanz. Wir blicken den historischen Personen und Konstellationen in die Karten. Gerade weil sie das Vergangene zugleich verbannt und als "Geschichte" inszeniert, glaubt die Gegenwart, sich als Spitze des Sinns verstehen zu können. Das mag an Hegel erinnern, demzufolge die Vergangenheit in der Gegenwart zu sich selbst kommt. Der Geschichtsphilosophie des 19. Jahrhunderts gilt die Vergangenheit als in der Gegenwart aufgehobene: Die Vergangenheit ist die notwendige Vorstufe, sie hat sozusagen die Vorarbeit geleistet. Darin liegt bei aller Selbstüberschätzung doch eine gewisse Achtung des Vergangenen - eine Achtung, die sich im Laufe des zwanzigsten Jahrhunderts offenbar erschöpft. Aber bleiben wir vorerst im 19. Jahrhundert, bleiben wir noch einen Augenblick bei der Idee der Geschichte.

Das Mißverstehen

Vor dem Hintergrund der Verbannung und Re-inszenierung des Vergangenen erscheint die Geschichtsschreibung als eine paradoxe Gestalt: Sie beruht auf einer radikalen Trennung vom Vergangenen und bemüht sich doch zu verbinden. Genauer: Die Konstitution der Geschichte im Zeichen der Moderne, jene Ruptur also, die in systematischer Hinsicht Gegenwart und Vergangenheit trennte, ist offensichtlich bemüht, den Bruch, den sie herbeiführt, wieder zu versöhnen: Auch sie setzt auf die Möglichkeit des Verstehens. Wir kennen die historischen Fakten, scheinen die Geschichte also zu verstehen.

Allerdings befinden wir uns auch gegenüber dem Vergangenen vor jenem Problem, vor das uns schon das ethnologisch Fremde gestellt hat: Es handelt sich wieder einmal um die Aporie, den anderen Gegenstand erst dann verstehen zu können, wenn er in die eigene Sprache aufgenommen ist. Je weiter diese Beschreibung vorankommt, desto mehr schwindet die Distanz und mit ihr die Andersartigkeit, die der fremde Gegenstand an sich trägt. Wir kennen die Geschichte, aber es ist ein Wissen im Zeichen des Präsens. Heute kennen wir die Krankheit einer längst gestorbenen Frau. Die Vergangenheit assimiliert sich diesem Wissen.

Aber hat sich den damals Lebenden eine Krankheit als medizinisch-technische Angelegenheit dargestellt? Möglicherweise lebte und starb die an Tuberkulose erkrankte Frau im Bewußtsein, für ihren unbeugsamen Willen von den Göttern mit einer schmerzhaften Beugung des Rückens bestraft worden zu sein. So gesehen wissen wir nichts. Selbst wenn sich aus dieser Zeit schriftliche Dokumente finden ließen, die von einer Strafe der Götter sprechen, bleibt dies eine bloß berichtete Aussage, deren Bedeutung an unserer Aufgeklärtheit abprallt. Auf diese Weise gerät die Bedeutung selbst in die Position eines objektiven Faktums. Geschichte erscheint in dieser Perspektive als eine großangelegte Transformation von Bedeutung in Wissen: Uns sind die letzten Worte Caesars oder der Wortlaut des Gesprächs von Napoleon und Goethe bekannt. Aber wir lesen diese Äußerungen in unseren Bedeutungshorizont ein. Insofern wissen wir Bescheid, aber wir verstehen nicht.

In aller Deutlichkeit sollte man es aussprechen: Das Mißverständnis ist kein Ereignis am Rande einer im Grunde gesicherten Kommunikation, es betrifft die Struktur der Kommunikation selbst. Sich dieser Problematik bewußt zu sein, bedeutet noch nicht, ihr zu entkommen. Das hat Konsequenzen für den Begriff der Geschichte: Das Geschichtsbild, mit dem wir unseren intellektuellen Alltag bewältigen, gleicht dem Bild eines Flusses: So mäanderhaft er sich auch bewegen mag, er kennt doch nur eine Richtung: flußabwärts. Entscheidend ist, daß er nicht mehr verliert, was er einmal mit sich trägt. Es kommt höchstens noch mehr dazu. Demgegenüber insistiert die Literatur - so wie ich sie mir wünsche - auf der Erfahrung, daß etwas verloren gegangen ist. Und zwar nicht nur eine bestimmte Wirklichkeit, der wir nun nachtrauern könnten, die mithin doch wenigstens im Gedanken nicht verloren wäre. Es handelt sich um einen radikalen Verlust, um ein spurloses Verschwinden, weil es sich auf die Bedeutung selbst bezieht.

Geschichte als Erzählform

Geschichte und historisches Interesse sind also lediglich die Randwirbel eines großangelegten Abwendungsprozesses vom Vergangenen. Auf der Rückseite einer rigiden Verbannung wächst die Neugier am Verlorenen. Insofern sie des historisch Anderen bedarf, ist die Idee der Gegenwart zugleich immer auch eine Konzeption der Geschichte. Geschichte wäre demnach keine objektive Gegebenheit, sondern eine Organisationsform des Denkens. So wenig wie das Fremde ist die Geschichte etwas, was es einfach gibt. Sie besitzt kein apriorisches Dasein, sondern es bedarf erst der historischen Konstellation der Moderne, um "Geschichte" zu erzeugen. Erst hier tritt sie auf als eine Erzählung, in der die Gegenwart von sich selbst spricht. Geschichte ist eine Geschichte. So gelange ich vorerst zu einer paradoxen Bemerkung: Wo es keine Geschichte gibt, ist die Vergangenheit präsent, Geschichte beginnt dagegen mit jenem Augenblick, in dem das Alte verschwindet. Es ist überflüssig geworden, hat seine normative Geltung verloren; und selbst die nostalgische Erzählung vom freieren Leben vor der industriellen Zivilisation bestätigt auf ihre Weise die Idee der Geschichte. Eine Literatur, die vom Fremden erzählt, wird sich also fragen müssen, ob sie auf das Modell der Geschichte verzichten und auf welche Erzählformen sie dabei zurückgreifen will.

Unhistorische Erzählformen

Gerade weil den alten Gesellschaften das Vergangene präsent war, kannten sie keine Geschichte. Die Gegenwart des Vergangenen schließt die "Geschichte" aus. Zweifellos kannte man in den alten Kulturen die Chronik, den legendären Bericht und die historische Aufzeichnung. Undenkbar war indes die Idee einer Vergangenheit, die anders hätte sein können als das, was für die Gegenwart wie selbstverständlich galt - undenkbar war Geschichte als Bewußtseinsform.

Während die Moderne an der Fiktion der Geschichte (und damit der reinen Gegenwart) arbeitet, betreibt der Mythos die Legende einer noch ungeteilten Zeit. Selbst das historische Ereignis verhält sich als Bestandteil einer synchronen (also zeitgleichen) Organisation. Unterschiedslos vermengt sich ihm Vergangenes und Gegenwärtiges in einem diffus einheitlichen Raum. In unmerklichen Veränderungen hält sich die Legende stets im Stande einer Zeitform, die weder als Gegenwart noch als Vergangenheit zu bezeichnen ist. Der Vergleich mit historischem Denken erweist den Unwillen des mythischen Denkens, sich aus der Vergangenheit zu lösen. Dabei arbeitet der Mythos tendenziös, er paßt die Vergangenheit seiner Gegenwart an[13]), bespricht sie so, daß sie sich in die gegenwärtige Interessenkonstellation fügt oder eine aktuelle Situation erklärt. Im Gegensatz zur Geschichte arbeitet der Mythos also an der Fiktion einer Präsenz des Alten.

Darin liegen übrigens einige Parallelen zum Traum: Zum einen erzählt auch der Traum unhistorisch. Dinge und Ereignisse, die verschiedenen Zeiten angehören, präsentiert er als in gleicher Weise gegenwärtig. Auch der Traum erzählt in einer ungeteilten Zeit. Zweitens insistiert der Traum auf der Gültigkeit des Vergangenen - er beharrt auf dem noch Unerledigten. Und selbst über aktuelle Ereignisse und Spannungen berichtet er oft in Figuren der Vergangenheit.

Ich fasse zusammen: Die bisherigen Ausführungen haben zwei Erzählformen miteinander kontrastiert - das mythische Modell einer vermeintlichen und selbstverständlichen Präsenz des Vergangenen und das der Gegenwart als Modell einer überholten, aber rekonstruierbaren Geschichte. Wie man weiß, arbeitet unsere Kultur seit einiger Zeit an einer dritten Variante - sie ist zugleich historisch und synchron:

Die Überhitzung der Erzählform "Geschichte"

Im Laufe der letzten Jahrzehnte scheint das historische Bewußtsein aus allen Fugen zu geraten. Heute weiß ein Mensch nicht nur, daß früher alles anders war; er ist sich vor allem sicher: In fünf oder zehn Jahren wird sich erneut alles verändert haben - vielleicht sogar der Tod. Vielleicht stirbt bald niemand mehr an Krebs, und wie absurd erscheint es, heute, kurz vor diesem historischen Augenblick, noch dieser Krankheit zu erliegen. Das Heute selbst ist bereits ein Anachronismus geworden. Wenn es zutrifft, daß wir derzeit an dem Punkt angelangt sind, an dem sich der Bestand unseres Wissen innerhalb von fünf Jahren verdoppelt, dann bedeutet dies nicht nur eine ungeheure Beschleunigung. Spätestens dann, wenn die jeweils nächste Wissensverdopplung nur noch wenige Tage in Anspruch nimmt, wird es aussehen, als sei die Zeit selbst verschwunden. Sie ist das, was man nicht mehr hat - und dies nicht nur, weil man jede Sekunde zu nutzen versucht, sondern weil die Vergangenheit verstummt, und die Gegenwart unter unseren Händen veraltet. Allein die Zukunft ist uns gegenwärtig.

Dies betrifft allerdings nur das unmittelbar Bevorstehende, von großangelegten Zukunftsvisionen hat sich die Gegenwart ebenfalls verabschiedet. Insofern ist unsere Konstruktion von Gegenwart nicht utopisch, sondern bloß imaginär: Gegenwart ist, was jetzt gleich sein wird. Die Situation produziert eine "Überreizung unseres historischen Bewußtseins"[14]). Man ist sich selbst immer schon um eine minimale Differenz voraus! Eine Rückreise ist folglich nur etwas für Romanfiguren.

Im Zuge ihrer Beschleunigung kippt die Idee der Geschichte schließlich selbst: Weil alles einem ungeheuer beschleunigten historischen Wandel unterliegt, verblaßt die Geschichte als Erklärungsmuster. Vorbei ist die Zeit der historischen Bezüge und Entwicklungslinien, vorbei ist damit auch die noch im 19. Jahrhundert verbreitete Achtung vor dem Vergangenen. Gegenwärtig scheint man die Vergangenheit eher als Sammelsurium anachronistischer und kurioser Mißgriffe und Irrtümer zu verstehen. Vergangenheit ist der Blödsinn von gestern. Geschichte im Alltag entspricht inzwischen in etwa dem Fernsehverhalten eines gestreßten Angestellten nach Feierabend: zwischen den Programmen hin und her schalten, sich in alle Geschichten einschalten. Man staffiert sich mit Geschichte aus - Vergangenheit als Fassade und Collage. Insofern haben jene Geschichtslehrer, deren Unterricht noch darauf zielt, historische Verbindungen zu ziehen, Vorleistungen zu betonen und Ideen zu beerben, selbst etwas rührend Altmodisches.

An die Stelle historischer Entwicklungslinien tritt die Fragmentierung der Geschichte: In den Kulissen der Gegenwart tauchen historische Partikel auf, sie runden das Bild ab - mehr nicht. Während die Geschichte zur Identifikation eingeladen hat, betreibt man heute vor allem das Identifizieren. Oder anders: Man identifiziert sich heute nicht mehr mit der Geschichte, man identifiziert Partikel dieser Geschichte. Damit gerät die Moderne in jenes Stadium, das man als "Postmoderne" bezeichnet. Diese Postmoderne "unhistorisch" zu nennen, ist offensichtlich falsch: Es war ja gerade die Beschleunigung der geschichtlichen Erzählung, die die Geschichte beseitigt hat. Kein Mangel an historischem Bewußtsein, sondern dessen Überhitzung treibt die Idee des Historischen in ein Vakuum. Das gegenwärtige Alltagsbewußtsein ist rein synchron geworden: Ein Konflikt im 5000 Kilometer entfernten Persischen Golf beschäftigt uns heute mehr als ein auch nur 5 Monate zurückliegendes Wahlergebnis. So gesehen war wohl der letzte Weltkrieg das letzte Ereignis, das noch dem alten Begriff der Geschichte entsprach - ein Ereignis, das aus der Vergangenheit herüberragte. Wenn die deutsche Einigung - wie man sagt - das endgültige Ende dieses Krieges markiert, dann sind wir sozusagen ab heute in die pure Gegenwart entlassen - in die reine Synchronität der Erzählungen[15]).

"Ferne Nähe"

Mein Roman entkommt der skizzierten Konstellation nicht. Hinter den von der Moderne vollzogenen Bruch von Vergangenheit und Gegenwart führt kein Weg zurück - und auch nicht hinter die "postmoderne" Erfahrung einer überhitzten Geschichte. Man kann nicht noch einmal allen Ernstes mythisch erzählen. Man kann auch nicht mehr in aller Seelenruhe historische Romane schreiben. Aber man kann jenen Bruch, den die Geschichte zugleich erzeugt und mit der Prämisse des Verstehens vertuscht, offen halten. Man kann also das "Verstehen" verweigern.

Wenn Geschichte in den Kulissen auftaucht, dann kann man in diese Kulissen gehen. Man kann die Gegenwart als Bezugspunkt verweigern, den Mittelpunkt, die Szene, um die sich die Kulissen gruppieren. Das wäre ein Roman ohne Gegenwart und ohne Zentrum. Nein, man entkommt der Beschleunigung der Geschichte nicht, aber man kann ihre Erzählform umkehren: Statt die Geschichte vor die Gegenwart zu zitieren, kann man die Gegenwart auflösen, also die Metropole verlassen. Ein Roman, wie ich ihn mir vorstelle, erzählt in einer einheitlichen, ungeteilten Zeit; und in gewisser Weise hebt er damit Geschichte als Erzählform der Gegenwart auf. Ohne auf die Erzählform "Geschichte" zurückzugreifen, arbeitet er mit der Vergangenheit. Und ohne seiner Gegenwart (dem Ende des 20. Jahrhunderts) entkommen zu wollen, betreibt er die Verunsicherung des Konzepts der Gegenwärtigkeit. Er verläßt das Modell "Geschichte", indem er in die Vergangenheit geht. Und er ignoriert das Modell "Gegenwart", indem er die Vergegenwärtigung unterläuft. Mit einem Wort: Er läuft Gefahr, sich selbst fremd zu bleiben.

Anmerkungen

1) Der folgende Beitrag entstand als Kommentar zu einer während der BERLINER SOMMER UNI 90 durchgeführten Lesung meines Romans "Ferne Nähe - Vorläufig letzter Versuch, die Fremde zu erfinden". Rowohlt-Taschenbuchverlag, Reinbek 1990. Im Mittelpunkt dieses Romans steht ein Mann namens "Laan", der vorübergehend in Zentralasien lebend, zu seinem schwer erkrankten Vater gerufen wird. Aus Pflichtgefühl, aber auch um vielleicht endlich doch einmal mit seinem stets schweigsamen Vater ins Gespräch zu kommen, macht sich Laan auf den Weg nach Deutschland. Diese Rückreise gerät allerdings zu einer Irrfahrt durch Länder und Zeiten des Orients.

2) Die folgenden Ausführungen stellen also mitnichten eine Interpretation von "Ferne Nähe" dar. Es geht mir an dieser Stelle nicht darum, diesen Roman in seinen psychologischen, soziologischen, ethnologischen oder sprachtheoretischen Bezügen zu kommentieren. Augenblicklich liegt mir tatsächlich nur an einem: an der Skizzierung der Bedingungen, die sich demjenigen stellen, der heute versucht, über das "Fremde" zu schreiben.

3) Vgl.: Claude Lévi-Strauss: Traurige Tropen. Frankfurt am Main 1982, 37

4) Marco Polo: Die Reisen des Venezianers Marco Polo. München 1983, 59

5) Johannes Schiltberger: Als Sklave im Osmanischen Reich und bei den Tataren. Stuttgart 1983, 159

6) Alvize Zorzi Marco Polo. München 1983

7) Gary Jennings; Marco Polo, der Besessene. Frankfurt/M. 1987

8) Genauer gesagt: es ist die Semiotik, die die Sprache nicht bloß als Wortschatz oder als Kanon grammatikalischer Regeln begreift, sondern Denken und Fühlen selbst als ein System von Verweisen (also von sprachlichen Aktionen) untersucht.

9) Claude Lévi-Strauss beschreibt dies so: "Letztlich bin ich der Gefangene einer Alternative: entweder ein Reisender des Altertums, der zwar einem gewaltigen Schauspiel hätte beiwohnen

können, dem jedoch alles oder fast alles entgangen wäre oder der, noch schlimmer, nichts als Spott und Verachtung dafür übrig gehabt hätte; oder ein moderner Reisender, der den Überresten einer verschwundenen Realität nachjagt. In beiden Fällen bin ich der Verlierer..." a.a.O. 37

10) Niklas Luhmann hat dieses Phänomen wiederholt beschrieben.

11) Gerade darin, daß sich heute jedes historische Ereignis medial simulieren läßt, liegt für Baudrillard das Ende der Geschichte.

12) Wirbelknochen und wissenschaftliches Gutachten sind heute im Haitabu-Museum in Schleswig ausgestellt.

13) Vgl.: Goody, Watt, Gough: Entstehung und Folgen der Schriftkultur. Frankfurt a.M. 1986, 71f

14) H.G. Gadamer: "Die Perspektiven, die sich von der Erfahrung des geschichtlichen Wandels her ergeben, sind daher immer in der Gefahr, Verzerrungen zu sein, weil sie die Verborgenheit des Beharrenden vergessen. Wir leben, wie mir scheint, in einer beständigen Überreizung unseres historischen Bewußtseins." (Gadamer: Wahrheit und Methode. Tübingen 1986, 3f)

15) Wohlgemerkt: ich spreche hier von den Alltagserzählungen und nicht von der sogenannten "Realität". Wie sehr wir objektiv (und zugleich unbewußt) von unserer Vergangenheit geprägt sind, ist eine andere Frage.

Das Fremde in mir anhand von Träumen

Wolfgang Kleespies

Als niedergelassener Nervenarzt und Psychoanalytiker bin ich gewohnt, daß mir tagtäglich von meinen Patienten eine Vielzahl von Träumen spontan mitgeteilt werden. Es ist nicht etwa so, daß ich sie dazu genötigt hätte, sondern es wird vielmehr deutlich, daß meine Patienten innerlich selbst etwas dazu drängt, diese Träume zu berichten und "zur Sprache" zu bringen, als spürten sie, daß sich hier etwas ausdrücken will, was noch nicht anders zu fassen ist und noch nicht anders ausgedrückt werden kann. Hierbei habe ich die Erfahrung gemacht, daß allein schon die Mitteilung des Geträumten einen gewissen lösenden und beruhigenden Wert hat, ohne daß die oftmals eigentümlichen und fremd anmutenden Bilder und Begebenheiten in den Träumen verstanden werden. Natürlich ist es den Patienten auch gleichzeitig ein Bedürfnis, hinter den verborgenen Sinn ihrer Traumbilder zu kommen: es ist etwas Fremdes und Unbekanntes in ihnen, das geradezu darauf drängt, verstanden und erkannt zu werden.

So ist es eine wesentliche Aufgabe eines tiefer gehenden therapeutischen Gespräches, den in den Bildern verborgenen Sinn zu entschlüsseln und so einen Zugang zu entwickeln, zu einem besseren Verständnis der Träume. Es ist oftmals die Erfahrung des ganz Anderen und Fremdartigen in unseren Träumen, die uns auf eine Schicht hinlenkt, von deren Existenz wir in unserem Alltagsleben meist nichts wissen.

Das Unbewußte

Im modernen Vokabular der Psychologie nennen wir heute diesen Bereich das Unbewußte. Eine Bezeichnung, die einen ganz selbstverständlichen Platz in unserer Sprache gefunden hat. Das Fremde und Andersartige dieser Schicht wird im Traum oftmals noch unterstrichen, etwa, wenn ein Patient von seiner Frau träumt und dann berichtet: "Ich habe von meiner Frau geträumt, dann sah sie aber doch wieder ganz anders aus, sie hatte schwarze statt blonde Haare" usw., womit ein Hinweis entsteht, daß es sich eben nicht um die eigene reale Frau handelt, sondern sich hier etwas Symbolisches dahinter verbirgt.

Zum Begriff des Unbewußten ist hier festzuhalten: er umfaßt einen Bereich der Persönlichkeit, der die Erfahrungen unseres Lebens enthält, darunter auch Vergessenes und Verdrängtes, aber auch alle seelischen Strebungen und Regungen, sowie Affekte und Emotionen und hier vor allem solche, die sich mit unserer bewußten Einstellung nicht vertragen. Vor allem enthält das Unbewußte auch eine kreative Schicht. Es ist die Fähigkeit zur Gestaltung oder Neuanordnung von Bildern, Motiven und Symbolen, die uns auch ganz neue Standpunkte und Einsichten vermitteln können und die uns wegführen von veralteten und verkrusteten Einstellungen und Verhaltensweisen.

Ein berühmtes Bespiel für die Kreativität des Unbewußten ist das Beispiel des Chemikers Kekulé, der vergeblich darüber grübelte, wie denn nur die Strukturformel für das entdeckte Benzol aussehen könnte, und sodann im Traum die "Erleuchtung " hatte. Im Traum erschien ihm ein sechseckiger Ring. Nachdem er nach dem Aufwachen diese Struktur aufgezeichnet hatte, stellte er verblüfft und dankbar fest, daß mit dieser Ringstruktur befriedigend die Anordnung der Atome im Molekül beschrieben wurde, die er solange vergeblich gesucht hatte.

Der Traum als Universalsprache der Menschheit

Der "Stoff" aus dem unsere Träume sind ist äußerst subtil. Es ist eine in Bildern geronnene seelische Energie, die Libido, die unser Seelenleben "entfacht" und zu innerem Leben bringt. In den Traumsituationen und Symbolen finden wir hierbei eine Form des "Denkens", die einer sehr tiefen und ursprünglichen Schicht in uns entspringt. Es ist ein archaisches Denken, voller geheimer und verborgener Beziehungen und in Bildern, die oftmals "unsinnig" und unlogisch erscheinen mögen, dem Träumer aber in der Traumsituation äußerst evident vorkommen. So betrachtet ist der Traum die letzte Universalsprache der Menschheit. Seit Sigmund Freud sein Traumbuch vor ca. 80 Jahren veröffentlichte, wurde so manche wissenschaftliche Kontroverse ausgelöst, wie es ja oft bei zunächst unbekannten Sachverhalten der Fall ist. Insbesondere gab es unterschiedliche Auffassungen über die Bedeutung des Traummaterials. Man ist sich aber in der heutigen Traumforschung einig, daß dem Traum eine wesentliche Aufgabe im seelischen Haushalt des Menschen zukommt. Man weiß heute, daß es sich bei den Träumen um ein Regulierungsprinzip der Psyche handelt. C.G.Jung sagt in seiner Schrift "Energetik der Seele":

"Wir können eine balancierende Funktion des Unbewußten erkennen, welche darin besteht, daß diejenigen Gedanken, Neigungen und Tendenzen der menschlichen Persönlichkeit, welche im bewußten Leben zu wenig zur Geltung kommen, andeutungsweise in Funktion treten im Zustand des Schlafes, wo der Bewußtseinsprozeß im hohen Maß ausgeschaltet ist."

Jung spielt hier auf die sogenannte "kompensatorische Funktion" des Traumes an, einen wichtigen von ihm eingeführten Begriff, der auf die Tendenz der unbewußten Psyche hinweist, überlastige und zu einseitig gewordene Strebungen in der persönlichen Einstellung wieder zu korrigieren und zu erweitern.

Ein richtiges Verständnis, für das was sich im eigenen Unbewußten abspielt und sich beispielsweise über Träume äußert, stellt oftmals den ersten und wichtigsten Schritt dar, um zu einer korrigierenden Neuerfahrung *übe*r sich selbst und damit zur heilsamen Änderung *in* sich selbst zu kommen. Die therapeutische Nutzung von Träumen ist nun aber keine Erfindung unserer Zeit. Dies wußten schon die alten Völker, wie etwa die Griechen, die sich die heilsame Wirkung des Traumes zunutze machten. Die Griechen kannten den sogenannten Heilschlaf an geweihten Orten, z.B. in Tempeln. Man nannte diesen Vorgang "Inkubation", den man heute als eine Ingangsetzung der sogenannten Selbstregulierungs- und Selbstheilungstendenz der Psyche bezeichnen würde. Diese Selbstheilungstendenz kann gefördert werden durch besondere innere Einstimmung und Vorbereitung, wozu auch eine bestimmte Ernährungsweise bis hin zum Fasten gehören.

Im therapeutischen Bereich dürfte am wirkungsvollsten dieses Vorgehen bei mehr "funktionellen Störungen" gewesen sein, die noch keine erheblichen organischen Veränderungen bewirkt haben, wie wir sie auch etwa bei den heute so bezeichneten psychosomatischen Erkrankungen finden. Hier nur einige Beispiele: etwa bei bestimmten Formen des Asthmas oder Magen-Darmgeschwüren, oder auch bei bestimmten Hauterkrankungen erweist die unter tiefenpsychologischen Gesichtspunkten betrachtete Lebensgeschichte der Betreffenden, daß hinter ihren Störungen unbewußte und nicht erfolgreich bewältigte Konflikte stehen, die oftmals eine lange Geschichte haben und sich bis in die Kindheit zurückverfolgen lassen. Werden die zugrundeliegenden Konflikte - etwa durch eine Therapie - erkannt, und wichtiger noch: kommt es hierbei zu einer Umorientierung der Persönlichkeit, die bei erneut auftretenden Konflikten nun zu anderen, "reiferen " und wirksameren Bewältigungsformen greifen kann, dann kommt es zur "Heilung " dieser Erkrankungen. Ihnen ist der krankmachende Boden entzogen worden.

Ein befremdlicher Traum

So hatte etwa eine 25jährige Frau mit einem sie peinigenden Symptom des Errötens zu kämpfen und erheblich hierunter zu leiden. Sie hatte bislang als Erklärung für dieses Symptom ihre "Komplexe" verantwortlich gemacht, wozu sie ihre Selbstunsicherheit und Minderwertigkeitsängste zählte. Fremd und befremdlich erschien ihr nun ein Traum, den sie während ihrer Therapie träumte: Ein jüngerer Mann sprach sie im Traum an und machte sie darauf aufmerksam, daß sie so einen zornigen roten Kopf hätte. Ob sie sich denn ärgere? Dieser kurze Traum verwunderte die Patientin sehr, kam ihr doch der Inhalt befremdlich und eigenartig vor. Wieso konnte sie mit ihrem verlegenen roten Kopf auf jemand anderen "zornig" wirken. Sie begann sich nun in der Therapiestunde damit zu beschäftigen und mußte überrascht feststellen, daß sie keinesfalls immer nur das so zarte ängstlich-gehemmte und sensible Wesen war, für das sie sich immer eingeschätzt hatte. Vielmehr hatte sie auch eine solide "zornige Seite " an sich, die sie nur nicht wahrhaben wollte. Das Unbewußte hatte also über die Traumszenen korrigierend auf den einseitigen bewußten Standpunkt eingewirkt und die Träumerin eindringlich dazu veranlaßt, auf ihre anderen, ihr bislang fremden, verdrängten Seiten zu achten.

Animus und Anima

Interessant in diesem Zusammenhang ist das Auftreten des fremden jungen Mannes. Fremde Männer in Träumen von Frauen (vice versa fremde Frauen in Träumen von Männern) deuten oft, worauf vor allem C.G. Jung, ein Schüler Freuds hingewiesen hat, auf eine das Bewußtsein ergänzende, erweiternde psychische Funktion des Unbewußten hin. C.G. Jung nannte es das "unbewußte Seelenbild" (auch Animus, bzw. Anima genannt). Es handelt sich hierbei um sogenannte Beziehungsfunktionen der unbewußten Psyche. Was haben wir uns hierunter vorzustellen? Diese "Beziehungs-Funktionen" gehören zu unserem natürlichen psychischen Inventar. Sie sind Teil der Persönlichkeit und vermitteln und erschließen uns neue bislang nicht bewußte Bereiche. Sie stellen also eine neue Beziehung hierzu her und stehen letztlich im Dienste der Persönlichkeitsentwicklung.

Im Falle unserer Träumerin wurde ihr über ihre Animusfunktion - hier personifiziert durch den jungen Mann - eine ihr bislang nicht ausreichend bewußte Seite ihres Wesens deutlich gemacht, nämlich daß sie sehr wohl auch aggressive Seiten an sich hatte, auch wenn ihr das zunächst nicht angenehm war. Die Patientin achtete übrigens in der Folgezeit mehr bei ihrem Rotwerden auf die wirklich zugrunde liegenden und begleitenden Affekte und entwickelte allmählich auch den Mut, diese Affekte, z.B. wenn sie sich übergangen oder übervorteilt fühlte, wirklich zu äußern, wodurch das Erröten tatsächlich allmählich nachließ.

Wir sehen, wie hier "das Fremde in uns", am Beispiel des Animus, sogar eine wichtige Funktion einnimmt, nämlich im genannten Falle der Patientin im Dienste der Überwindung eines Minderwertigkeitskomplexes steht. Das scheinbar so Fremde in uns entpuppt sich in der tiefenpsychologischen Betrachtung als durchaus zu uns gehörig, nur will es manchmal zu unserem oft schmeichelhaften Selbstbild nicht passen, so daß wir es als fremd oder "ungehörig" verdrängen.

Historische Wurzeln

Schon bei den Völkern des Altertums waren solche psychologischen Zusammenhänge bekannt und wurden ausdrücklich in entsprechenden "Therapien" berücksichtigt. Im alten Griechenland war es der sogenanten *Asklepios-Kult*, der Kult des Aeskulap, des griechischen Arzt-Gottes, in dem der heilende Tempelschlaf zur vollen Blüte kam. Das Zentrum dieses Kultes war Epidaurus, das noch bis ins 4.- 5. nachchristliche Jh. hinein eine große Bedeutung hatte. Die Patienten mußten sich zunächst Reinigungszeremonien unterziehen. Es waren höchst feierliche Zeremonien, und der Patient sollte damit vom Alltagsgleis weggebracht werden in eine bestimmte innere Haltung. So wurde für ihn etwa ein kaltes Bad vorbereitet. Wer sich davor fürchtete, der mußte auf die Traumbehandlung verzichten (Asklepios: "wer zu feige ist ins kalte Bad zu steigen, den behandle ich nicht"). Schließlich wurde man ins Allerheiligste geführt, in die sogenannte Traumhöhle, wo meist eine Dreiheit gesundheitsbringender Götter aufgestellt war. So der Schlafgott Hypnos (Hypnose), dann der Traumgott Oneiros und schließlich die Gesundheitsgöttin Hygieia. Zum Schlafen begab man sich auf ein spezielles Lager, die sogenannte kline (daher der Name Klinik!). Dies war also gewissermaßen die Urform der psychoanalytischen Couch. Am nächsten Tag berichteten die Patienten ihre Träume dem Tempelpriester, der ihnen ihre Träume erklärte, was einen lösenden und befreienden Charakter hatte.

Im alten Griechenland entwickelte sich bereits eine wissenschaftliche Auffassung vom Traum. Nahezu alle wichtigen Philosophen der griechischen Antike, die noch heute unser wissenschaftliches Weltbild bestimmen, machten sich grundlegende Gedanken über den Traum. So beschrieb der griechische Arzt Hippokrates im 5. vorchristlichen Jahrhundert ein Phänomen, das man heute "Dissoziation" nennen würde. Die Seele, so fand er, behält im Schlaf die Fähigkeit des Denkens und Fühlens bei, nur die sonst fest verknüpfte Verbindung zu den Sinnesorganen ist gelöst. Plato nahm Erkenntnisse von Freud und Jung vorweg, nämlich den Begriff der "Kompensation" und den der "infantilen Traumquellen". Unter letzteren versteht man wichtige und manchmals einschneidende Themen unserer Kindheit, die sich prägend auf unseren weiteren Lebensweg und unser Verhalten auswirken können. Sie geben oftmals die thematischen Vorlagen für unsere Träume ab und werden in diesen wieder verlebendigt. Auch der Jung'sche Begriff der "kompensatorische Funktion des Unbewußten" bezeichnet eine ausgleichenden Strebung des Unbewußten gegenüber zu einseitigen Einstellungen des Bewußtseins.

Die andere Seite

Hierzu ein weiteres Traumbeispiel. Es berichtete mir einmal ein Patient, der - was er selbst nicht erkennen mochte - im allgemeinen als arrogant und hochfahrend galt, und von dem sich die Leute lieber abwandten und zurückhielten, folgenden Traum: "..in der letzten Zeit hatte ich solche Träume, da bin ich so demütig drin, so unterwürfig und so ängstlich. Das kann ich überhaupt nicht verstehen...". Dieser Traum kam ihm also seltsam und fremd vor. In einem sich daran anschließenden Gespräch wurde es aber möglich, über seine Haltung zu sprechen. Insbesondere über die tieferen Gründe, die wohl hinter dieser Haltung steckten. Es stellte sich heraus, daß er im Grunde ein recht unsicherer und ängstlicher Mensch war. Aber er hatte sich eine bestimmte Haltung zugelegt, die diesen Mangel überspielen sollte. Hier wurde also im Traum eine ihm sonst an sich *fremde Seite*, etwa seine Ängstlichkeit, wieder vorgeführt und ihm darüber hinaus verdeutlicht, daß ihm etwas mehr Demut im Umgang mit anderen Menschen gut anstünde.

Symbolische Tiefenschichten

Neben der Fähigkeit der Psyche zur "Kompensation" entdeckten die Griechen auch weitere Funktionsweisen des Traumes, die noch heute Gültigkeit haben. So entwickelte *Demokrit*, der Vater der Atomtheorie, erstmals Gedanken über die Abhängigkeit des Traumes von der Wahrnehmung. Der Traum, so sagte er, schaffe keine nie dagewesenen Phantasiebilder, sondern wandele das einmal Erlebte irgendwie um. Noch weiter ging Aristoteles. Er definierte den Traum als das "Seelenleben des Schlafenden". Diese Aussage entspricht schon recht genau unserer modernen Auffassung vom Traum, daß nämlich seelische Prozesse im Menschen ständig ablaufen.

C.G Jung hält das Unbewußte geradezu für ein Kontinuum, das aber tagsüber nur durch den Lärm des Alltages übertönt wird. Im Schlaf aber, wenn die geordnete Sinnestätigkeit und die notwendige Konzentration auf die Außenwelt aufhört, entfaltet sich eine *urtümliche seelische Schicht* in uns und offenbart sich in eigentümlichen, symbolischen Bildern, die nach bestimmten Gesetzen miteinander verknüpft sind. Hierbei ist der Begriff des *Symbols* zu einem Schlüsselbegriff für das Verständnis unserer Träume geworden. Der Begriff stammt aus dem Griechischen und heißt soviel wie Sinnbild.

Ein einfaches und ganz geläufiges Symbol ist das Kreuz. Und doch werden hochkomplexe, vielgestaltige Sachverhalte damit ausgedrückt. Es kann für das ganze Christentum stehen, oder nur für einen Aspekt daraus, etwa für die Nachfolge Christi. Oder es kann die Verbindung zwischen Himmel und Erde gemeint sein. Es ist geradezu charakteristisch für das Symbol, daß es sehr viele Aspekte beinhaltet und diese in einer Kurzform ausdrückt. Es handelt sich um eine Verdichtung vieler Elemente in einer Aussage. Man spricht in der Psychoanalyse von " Kondensation".

Traumsymbole

Hierzu ein Traumbeispiel. Ein Patient, der in einer sehr starken Fixierung zu seiner Frau lebte und praktisch sein ganzes Gefühlsleben von ihr abhängig machte - etwa wenn sie traurig war, war er traurig, wenn sie fröhlich war, war er fröhlich - träumte in einer fortgeschrittenen Analyse einen Traum, der ihn zunächst befremdete und mit dem er nichts anfangen konnte:

"Es war da ein Haufen von Puzzlesteinen. Ich bekam sie nicht zusammen. Es gab violette und rote Puzzlesteine. Aber die Doris stand da drauf. Ich sagte dann zu ihr ziemlich wütend: geh da mal runter".

Hierzu hatte der Patient folgende Einfälle: mit der Farbe "violett" verband er spontan den Begriff der Schwermut und des Traurig-Seins. Mit der Farbe " rot" verband er den Begriff "Freude". Im weiteren Verlauf der Therapiestunde wurde ihm zunehmend deutlich, daß es sich um "Gefühlsbausteine" handelte, aus denen sich ein Teil seiner Affektivität zusammensetzt. Diese Bausteine standen ihm aber nicht zur Verfügung, sondern waren "besetzt", also unter der Kontrolle seiner Frau. Er mußte sie erst wegscheuchen, also "aus dem Spiel" bringen, damit sich auch die natürliche und ihm gemäße Ordnung seiner Emotionen wiederherstellen ließ.

Eine integrative Funktion

Man sieht, das Problem der Wiederherstellung des in Unordnung geratenen Gefühlslebens ist hier sinnbildlich, also symbolisch sehr schön dargestellt. Wir können sogar erkennen, daß das Unbewußte Lösungsvorschläge bereit hält und sie szenisch verdichtet. Der Ehemann wurde hier nämlich mit einer "dunklen" und fremden Seite in sich konfrontiert. Im bewußten Leben verhielt er sich gegenüber seiner Partnerin außerordentlich harmonisch angepaßt. Streitigkeiten und Auseinandersetzungen waren ihm ein Greuel. Es handelte sich hierbei aber bereits um gravierende Behinderungen im Bereich des Durchsetzungsgsvermögens und der Autonomie.

Der Traum machte ihn nun auf seine brachliegende aggressive Seite aufmerksam und bot damit einen Lösungsversuch für die Gefühlsabhängigkeit des Patienten. Auf diese "final-prospektive" Bedeutung der Träume hat Jung immer besonders hingewiesen, als Ausdruck der auf Entwicklung abzielenden, integrativen Funktion unseres Unbewußten. Insofern sind Träume die Spiegel der Seele. Aber es handelt sich hier um "magische Spiegel": Sie bilden nicht nur einen Ist-Zustand ab, sondern auch wie es sein *könnte*.

Traumsprache

Im Bereich unserer Psyche haben auftauchende Symbole keine feste, etwa lexikalische Bedeutung, sondern man muß die persönliche Traumsprache des Patienten ergründen lernen und diese können wir nur über seine Assoziationen, seine "Einfälle" verstehen lernen. Daneben gibt es natürlich auch eine mehr allgemeine, kollektive Bedeutung von Symbolen, wie man sie hier in den Farben wiederfindet. Die Farbe Violett hat tatsächlich etwas Melancholisches an sich, und die Farbe Rot hat sicherlich eine stärkere Beziehung zu mehr fröhlichen, lebendigen Affekten und Gefühlen. Grundsätzlich kann alles und jedes zu einem Bedeutungsträger werden. Ohne den persönlichen Hintergrund des Träumers zu kennen, kann man nur allgemeine, kollektive Aussagen machen. Wird etwa von einem Flugzeug geträumt, dann kann das ganz verschiedene Bedeutungen haben. Der eine Mensch kann mit diesem Begriff große Ängste verbinden, etwa Angst vor dem Absturz, oder es macht ihm die Enge zu schaffen. Es ängstigt ihn vielleicht die Tatsache, daß er in solch engen und unausweichlichen Situationen ausgeliefert ist, nicht jederzeit heraus kann, wann er will. In einem solchen Flugzeugsymbol drückt sich dann eine zugrunde liegende Claustrophobie aus. Ein anderer Mensch verbindet mit dem Flugzeug Reisen in ferne Länder. Flugzeug und Fliegen wäre für ihn dann verbunden mit Freiheit. Aber auch dies kann in bestimmten Konstellationen Symptomcharakter bekommen. So träumte eine Patientin oft vom Fliegen in kritischen Zeiten ihrer Ehe. Hierzu ließ sich herausarbeiten, daß sie am liebsten "weggeflogen" wäre. Hier bekommt das Fliegen den Charakter der Flucht.

Die Symbolik der Träume hat, wie wir gesehen haben, immer eine ganz persönliche, mit der eigenen Lebensgeschichte zusammenhängende Bedeutung. Sie zielt also auf die eigene unverwechselhafte *Lebensgeschichte* des Betreffenden ab.

Schichten im Unbewußten

Unsere lebensgeschichtlichen Erfahrungen sind in einem besonderen Feld "abgespeichert", das C.G.Jung das "persönliche Unbewußte" genannt hat. Hier sind alle relevanten Erfahrungen und Erlebnisse unseres Lebens, alles Verdrängte und Vergessene aufbewahrt. Im Traum wird auf diese realen Erfahrungen zurückgegriffen, wenn sich ähnliche Probleme, Konflikte und Konstellationen in der Gegenwart stellen.

Darüber hinaus haben wir in uns aber eine überpersönliche Schicht des Unbewußten, in dem grundsätzliche Erlebens- und Erfahrungsmuster des Menschen, ja der Menscheit wiederzufinden sind. Es handelt sich um Reaktionsbereitschaften, die aktivierbar sind, auch wenn wir hierin keine persönlichen Erfahrungen gemacht haben. C.G.Jung bezieht dies auf die Tatsache der uns vererbten Hirnstruktur, die bei allen Menschen zu ähnlichen Bildern, Strukturen und Symbolen verhilft. Diese grundlegenden Muster nennt Jung "Archetypen", die entsprechend ihres universellen Vorkommens im so bezeichneten Sinne einem "kollektiven Unbewußten" zuzuordnen sind. Wollte man sich diese Gegebenheit räumlich vorstellen, dann folgt auf die Schicht des persönlichen Unbewußten eine noch breiter angelegte kollektive Schicht, in der typische, menschenmögliche Erfahrungen, Erlebens- und Verhaltensweisen bereit liegen. Diese Archetypen sind bei allen Völkern und zu allen Zeiten immer gleich gewesen. Wir tragen in uns eine archaische Erbschaft, die übrigens auch von Sigmund Freud später anerkannt worden ist, ohne daß es eine größere Rolle in seiner Psychologie gespielt hat.

Die Universalität der Archetypen

Bei genauerer Betrachtung der verschiedenen Kulturen und Religionen hat sich gezeigt, daß die Archetypen sich überall wiederfinden lassen und sich in ihrem Grundgehalt gleichen. Dies findet man sowohl in Träumen und Phantasien als auch in Mythen und Märchen. Diese fußen alle im kollektiven Unbewußten. Die menschliche Psyche äußert sich in bestimmten Grundsituationen des Lebens in gleichartigen Bildern; zum Beispiel bei Geburt und Tod, bei Gefahr, in Reifungsstufen, oder in der Einstellung zu den Eltern, zu Gut und Böse oder Haß und Liebe. So kann etwa eine festhaltende, nicht loslassende Mutter, die die expansiven Strebungen des Kindes unterbindet, sich im Unbewußten des Kindes in Form einer Hexenfigur symbolisch niederschlagen und in Träumen wieder auftauchen. Wir haben es hier mit einem kollektiven Symbol, mit einem Archetyp zu tun, nämlich dem Archetyp der negativen, verschlingenden "großen Mutter", wie wir sie in allen Kulturen, hier meist als negative mächtige Gottheiten, antreffen können.

Kollektive Bilder

Archetypen müssen nicht personifiziert auftreten. So träumte eine junge Frau, bei der sich eine länger gehende Depression aufzulichten begann, daß sie aus einem tiefen dunklen und verschneiten Wald herauskam. Nun tat sich vor ihr eine herrliche Frühlingswiese auf. Dies ist ein ganz klassischer archetypischer Traum. Die darniederliegende innere Natur ist hier dem verschneiten Wald gleichzusetzen, als einem kollektiven Symbol für das dunkle Unbewußte, das das Leben gefangen hielt. Während die Frühlingswiese der neuen Position zum Unbewußten entspricht. Um diesen Übergang von einem in den anderen Bereich zu beschreiben, greift die Psyche auch auf kollektive Symbolik zurück: die Zeit der Finsternis und die Zeit des Lichtes wird ausgedrückt über die Jahreszeiten. Das Motiv der Jahreszeiten ist ja weit verbreitet und trägt selbst kollektiven, mythologischen Charakter.

Der Schatten

Als letztes wollen wir uns hier noch einem wichtigen Bereich der Psychologie des Unbewußten zuwenden, der am stärksten im Sinne des gestellten Themas die Aspekte des Fremden und Unbekannten enthält. Wie wir gesehen haben, stoßen wir in unseren Träumen immer wieder auf eine Schicht in uns, die uns fremd, absonderlich und ungewohnt und zum Teil aber auch bedrohlich und unheimlich erscheint. C. G. Jung nennt nun diesen speziellen Bereich des Unbewußten "Schatten". Wir haben es hier mit Bereichen unserer Persönlichkeit zu tun, die unsere "dunklen Seiten" enthalten und "die wir nicht zu sein wünschen", wie es Jung einmal kurz und bündig formulierte. Dieser Bereich enthält also das Unentwickelte in uns, mit zum Teil kindischen, primitiven oder zerstörerischen Zügen. Wohlgemerkt handelt es sich bei diesem Bereich nicht ausschließlich um archaisch-destruktive Anteile in uns, etwa um unsere Fähigkeit "böse" sein zu können, sondern schlicht um das Unentwickelte und Undifferenzierte in uns. Hierzu zählen sowohl "böse" archaisch-destruktive Kräfte in uns als auch "gute" Fähigkeiten wie Liebesfähigkeit, Opferbereitschaft und anderer "Tugenden". Sofern diese unentwickelt sind und der Persönlichkeit nur unzureichend zur Verfügung stehen, fristen sie eine "Schattendasein", zählen also zum Schattenbereich unserer Persönlichkeit. Eindrücklich zeigt sich eine Schattenthematik im folgenden Traum einer 35jährigen Patientin.

Die andere Seite

"Ich befand mich in einem Raum, der keine Türen hatte. Ich hab viele Wände eingeschlagen. Ich kam dann in einen Raum und darin saß ein Mann.

Er sagte, ich soll ihn in Ruhe lassen. Er sei unberührbar und er hätte mir ja gar nichts gemacht. Dann rief ich ihm zu: "aber Sie brauchen doch etwas Bewegung", aber er sagte, nein, nein, er würde hier ganz gut sitzen."

Diese Patientin war im Rahmen der Therapie zum Zeitpunkt ihres Traumes an zwei konfliktbesetzte Lebensthemen herangekommen. Zum einen handelte es sich um alte und ungelöste Abhängigkeitsängste in ihren Partnerschaften, zum anderen ging es um ihre Angst vor dem Alleinsein.

Hier standen sich also zwei Problemkreise diametral gegenüber. Einerseits fiel es der Patientin schwer, allein zu sein und etwas mit sich anzufangen. Zum anderen tat sie sich schwer, festere Partnerschaften einzugehen - aus Angst, abhängig zu werden. Es fiel ihr vor allem schwer, sich abzugrenzen und "Nein" zu sagen. So hatte sie auch berechtigterweise Angst, in ihren Beziehungen ihre "Freiräume " zu verlieren.

Lassen wir uns vom Traumbild leiten. Wir finden einen einzelnen Mann, der von Mauern umgeben ist, offensichtlich aber nicht einsam ist, sondern sogar in Ruhe gelassen werden will. Damit repräsentiert er genau das Gegenstück zu unserer Patientin, die extrovertiert eingestellt ist und schnell unter Einsamkeit leidet. Sie versucht nun an diesen Mann heranzukommen. Dies gelingt nur unter äußersten Mühen. Sie muß Mauern einschlagen.

Tatsächlich erlebte sie Männer, an denen sie ein Interesse hatte, oft als unzugänglich, abgekapselt und schwer erreichbar. So wie es eigentlich auch ihr Vater gewesen war. In ihren Einfällen zu dem Traum stieß die Patientin nun darauf, daß sie neidisch war auf die Männer, die ihrer Meinung nach viel besser allein sein konnten, während sie abhängig war von Geselligkeit und Trubel. Sie erinnerte sich an ihren letzten Freund, der so selbständig war und so leicht allein sein konnte.

Projektion

Wir finden bei dieser Patientin etwas Charakteristisches vor. Die Psyche hat nämlich die Neigung, die ihr unzugänglichen und unentwickelten eigenen Bereiche auf andere zu projizieren. So projiziert die Patientin ihren Schatten, den eigenen unentwickelten Bereich von Abgrenzung und Alleinseinkönnen, auf einen Mann. Psychologisch handelt es sich um eine Animusfigur der Patientin, die eben Eigenschaften der Autonomie verkörperte. Es war der introvertierte, unabhängige Animus in ihr, zu dem sie noch keinen Zugang hatte und der projektiv am anderen Geschlecht erfahren wurde. Diese Funktion stand aber der Patientin in diesem Stadium ihrer seelischen Entwicklung noch nicht zur Verfügung, sondern fristete hinter einer Mauer ein abgekapseltes "Schattendasein". So standen die Mauern nicht nur für Abgrenzungsvermögen, sondern symbolisierten auch den erschwerten Zugang zum Männlichen (in ihr und in ihren Beziehungen). Die Patientin machte in dieser Stunde einen ersten Fortschritt: Sie kam darauf zu sprechen, daß sie es regelrecht verlernt hatte, für sich allein zu sein und Dinge für sich zu behalten.

Ich empfahl der Patientin, sich auf das Bild des Mannes einzustellen und sich zu fragen, wo es denn für sie zur Zeit wichtig wäre, sich ebenso zu verhalten und mehr abzugrenzen. Es wurde also der Intention des Traumes gefolgt. Hier fiel ihr nun ihre Freundin ein. Seitdem ihre Freundin erfahren hatte, daß sie eine Analyse machte, mußte sie ihr immer davon erzählen. Eigentlich hatte sie die Freundin schon immer als zu neugiereig und besitzergreifend erlebt, es aber immer wieder verdrängt. Das mochte sie nun nicht mehr. Sie hielt die Freundin für eine "alte Quatschtante" und faßte den Entschluß, von nun an nichts mehr von sich zu erzählen. In der Folgezeit setzte sie dieses Vorhaben in die Tat um und machte die Erfahrung, daß hierdurch ihre freundschaftliche Beziehung keineswegs getrübt wurde. Die Freundin schien sich zumindest an das neue Verhalten der Patientin anzupassen. Hier war es der Patientin also geglückt, symbolisch zum "gefangenen Mann" vorzudringen, also so sein zu können wie er und die Erfahrung zu machen, sich ohne Angst in Abgrenzung und Selbstbewahrung wohl fühlen zu können. Diese Erfahrung war eine wichtige Voraussetzung, um sich von der negativen Sichtweise - grenze ich mich ab, dann werde ich verlassen und bin alleine - allmählich zu lösen und zu befreien.

So wird die Erfahrung des Fremden und Unzugänglichen in uns zu einem persönlichen Gewinn, wenn wir nur den Mut aufbringen, uns mehr auf unsere Schattenseiten, auf den uns vorgehaltenen "magischen Spiegel" einzulassen.

Die fremde, vergessene Wissenschaft: Arabismus als Impulsgeber einer europäischen Wissenschaft

Achim Hellmich

Vorbemerkung

Mit dem Golfkrieg des Jahres 1991 ist uns die arabische Welt und der Islam schlagartig ins Bewußtsein gerückt. Aus unserer westlich-materialistischen Interessenlage wird dieser Konflikt vordergründig unter ökonomischem Gesichtspunkt betrachtet und gleichzeitig ideologisch überhöht, als stünde die Freiheit der Menschheit auf dem Spiel. (Daß Freiheit unteilbar ist und andere Völker und Volksgruppen gleichfalls militärisch okkupiert worden sind oder unterdrückt werden, wird dabei geringer geachtet.) Aus der arabischen Empfindung heraus wird dies dagegen als Angriff auf die geistig-seelischen Grundlagen der eigenen Kultur erlebt.

Fremdheit entsteht immer durch den Unterschied des eigenen, vertrauten Lebensraums, der eigenen Denkgewohnheiten und ethisch-religiösen Grundlagen zu den anderen. Wir Europäer leiten unser kulturell-wissenschaftliches Erbe aus dem Griechentum ab und übersehen den islamischen Einfluß, der Europa im Mittelalter entscheidend prägte und somit einen hohen Anteil an unserer eigenen Entwicklung hat. So läßt sich im eigenen Entwicklungsgang die *impulsgebende Kraft* "des Fremden" erkennen. "Doch sind wir Europäer blind für die kulturelle Schuld, in der wir beim Islam stehen. Wir unterschätzen oder ignorieren Umfang und Bedeutung des islamischen Einflusses auf unser kulturelles Erbe. Im Interesse unserer guten Beziehungen zu Arabern und Muslimen müssen wir anerkennen, wieviel wir dem Islam verdanken."[1)]

Im folgenden soll daher der arabische Impuls, der ca. 600 Jahre, vom 7. bis zum 13. Jahrundert auf die europäische Geschichte, Kultur und Wissenschaft wirkte, unter verschiedenen Gesichtspunkten betrachtet werden.

Der politisch-militärische Ausbreitungs- und Eroberungswille

Das Stammland der Araber, die schon Herodot als "Arabioi" bezeichnete, ist die von breiten Wüstenzonen geschützte arabische Halbinsel. Weder Alexander der Große, noch das Römische Imperium, nicht die Perser oder Byzanz, konnten sie erobern.

Mohammed (570-632), der als Prophet Allahs die religiöse Grundlage des Islams, den Koran, als Offenbarung Gottes niederschrieb, einigte die zerstrittenen arabischen Stämme und gab ihnen - die vorher unterschiedlichen Stammesreligionen anhingen - ein zentrales religiöses Fundament. Damit schaffte er die Voraussetzung für die nachfolgenden stürmischen Eroberungen der Araber. Bereits sechs Jahre nach Mohammeds Tod in Medina zog Kalif Omar auf einem weißen Kamel in Jerusalem ein. Diese Stadt wurde zum zentralen Ort von drei Weltreligionen: Judentum, Christentum und Islam. Als 100 Jahre später (732) Karl Martell die Araber in Frankreich bei Tours und Poitiers aufhält, sind sie im Osten bis zum Indus vorgedrungen; Persien, Syrien, Palästina, Ägypten, Nordafrika, Sizilien und Spanien sind arabisch.

Der geistig-wissenschaftliche Impuls

Doch nicht nur die militärischen Eroberungskräfte des Beduinenvolkes übersteigen das bisher Vorstellbare; das eigentlich Erstaunliche ist der geistig-kulturelle Impuls, der durch diese Eroberung Europa ergreift, durch ein Wüstenvolk, das bisher von keiner Hochkultur geprägt wurde. So wie der Koran, das heilige Buch des Islam, von Kindern und Erwachsenen auswendig gelernt und immer wieder studiert wird, so erlangt das Bücherwissen insgesamt die höchste Bedeutung und das höchste Ansehen in der arabischen Welt. In allen Städten werden öffentliche Büchereien eingerichtet. 891 existieren allein in Bagdad über 100 Bibliotheken.

"Eine kleine Stadt wie Najaf im Irak ist im 10. Jahrhundert - während abendländische Klöster ihr Dutzend Bücher seltenheitshalber an Ketten befestigen - stolze Besitzerin von 40.000 Bänden. 10 große Kataloge sind nötig, um den Bücherbestand der städtischen Bibliothek von Raj aufzuführen. Jede Moschee hat ihre Büchereien. Jedes Hospital empfängt den Besucher in der Haupthalle mit breiten Bücherregalen und kauft alle medizinischen Neuerscheinungen auf, um mit dem Unterrichtsstoff für die Studenten und mit Nachschlagewerken für die angestellten Ärzte auf dem laufenden zu sein. Für seine Sternwarte in Maragha trägt Nassir ad - Din eine Sammlung von 400.000 Schriften zusammen. Was dem Kalif in Bagdad recht ist, das ist dem kleinsten Fürsten im entferntesten Winkel des Reiches billig. Ein südarabischer Emir von hoher Bildung bringt es auf 100.000 Bände."[2)]

Ist im christlichen Abendland das Lesen und Schreiben auf eine dünne Oberschicht, zumeist die Geistlichkeit, begrenzt - Latein ist die internationale Universitäts- und Kirchensprache einer kleinen Minderheit, ca. 95 % der Bevölkerung sind Analphabeten - so bauen die Araber in den eroberten Ländern nicht nur Moscheen, sondern richten auch überall Schulen ein. In Tausenden der arabischen Dörfer und Städte hocken 6- bis 11jährige Mädchen und Knaben auf kleinen Teppichen und malen mit schwarzer Tinte die Schriftzeichen auf die gewachste Holztafel, buchstabieren die Verse des Korans, singen die Suren auswendig im Chor, dringen in die Grundlagen der Grammatik ein und erlernen die vier Grundrechenarten.

Zur lateinischen Bibel hat nur der Priester Zugang, die lateinischen Predigten werden schon seit 800 vom Volk nicht mehr verstanden, weshalb die Synode von Tours anordnet, in den bäuerlichen Idiomen zu predigen. Den priesterlichen Vermittler zwischen Gläubigen und Gott kennt der Islam nicht. Der Gläubige selbst muß den Koran lesen bzw. auswendig können. Das Wort "Islam" kann mit dem Wort "Unterwerfung" übersetzt werden. Der Gottesbegriff des Islam und die vorgeschriebenen strengen religiösen Rituale sind dem mosaischen Judentum näher als dem christlichen Glauben. Nicht nur die äußerlichen Gebetsformen der beiden Religionen (Islam und Christentum) sind einander fremd, auch die Inhalte der theologischen Dispute und die jeweiligen Dogmen haben gegensätzlichen Charakter.

Selbst wenn der Ausbau der Schulen in erster Linie den Koranschulen galt, und die Vereinheitlichung des religiös-gemeinschaftlichen Lebens einen zentralistischen Herrschaftscharakter hatte, gilt auch hier die Erkenntnis, daß Wissen ("Lesenkönnen") Unabhängigkeit und Freiheit fördert. Mit der Ausbreitung des Islam und seiner Zunahme durch "Übergetretene" in den eroberten Ländern verstärkt sich der Schulbau kontinuierlich. Der Staat bezahlt die Lehrer, in Spanien herrscht Schulgeldfreiheit. Cordoba, die bedeutendste Universitätsstadt Spaniens, hat bereits 80 Schulen, als Al-Hakim II. 965 noch 27 Schulen für die Armen zusätzlich eröffnet. In allen großen Städten entstehen höhere Schulen.

"Die Gymnasiasten wohnen in den oberen Stockwerken bei freier Unterkunft, freier Verpflegung und einem kleinen Taschengeld. In den Kellerräumen liegen die Küchen, Vorratskammern u. Bäder. Zu ebener Erde reihen sich hinter schattigen Säulengängen die Schulzimmer und Bibliotheksräume um den Brunnen des Innenhofes. Hier lernt die hochstrebende arabische Jugend Koran und Traditionen, Grammatik, Philologie, Rhetorik, Literatur, Geschichte, Völkerkunde, Geographie, Logik, Mathematik und Sternkunde. Ein anspruchsvolles Pensum! Durch Fragen und Dispute werden die Schüler an dem Unterricht beteiligt. Hilfslehrer und Repetitoren aus den fortgeschrittenen oder entlassenen Jahrgängen wiederholen mit ihnen den Lehrstoff. Wie ungeheure, summende Bienenstöcke sind diese Internate bestimmt, den Honig der Weisheit aus tausend Blüten der Erkenntnis aufzunehmen. In ihnen wird die geistige und politische Führungsschicht herangebildet. " 3)

Das Wort für Philosophie wird dem Griechischen entlehnt: falsafa. Darunter versteht man ein Denken, das seine Methoden, seinen Inhalt und die Quellen nicht aus dem Islam ableitet. Zwischen dem religiösen Bereich des Islam und dem philosophisch-wissenschaftlichen Bereich der Erkenntnissuche wird eine deutliche Trennlinie gezogen. So können sich die Araber frei von theologischen Fesseln den beobachtbaren Phänomenen der Welt zuwenden. Es entwickeln sich zwei getrennte Geistesströmungen, eine, die dem religiösen Bereich verpflichtet ist und eine andere, die dem profanen Bereich angehört und von der wissenschaftliches Denken, Forschen und Experimentieren ausgehen kann. So werden auch die Gelehrten der Wissenschaft (*falasifa*) von denen der Religion und des Rechts (*ulama*) deutlich unterschieden, obwohl es oft Gelehrte gab, die in beiden Bereichen forschten, was keinen Widerspruch bedeutete.

Die Fragen nach den Gesetzen der Natur, seien sie mathematischer Art, biologisch-medizinischer oder betreffen sie die Gesetze des Sternenhimmels - das arabische Denken forscht durch geduldiges, vorurteilsfreies, unbefangenes Beobachten. Die Erkenntnisse werden akribisch gesammelt, notiert und verbreitet. Alle erreichbaren Bücher werden übersetzt und ausgewertet. Durch die Eroberung Alexandrias fällt den Arabern die berühmteste Bibliothek des Altertums, die der Ptolemäer, in die Hände mit ca. 6.000 Handschriften. Es ist dies fast das gesamte Werk des Aristoteles. Die Werke der Vorsokratiker, Platons, Pythagoras', Galens, Ptolemäus' stehen den Arabern zur Verfügung, bevor sie ins christliche Abendland kommen. Einer der größten arabischen Übersetzer ist Hunain ben Ischaq. Intensiv studiert er Griechisch, Persisch und Arabisch und übersetzt - erst 17jährig - alle erreichbaren griechischen Werke u.a. Galen, Hippokrates und Dioskurides, aber auch Platon, Aristoteles und das griechische Alte Testament ins Arabische.

"Im Gegensatz zu den späteren lateinischen Übersetzern besitzt Hunain auf allen Gebieten ein gediegenes Wissen. Er beherrscht den Stoff seiner Übersetzungen so souverän, daß er es sich erlauben kann, unklare oder schwer verständliche Stellen zu erläutern und sämtliche Schriften mit seinen sachkundigen Einleitungen und Kommentaren zu versehen. Seine Gewissenhaftigkeit geht so weit - wie er selbst berichtet - nach Möglichkeit mindestens drei Handschriften des betreffenden Werkes zu beschaffen, um die Texte zu vergleichen und - wo es nötig ist - verdorbene und fehlende Teile sauber wieder herstellen zu können." ... "So bewahren arabische Gelehrte in ihren Übersetzungen viele antike Werke vor dem totalen Verlust, Schriften, welche die Nachwelt ohne sie niemals kennengelernt hätte: Für die anatomischen Bücher Galens, die Schriften über Mechanik und Mathematik des Heron, Philo und Menelaos, die Optik des Ptolemäus, eine Schrift über das Gleichgewicht von Euklid über die Wasseruhr und über schwimmende Körper von Archimedes. Drei Bücher über die Kegelschnitte von Apollonius rettet Thabid ben Qurra, der große Mathematiker und Arzt, der zusammen mit Hunains begabtem Sohn und seinem Neffen aus des Meisters jahrzentelanger Übersetzerpraxis als der berühmteste seiner mehr als neunzig Schüler hervorgeht." 4)

Das christliche Abendland steht den vorchristlichen Schriften als Schriftgut der Heiden ablehnend gegenüber, alle Erkenntnis kommt aus den Darstellungen und Offenbarungen des Alten und Neuen Testaments, im Einklang damit ist die Welt zu verstehen, sind die kosmischen Gesetze zu erkennen. Dagegen herrscht in der arabischen Welt von Bagdad über Salerno bis Sevilla und Cordoba höchste naturwissenschaftliche Gelehrsamkeit und Gewissenhaftigkeit. Das wissenschaftliche Denken erfaßt systematisch alle Gebiete; in der Medizin z.B. wird der Blutkreislauf beschrieben, eine exakte Darstellung des menschlichen Auges gegeben, Anatomie und Chirurgie werden gelehrt; Botanische Gärten werden angelegt zur

Pflanzenzucht und Beobachtung; Optik, Physik, Mathematik werden in praktischer Anwendung empirisch erforscht; so wird z.B. die Erde nach Meridianen vermessen, der Gelehrte Dschabir beschreibt die Zusammensetzung der Schwefel- und Salpetersäure, und Arzachel baut die erste mechanische Uhr. Die präzisen astronomischen Beobachtungen eines As-Sarqali werden noch 500 Jahre später in Kopernikus Werk über die Bewegung der Himmelskörper (De revolutionibus orbium coelestium) ausführlich zitiert, und bereits im Jahre 1000 nimmt al-Biruni die kopernikanische Wende durch seine Berechnungen vorweg und weist nach, daß die Erde den Tag- u. Nachtwechsel durch ihre Selbstdrehung und ihre Wanderung um die Sonne bewirkt.

Sagte Plato einst: "Im Lernen befreundet sich der Mensch mit den Göttern", so sagten die Araber ganz ähnlich: "Wer nach Wissen strebt, betet Gott an."

Die arabische Sinnesfreude

Neben den Eroberungszügen, in denen sich fanatischer Kampf- und Machtwille offenbart, der religiösen Unterwerfung, die bis ins Rechtsleben wirkt und der geistigen Kraft, die Gesetze der Welt durch Beobachtung und Berechnung, also durch nüchterne intellektuelle Tätigkeit anwenden zu können, steht - scheinbar entgegengesetzt - die ausgeprägte arabische Sinnesfreude. Der Hof des Kalifen war mit einer unfaßbaren Pracht ausgestattet. Wasserspiele, Blumengärten, Tanz- und Dichtkunst und schöne Frauen schmückten den Hof des Kalifen. Aus den arabischen Ländern stammen die kostbaren Gewürze, die die Speisen erst zum Genuß werden lassen. Doch nicht nur der Magen wird verwöhnt, im arabischen Bad wird der Körper gepflegt und mit kostbaren Stoffen eingekleidet. Feiner Kattun und Musselin, schmiegsamer Mohair, hauchzarter Chiffon, eleganter Satin, vornehmer Taft, majestätischer Atlas oder Damast aus Damaskus, schmeichelten den Augen und dem Körper. Die farbenprächtige Welt voller Dichtkunst, Musik und Sinnenfreude: Dieser Zauber des Fremden übte eine starke Anziehung aus, besonders auf die Franken, die Deutschen und die Römer.

Die Betonung des äußeren sinnenhaften Aspekts des Lebens wird auch in den arabischen Märchen deutlich. Handel und Recht spielen eine große Rolle, es überwiegen die "Kaufmannsmärchen". Entwickelt wird zur Lösung der Probleme eine reiche, oft phantastisch-übersteigerte Phantasie. Die Bilder des Wohllebens und der Sinnenfreude tauchen im Islam in der Paradiesvorstellung wieder auf: Hier sind es die weltlichen Freuden, die nun im Übermaß - dem Gerechten und Rechtgläubigen - in der jenseitigen Welt erfüllt werden.

Die geistigen Grundströmungen Europas im Mittelalter

Wollen wir den Hintergrund, auf dem die arabisch-europäische Wissenschaft entstand, und seinen Charakter verstehen, so müssen wir uns die tieferen geistigen Zusammenhänge verdeutlichen.

Wir erinnern uns, daß Mohammed im Jahre 570 geboren wurde. Bereits 529 läßt der christliche Kaiser Ostroms, Justinian I., ein Bauernsohn aus Illyrien, das Lykeion des Aristoteles in Athen - die älteste Universität der Welt - auflösen. Die letzten sieben griechischen Weisen werden vertrieben; sie gehen nach Persien an die Universität von Gondischapur. Griechenland wird christlich. Die logischen und metphysischen Schriften des Aristoteles werden von Theophrastus nach Rom gebracht und ins Lateinische übersetzt, sie sind insbesondere auf die Fragen der menschlichen Erkenntnistätigkeit gerichtet. So fragt die "Metaphysik" nach dem realen (physischen) Sein und wie es gedanklich erfaßt werden kann. Diese Schriften bilden eine der Grundlagen des christlichen Mittelalters. Hierauf fußt die Scholastik der Dominikaner und ihres berühmtesten Vertreters Thomas von Aquin.

Die naturbeschreibenden Schriften des Aristoteles, die nach der Gesetzmäßigkeit der Natur und ihrer Systematik fragen, gelangen in das hellenistische Weltreich des Ostens, werden ins Syrische und Hebräische übersetzt. Sie kommen an den arabischen Hof Harun al Raschids in Bagdad und bilden die Grundlage der arabischen Philosophie und Naturwissenschaft.

Fragen wir nach der Wissenschaftsgeschichte Europas, so können wir sie nur verstehen, wenn wir die kontinuierliche Veränderung des Bewußtseins des Menschen der Welt gegenüber betrachten. Im Universalienstreit des Mittelalters kulminiert diese Frage des Bewußtseins von der Welt. Es geht um die Frage: Haben die Dinge der Welt als solche Seins-Realitäten, oder werden sie durch die willkürliche Benennung ausgewiesen?

Bei Plato waren die Dinge Spiegelungen oder Abschattungen geistiger Realitäten. Diese Realitäten befinden sich in der Welt der Ideen, im Ideenhimmel. Die Dinge selbst sind nach dem Muster dieser Ideen geschaffen und haben somit Teilhabe (methexis) an der Ideenwelt. Das begrifflich Geistige war vor den Dingen: Universalia ante rem hieß das in der abstrahierenden Terminologie der Scholastik.

Für Aristoteles war diese Unterscheidung, diese Abtrennung der Phänomene von den Ideen, nicht akzeptabel. Er sah das Geistig-Begriffliche in den Dingen selbst: Universalia in re. 1500 Jahre später wurde die Auffassung des Aristoteles vehement in unterschiedlichen Kommentaren interpretiert und diskutiert. In der Scholastik kam eine neue Strömung, ein drittes Verhältnis des Begrifflich-Geistigen zur Welt hinzu: Die Begriffe sind weder im Himmel noch in der Natur oder in den Dingen, sondern nur in unserem Bewußtsein. Die Natur als solche steht geist- und begrifflos vor uns. Der Mensch vermag allerdings das Geistige in begrifflicher Form in seinem Bewußtsein aufleben lassen; somit ist das Geistig-

Begriffliche nicht mehr in den Dingen sondern "nach den Dingen": Universalia post rem. An der Frage, sind die Begriffe selbst geistige Realitäten (Realismus) oder sind es willkürliche Benennungen des Menschen für die Dinge der Welt (Nominalismus), entzündete sich der sogenannte Universalienstreit.

Die Nominalisten - prägend war insbesondere Wilhelm von Ockham - setzten sich etwa ab 1300 gegen die Realisten durch. Bewußtseinsmäßig bedeutete das, die Welt in erster Linie als gegenständlich-werkhaft zu erleben und entsprechend mit ihr umgehen zu können.

Wie sah die arabische Philosophie aus? Obwohl die islamischen Theologen einige Anschauungen antiker Denker als unvereinbar mit dem Koran erkannten, wurde der Drang, diese Schriften zu studieren und zu kommentieren, nicht als glaubensfeindlich empfunden. Es herrschte philosophisch die Auffassung vor, daß jede tiefere Erkenntnis etwas Gültiges sei, selbst wenn sie *vor* der vollen Offenbarung gewonnen wurde. So waren für die Muslims Glaube und Vernunft keine prinzipiellen Gegensätze. Die Vernunft wurde insbesondere für Erkenntnisfragen der Welt gegenüber, in der Naturwissenschaft angewendet.[5)]

Betrachtet man die arabische Philosophie des 10. Jahrhunderts, so sind es Al Farubi, dessen Lehrer übrigens ein christlicher Aristoteliker in Bagdad war, Avicenna und später Averroes, die auf der Grundlage des Aristoteles ein eigenständiges Denkgebäude errichteten. Philosophie ist die höchste Tätigkeit des menschlichen Geistes. Sie ist allumfassend und steht über der Religion, aus der zwar die Offenbarungen kommen, die jedoch nicht die Geisterkenntnis des Menschen fesseln können. Es gebe zwar eine wahre Philosophie, aber keine umfassende Religion verbindlich für alle Völker. Al Farubi entwickelt eine Hierarchie von 10 Graden der reinen Intelligenzen. An der Spitze steht das Eine (neuplatonisch), die Erste Ursache (aristotelisch), der selbstdenkende Intellekt, Geist oder auch Allah. Die Schöpfung selbst ist ewig, ohne Beginn und Ende. Ähnlich wie in Platons "Staat" sollte der Herrscher Philosoph, möglichst zugleich Prophet sein. Die theoretischen Kenntnisse für die Organisation des Staates würde durch die Philosophie entsprechend dem Modell der Hierarchie des Seins (der Intelligenzen) gewonnen werden. Der aus Persien stammende Avicenna, naturwissenschaftlich und medizinisch geschult, steht gleichfalls in der Nachfolge des Aristoteles. Er unterteilt die Philosophie in die theoretische Philosophie (Physik, Mathematik und Theologie) und die praktische Philosophie (Ethik, Ökonomie und Politik). In seiner Unterscheidung von Essenz und Existenz ist die Essenz der Existenz vorgeordnet und enthält die Vorstellung, daß die Existenz von möglichen Seienden (Dinge, die zum Sein kommen und wieder vergehen) die Existenz eines absolut notwendigen Seienden impliziert. Da es das erste, die Essenz, gibt, folgert daraus auch die absolut notwendige Essenz, Gott.

Gott selbst unterliegt keiner Zeitenfolge, er ist unveränderlich und übersteigt die Zeit; er kann nicht Schöpfer geworden sein, das absolut notwendige Sein muß sich ewig mitteilen. Die hierarchische Reihe von abgetrennten Intelligenzen, Wesen zwischen Gott und materieller Welt, sind anders als Gott selbst; zwischen ihnen ist der Unterschied von Essenz und Existenz - und damit Entstehen und Vergehen - gegeben, bei Gott nicht. Die zehnte (letzte) Form der Intelligenz gibt der Materie ihre Formen als Potentialität; so kann die Materie im Individuationsprinzip in ihrer Vielfältigkeit gestaltet werden.

Avicennas Universum ist kausal-logisch aufgebaut und deterministisch. In diesem Aufbau findet auch der Mensch seinen festgelegten Platz und somit nur eine eingeschränkte Freiheit.

Der bedeutendste Philosoph des islamischen Westens (Spanien) war Averoes (1126-1198); als ausführlicher Kommentator der aristotelischen Werke beeinflußte er nachhaltig die mittelalterliche Philosophie. Nach ihm repräsentiert Gott als Schöpfer die Einheit des Alls, er wirkt in allem Geschaffenen während der Dauer ihrer Existenz, er schafft die Dinge, indem er sie weiß; im Unterschied zum Menschen, der die Dinge erst nach ihrer Existenz weiß, ist Gottes Wissen produktiv-schöpferisch, ist schöpferisches Denken und führt zum schaffenden Wollen. Insbesondere erregte Averroes' Kommentierung des Buches "De anima" des Aristoteles die christlichen Theologen. Hier geht es um eine differenzierte Sichtweise des Intellekts als umfassende Seinsqualität und um seine Wirksamkeit. Obwohl sein Wesen allgemein ist, wird er - bezogen auf einen einzelnen Menschen - in jeweils eigener Art aktualisiert und zum erworbenen Intellekt. So ist der Intellekt individualisiert, nimmt aber, soweit er ewige Wahrheiten begreift, universalen Charakter an; dieser Anteil ist somit auch unsterblich. Dieses wird jedoch nicht unter persönlicher Unsterblichkeit verstanden und führte, da nach christlicher Lehre die persönliche Unsterblichkeit Grundbestandteil der Lehre ist, zu erheblicher Kritik bei den christlichen Denkern. Beziehen wir die arabische Philosophie und die angewandte Wissenschaft auf den Universalienstreit, die Auseinandersetzung zwischen Realisten und Nominalisten, so sind die Araber philosophisch gesehen Realisten, in der Vorgehensweise zur wissenschaftlichen Erkenntnisgewinnung und -anwendung jedoch Nominalisten.

In der arabischen Wissenschaft wird das Gegenständlich-Werkhafte der Welt gegenüber entfaltet und entwickelt. So entstehen durch die Araber die Naturwissenschaften; alles durch die Sinne Erfahrbare und durch das Denken Erklärbare wird erforscht und für die konkrete Gestaltung und Veränderung der materiell gefügten Welt verwendet.

Im Christentum werden dagegen noch bis ins 14. Jahrhundert die kontemplativen Kräfte der Seele entwickelt und das Denken in der Erkenntnis und Interpretation der göttlichen Offenbarungen geschult. Als deutliches Beispiel kann hierzu die Schule von Chartres, die ihre Hochblüte im 12. Jahrhundert hatte, dienen, an der die sieben freien Künste gelehrt werden (Arithmetik, Geometrie, Astronomie, Musik, Didaktik, Rhetorik und Grammatik). Seien es die Schriften von Alanus ab Insulis oder der Mystiker wie Hildegard von Bingen oder Meister Eckardt, sei es die mittelalterliche Malerei oder Architektur: die innige seelische Hinwendung zu Göttlich-Geistigem wird in diesen Bereichen deutlich.

Arabisches Denken ist dagegen reines Verstandesdenken. In der Philosophie wird besonders die Logik gepflegt. Der theologische Gottesbegriff ist ähnlich abstrakt wie der jüdische, Gottesabbildungen sind verboten, so daß keine islamische Malerei und Plastik entsteht. Statt dessen finden wir die Kirchen ausgeschmückt mit vielfältigen Verzierungen und Arabesken. Dieses sind Linienführungen, die wieder in sich selbst zurückkehren und ein dekoratives, sich wiederholendes Element haben. Die Architektur selbst - vergleicht man sie mit der nachfolgenden christlichen Gotik - weist gleichfalls den charakteristischen Spitzbogen auf, aber er hat eine deutlich andere Form und Wirkung. Entweder ist er durch Stumpfwinkligkeit gestaucht oder nimmt die Vertikale deutlich in seine Gestaltung auf; dadurch entsteht das Erlebnis des Abgeschlossenseins, das durch die Einräumigkeit der Moscheen noch verstärkt wird und einen auffälligen Gegensatz zur Gotik bildet. Die gotischen Kathedralen betonen die lichte Höhe, die Überwindung der Materie; die islamischen Moscheen die Verdichtung, die Bejahung des Festgefügten.

Stand im Zentrum des wissenschaftlichen Forschens der Griechen die Absicht, das Wesen der Dinge und des Seins zu ergründen - und die Schule von Chartres knüpft an dieses Denken aus den Kräften der Intuition an - , so sind es die Araber, die das griechische wissenschaftliche Erbe in einer Richtung weiterentwickeln, die zwar bei Aristoteles anklingt, aber erst jetzt ihre eigentliche wissenschaftliche Umsetzung erfährt. Es ist die empirische experimentelle Forschung geprägt vom logischen Denken und von der induktiven Wissenschaftsmethode. Setzt die griechische Philosophie im Denken über die Weltzusammenhänge an, so konzentriert sich das arabische Denken auf die mögliche Anwendung der Welterscheinungen. Im geduldigen Beobachten werden die Welttatsachen in ihren erkennbaren gesetzmäßigen Zusammenhängen erforscht, überprüft, experimentell nachvollzogen und in der Praxis angewandt. Keinerlei Dogma oder Tabu engt das Forschen ein. Arabische Forscher sind es z.B., die im Medizinstudium Leichen sezieren und die erste künstliche Besamung bei Rindern vornehmen. So sind es insbesondere die Naturwissenschaften, die in allen Bereichen geduldig und mit bisher nicht bekannter Präzision entwickelt werden. Besonders deutlich wird dies bei den Erkenntnissen in der Astronomie, der Mathematik und der Medizin. Die entsprechenden Lehrbücher und Lehrsätze bilden mit die Grundlage unseres heutigen neuzeitlichen Denkens.

In unserer wissenschaftlichen Tradition wird über das arabische Erbe weitgehend hinweggesehen. Dabei sind es die arabischen Gelehrten, die vom 9. Jahrhundert an die Schriften des Aristoteles übersetzten und kommentierten. Erst um 1220 waren dann fast sämtliche aristotelischen Schriften aus dem Arabischen ins Lateinische übersetzt worden, und erst später erfolgten die Übersetzungen aus dem griechischen Urtext. Unter dem Einfluß der arabischen Philosophie, ihrer Denkschulung und ihrer logischen Systeme entfaltete sich die Scholastik des Mittelalters; in scharfen präzisen Begriffen wurde der Inhalt der geistigen Offenbarung früherer Zeiten gedanklich erarbeitet. So wurde in der Scholastik das begriffliche Denken des Abendlandes ausgebildet, das als notwendiger Schritt zur Weiterentwicklung des wissenschaftlichen Denkens folgte und zur theoretischen Durchdringung der Erkenntnisse führte, ja mitunter Theoriebildung methodisch den Beobachtungen vorausgehen läßt. 6)

Die Fortführung, Intensivierung und Anwendung der Naturwissenschaften durch die Araber wurde bereits dargestellt. So sind sie auch als die geistigen Väter des Kopernikus, Galilei und Kepler zu sehen. Die Bedeutung der arabischen Philosophie trat im 12. Jahrhundert zurück, die naturwissenschaftliche Wirksamkeit blieb bis in die nächsten Jahrhunderte bestehen, noch 1572 erscheint in Deutschland ein Standardwerk über die Optik, das eine arabische Übersetzung ist, und das medizinische Lehrgebäude ist gleichfalls bis ins 17. Jahrhundert arabisch.

Kritik und Ausblick

Das Denken und Empfinden des Abendlandes bekommt durch die arabische Denkweise einen entscheidenden Impuls.

Die Betonung des Verstandesdenkens und der Logik, die Konzentration auf die äußeren Gesetzmäßigkeiten bis hin zur Erklärung der Zusammenhänge auf einer kausal-mechanistischen Grundlage, dies kennzeichnet arabisch-wissenschaftliches Denken. Dennoch ist diese Einseitigkeit des Erkenntnisprozesses eingebettet in ein umfassendes Weltverständnis.

Die gesamte mittelalterliche Wissenschaft, sei es die arabisch-scholastische oder die christlich-scholastische, beruhte auf Vernunft und Glauben zugleich. Die Welt wurde als ein sinnvoll geordneter, belebter Gesamtorganismus betrachtet: Geist und Materie standen in einem unlösbaren Zusammenhang, doch wurde in der angewandten (arabischen) Wissenschaft die Materie wie vom Geist abgetrennt untersucht und nutzbar gemacht.

Der eigentliche Paradigmenwechsel zur Neuzeit begann erst mit Descartes, Galilei und Newton. Das wissenschaftliche Denken der Neuzeit will seitdem die allgemeine naturwissenschaftliche Gesetzlichkeit im theoretischen Systemzusammenhang (Theoriebildung) erfassen und verfügbar machen. Nicht die beobachtbaren Phänomene sind maßgebend, sondern die theoretische Beweisführung und das Denken in Modellen. Dazu gehören Analyse und Experiment. Man will die Welt (solange) zerlegen, bis man etwas entdeckt. Auf experimentellem Wege werden ihre Gesetzmäßigkeiten erforscht und in mathematischen Formeln ausgedrückt. Die moderne Technologie hat diese Analysemethode durch Elektronenmikroskopie und Teilchenbeschleuniger erheblich steigern können.

In den letzten 400 Jahren hat diese wissenschaftliche Grundlagenforschung und Anwendung unsere gesellschaftliche Entwicklung zunehmend geprägt und beherrscht mit ihrer naturwissenschaftlichen Methode gleichfalls die Sozial- und Gesellschaftswissenschaften. Das analytische Zerlegen der Wirklichkeit bis zu ihrer Zerstörung auf der Suche nach ihren letzten Bausteinen ist erkenntnistheoretisch in eine Sackgasse geraten. Die Hoffnung, über immer kleinere Einheiten durch immer exaktere Methoden immer mehr "aussagen" zu können, hat sich als widersprüchlich, wenn nicht gar als falsch erwiesen.

Im gesellschaftlichen Werte- und Normenverständnis hat bereits seit einer Generation wiederum ein grundlegender Paradigmenwechsel eingesetzt, in der Wissenschaft ist er gleichfalls ansatzweise zu erkennen.[7)]

Das "neue" Denken und methodische Vorgehen scheint in folgendem zu liegen: Das Verhältnis von Materie-Geist wird neu befragt, die Weltbetrachtung unter dem monokausalen Aspekt des Ursache-Wirkung-Schemas wird erweitert durch das Studium der Phänomene selbst in ihren komplex verflochtenen, wechselseitigen Gesamtzusammenhängen. Die scheinbare Objektivität des Forschers beginnt sich zu wandeln und wird zugunsten einer *erkennbaren* Beteiligung am Forschungsprozeß verdeutlicht. So wird man Einzelerkenntnisse, die man durch die Konzentration auf ein Einzelphänomen (z.B. Blütenbildung und Fruchtfolge an einem Obstbaum) weder von der Fragestellung (Artenvergleich? Obstveredelung? Ertragssteigerung?) noch von dem Gesamtzusammenhang trennen (Begriff Baum: Was gehört dazu? Dies könnte bis zur Bedeutung des Baumes in Kultur und Mythos erweitert werden - bis hin zum Artenzusammenhang und ökologischen Zusammenhängen).

Der Mensch, der Forscher wird ein neues Verhältnis zur Welt aufbauen müssen. Distanzieren, zerlegen, zerstören, beherrschen: das sind die Formen unseres (wissenschaftlichen) Umgangs mit der Welt. Zusammenfügen, Beziehungen bilden, Sinnzusammenhänge erkennen, kooperieren sind neue Bewußtseins- und Lebensformen. "Die moderne Wissenschaft ist im spezifischen Kontext des europäischen 17. Jahrhunderts entstanden. Wir nähern uns nun dem Ende des 20. Jahrhunderts, und es scheint, daß die Wissenschaft eine universale Botschaft enthält, eine Botschaft, bei der es um die Wechselwirkung zwischen Mensch und Natur und die Wechselwirkung zwischen Mensch und Mensch geht." [8)]

Anmerkungen

1) Watt 1989,11

2) Hunke 1989,214

3) ebenda, 220f.

4) ebenda, 213f.

5) So lehrte Al Kindi in Bagdad um 850 als erster bedeutender arabischer Philosoph. Sein neuplatonischer Aristotelismus lehrte die Harmonie von Offenbarung und Vernunft, die Philosophie steht nicht im Gegensatz zum Koran, sondern wird durch ihn inspiriert und ist ihm in der Wahrheitsfrage untergeordnet. Erst im 10. Jahrhundert löst sich die arabische Philosophie vom Koran.

6) Diese Art der Theoriebildung, die von der Willkür des Forschers mitgeprägt wird, läßt sich an Galilei aufzeigen , vgl. Huschke-Rhein 1989, Band I,133 ff

7) Kuhn 177; Weizsäcker 1982; Huschke-Rhein 1989

8) Prigogine/Stengers 1981,12

Literatur

Capra, F.: Wendezeit. Bern 1982,

Claude, C.: Fischer Weltgeschichte: Der Islam I. Frankfurt 1968

Copleston, F.C.: Geschichte der Philosophie im Mittelalter. München 1976

Dietz, K.-M.: Die Suche nach Wirklichkeit. Stuttgart 1988

Frieling, R.: Christentum u. Islam. Frankfurt/M. 1981

Heyer, K.: Das Wunder von Chartres. Stuttgart 1982

Hunke, S.: Allahs Sonne über dem Abendland, Stuttgart 1989

Huschke-Rhein, R.: Systemische Pädagogik. Bd.I-IV, Bonn 1989

Kuhn, T.S.: Die Entstehung des Neuen. Frankfurt 1977

Pohl, J. (Hrsg.): Die Welt des Islam. Dornach 1989

Prigogine,I./Stengers,I.: Dialog mit der Natur. Neue Wege des naturwissenschaftlichen Denkens. München 1981

Richter, G.: Ideen zur Kunstgeschichte. Stuttgart 1982

Watt, W.M.: Der Einfluß des Islam auf das europäische Mittelalter. Berlin 1989

Weizsäcker, C.F.: Der Garten des Menschen. Frankfurt 1982

II.

DIE "ANDERE SEITE" ALS BEDROHUNG

Verteidigung der eigenen Identität

Wandlungen des "Wir-Gefühls" am Beispiel des Nationalismus

Reinhard Blomert

Vorüberlegungen

Dürfen wir nicht wieder stolz sein auf unser Land? Sind nicht die Franzosen, sind nicht die Engländer stolz auf ihre Nation, warum dürfen wir das denn nicht?

Mit solchen Fragen wird man heute immer wieder konfrontiert, im Gespräch oder in Leserbriefspalten der Zeitungen. Es sind Fragen, die zumeist von Älteren stammen, Fragen, für die die Jüngeren kaum Verständnis haben. *Stolz? Auf was denn?* fragen sie zurück, *auf das Dritte Reich vielleicht?* Und diese Dispute enden dann selten in gegenseitigem Verständnis.

Dabei denken diese Frager kaum an das Dritte Reich als politische Ordnung unseres Landes. Für sie ist der Nationalismus ein überzeitlicher Wert, der ihnen eine Selbstverständlichkeit ist, Teil ihrer Person, ihres Denkens und Fühlens.

Es ist heute nicht mehr recht vorstellbar, "was Nationalgeschichte in kaiserlichen Zeiten einmal war", schreibt Katharina Rutschky und berichtet: "Als eine englische Expertin Anfang des Jahrhunderts den Geschichtsunterricht an deutschen Mädchenschulen untersuchte - er war in England generell unüblich - stellte sie sich nach dem Besuch einiger hundert Unterrichtsstunden die Frage, ob der erfreulich lebendige Eindruck und die guten Ergebnisse auch mit weniger Chauvinismus und mehr Objektivität zu erreichen gewesen wären. Sie verneint die Frage:'For it seemed as though, in the effort after it, one must sacrifice light and warmth and the joy of hero-worship.'"[1)]

Heldenverehrung und Nationalismus entsprechen nicht wissenschaftlichen Objektivitätsanforderungen, aber kaum je ist das Objektive einer erlernten Sache das nachhaltig Prägende, sondern die Vermittlungsweise in ihrer emotionalen Qualität.

Emotionale Färbung aller Wahrnehmung

Freud hat die menschliche Psyche eingeteilt in die drei Bereiche des Es, des Ich und des Über-Ich. Das Ich steht dabei für die eigenen Interessen des Menschen, die nur für ihn persönlich in seiner besonderen Lage von Vorteil sind. Das Über-Ich dagegen vertritt die Forderungen der Umwelt, der Gruppe, der Familie in der man lebt. Es entwickelt sich aus den naturwüchsigen Abhängigkeiten der Kinder von ihren Eltern, oder, wie Freud sagt, aus der Imago der Eltern. Das Es schließlich bildet das Triebreservoir des Menschen. Es ist so etwas wie das Unterfutter, das Reservoir der Gefühle, und es wäre falsch, dieses Es als einen vollständig von den beiden anderen getrennten Bereich zu sehen: Vielmehr sind die Bereiche von Ich und Über-Ich gewissermaßen dafür zuständig, daß die Anforderungen des Es, die Triebe, also die leiblichen Bedürfnisse des Menschen in irgendeiner Form umgesetzt werden. So erscheinen alle menschlichen Wahrnehmungen stets im Lichte der Möglichkeiten der Triebbefriedigung, oder, wie Freud es ausgedrückt hat, was wir wahrnehmen, was wir tun, was wir uns vornehmen, ist stets "besetzt" von Lust- oder Unlustgefühlen.

Natürliche organische Verbundenheit mit der Welt

Freud hatte jedoch ein isoliertes Bild vom Menschen. Für ihn war der Mensch vor der Gesellschaft da, und der Einzelne hatte gewissermaßen seinen Tribut an die Gesellschaft zu leisten, da er nur in Gesellschaft seine Triebe, den Hunger und die Liebe, befriedigen kann. Es ist umgekehrt: Jeder Mensch wird hineingeboren in eine Gruppe, die Teil einer Gesellschaft ist. Er wächst auf unter den besonderen Bedingungen seiner Umwelt, lernt deren Sprache, deren Umgangsformen, deren Formen der Triebbefriedigung, ohne sich darüber besonders Gedanken machen zu können - er ist stets das Produkt seiner Gesellschaft und seiner Zeit, ob er will oder nicht. Diese Erkenntnis hat auch in der Psychoanalyse langsam Fuß gefaßt, wobei die in England entwickelte Gruppenanalyse schon sehr früh entdeckte, daß das Individuum Glied in einer langen Kette, in einem "Netzwerk von Interaktionen ist" und sich im Grunde "jede Psychologie zur Sozialpsychologie" entwickeln müßte. Die Gruppenanalyse geht sogar so weit, den "Boden aller wirksamen Beziehungen" in der Gruppe als eine Art "Matrix" und in ihr eine selbständige Ganzheit zu sehen. Die Gruppenmatrix ist in dieser Betrachtung das Zentrum dessen, worauf sich ein Mensch bezieht: Er empfindet sich nicht als autonom, sondern als Teil dieser Matrix. Daraus schöpft er sein "Wir-Gefühl", wie Elias sagt, ein Gefühl, das die Orientierung in der Welt ermöglicht und das abhängig ist von der Eigensicht der Gruppe sowie der Außenbewertung durch andere Gruppen und vom allgemeinen Rang und Status dieser Gruppe in der Gesellschaft. Jede Gruppe hat ihre eigenen Symbole und Werte, ihre Traditionen und Überlieferungen, die mehr oder weniger fixiert sind, je nach dem Alter der Gruppe und nach Konjunktur und äußerer Bewertung der Leistungen der Gruppe in der Gesellschaft. Mit steigender Komplexität der Gesellschaften nimmt allgemein auch die Anzahl der Gruppen, denen ein Mensch angehört, zu. Dabei spielen zunehmend die Generationsunterschiede eine Rolle, welche die Lebensmittelpunkte in anderen Bereichen festlegen.

Selbstbewußtsein und Gruppenbewußtsein

In Philosophie und Sozialwissenschaften hat man diese Elemente der menschlichen Natur vielfach vernachlässigt, man hat von "Vernunft" oder "Unvernunft" gesprochen, von Rationalität oder Irrationalität. Aber es ist gerade sehr erhellend, wenn man das menschliche Handeln nicht allein von logischen Gesichtspunkt aus beurteilt, sondern zugleich mit einem Verständnis für die unbewußten Motive und Antriebe, die es beseelen.

Das Ich-Bewußtsein ist abhängig vom "Wir-Bewußtsein", also von der jeweiligen Lagerung der Zugehörigkeitsgruppe innerhalb einer Gesellschaft und der Position, die der Einzelne in ihr wahrnimmt. Karl Mannheim sagt etwas, was noch immer trotz der weiten Verbreitung des Wissens von der Psychoanalyse wie eine Provokation wirkt:

"Streng genommen ist es in der Tat ungenau, wenn man sagt, daß das einzelne Individuum denkt. Korrekter wäre der Hinweis, daß es bloß daran teilnimmt, das weiterzudenken, was andere Menschen vor ihm gedacht haben. ... Jedes Individuum ist daher durch die Tatsache, daß es in der Gesellschaft aufwächst, in einem zweifachen Sinne prädeterminiert: es findet eine fertige Situation vor und in diesem Sinne findet es vorgeformte Denk- und Verhaltensmodelle vor."[2)]

Der Mensch wächst auf und erlebt die Welt stets aus der Perspektive, die er erfährt: Das irdische Dasein ist gebunden an die konkreten Bedingungen des Lebens, die es prägen. So wird dem Menschen bereits von Kindheit durch das Zusammenleben mit seinen Mitmenschen gewissermaßen seine Ausstattung für das Leben als Erwachsener vermittelt: Ein Kind, das unter vielen anderen in einem Arbeiterhaushalt aufwächst, bekommt eine andere erzieherische Ausstattung als ein Kind, das in einer vielköpfigen Bauernfamilie oder als Einzelkind in einer Familie von hohem Beamtenstatus aufwächst: Die Unterschiede zeigen sich in Haltung und Weltsicht, in den Empfindlichkeiten und im Verhalten gegenüber Menschen anderer Schichten. Die Weltsicht wird jedes Mal notwendig eine andere sein. Und sie wird weiterhin eine andere sein, ob wir diese Familien uns in England, Frankreich, Deutschland oder in Ghana, Algerien oder Argentinien vorstellen.

Heimat - Patriotismus

Das erste Bezugsfeld im Leben von Menschen ist seine Heimat. Sternberger hat anschaulich darüber geschrieben:

"Jedermann, wenn er nicht von Nomaden abstammt, ist an bestimmtem Ort geboren, im Dorf, im Gebirge oder im Tal, am Bach, am Strom, am See - oder auch in der Stadt, am Markt, an der Brücke, bei der Kirche oder am Hafen, im Ostend - wo auch immer ... Die Zeichen der Kindheit - unter dem Schutz und Regiment der Eltern, der Mutter und des Vaters - bewahrt ein jeder in seinem Sinn, mag er sie nun zur Betrachtung hervorholen, gar besingen - wie es das Volkslied tut , oder mögen sie schlummern und sich bloß seinem Mundwerk und Gehaben für alle Lebenszeit mitteilen, mögen sie zur Pietät vor Augen oder nur an der Stirn geschrieben stehen. 'Dich mein stilles Tal, grüß ich tausendmal', oder 'Wo

wir uns finden, wohl unter Linden zur Abendzeit' - die langgedehnten, im Sehnen schwelgenden Weisen solcher fast verschollener Gesänge muten uns wie Bänder an, die den auswärts, in der Fremde Bediensteten an die Heimat knüpfen und woran auch er selber sich hält, um sich nicht zu verlieren, sein Eigentümliches im Gefühl zu bewahren. ... Wer sich nicht erinnert, ist auch nicht gegenwärtig, nicht präsent.

'Heimat ist, wovon wir ausgehen', sagt T.S.Eliot.Mehr ist Heimat nicht. Aber das ist auch schon viel, denn die Spur des Ausgangs ist unverwischbar."[3)]

Wir haben eine Vielzahl von Liedern, die den Abschied des Wanderburschen von seiner Heimat und seinem Liebchen besingen, ein falscher Schmerz liegt darin, denn stets ist er fröhlich dabei ("Wenns regnet rote Rosen, komm' ich zurück, mein Schatz -") - oder Lieder von Auswanderern, die echte Abschiedswehmut ausdrücken ("Drum schlag ich Frankfurt aus dem Sinn, und wende mich, Gott weiß wohin"). Aber hier bleibt die Welt weiter bestehen, die man aus bestimmten Gründen verläßt, sie verändert ihr Gesicht kaum, es sei denn durch Naturunglück.

Die alltägliche Beweglichkeit gilt erst für die für unser Zeitalter typische urbane Lebensweise. Die Bodenständigkeit gehörte dem vorherigen Zeitalter an - der Bauer, der Handwerker, der Diener hatte dort zu bleiben, wo er hingehörte, kam höchstens zu Kriegszeiten, etwa als Legionär und bei Unruhen fort, kam zum Markt oder ging zu Hochzeiten in andere Orte, machte Wallfahrten, oder suchte sich als Wanderbursche woanders einen Meister. Doch blieb der Boden und die "Heimat" das Bezugsfeld und die Grenze des Horizonts im Denken und im Weltbild. Doch erst deren Verlust macht sie zum Ort der Sehnsucht: Nirgends ist die Heimat so schön wie im Lied. Die Bilder der Heimat, die man heute in den Haushalten von Gastarbeiterfamilien findet, spiegeln die Sehnsucht wieder, eine Sehnsucht nach der verlorenen Überschaubarkeit, erkennbaren Ordnung und Vertrautheit.

Gesellschaftliche Institutionen der Sinnvermittlung

Jede Gesellschaft hat ihre Institutionen, die Sinn stiften, pädagogische Schemata, Religionseinrichtungen etc. Hier werden Erfahrungen gesellschaftlich vorgeformt, etwa beim Militär, in der Schule, in den Kirchen, bei Pfadfindern oder Jugendgruppen, hier machen die Menschen persönliche Erfahrungen, die dem Einzelnen seine Wertorientierung geben.

Besonders in kritischen Momenten, bei Arbeitslosigkeit, Krankheit oder in ähnlichen Situationen sind diese Wertegemeinschaften gefragt. Aber auch gesamtgesellschaftliche Krisen, etwa der Weltkrieg, wurden als persönliche Krisen erfahren, da sie so gut wie jeden in seinem persönlichen Lebensbereich betrafen. Und die Verarbeitung dieser Erfahrungen fand öffentlich statt, es gab gesellschaftliche Vorgaben, der Einzelne wurde nicht allein gelassen: Literatur, politisch-gesellschaftliche Mythen und religiöse Gefühlsverarbeitung erleichtern den Menschen ihre Orientierung und lassen ihn, wenn er sich trösten lassen will oder Unterstützung für seine Sinnfragen sucht, nicht allein. Trotz dieser allgemeinen Unterstützung für die seelische und geistige Orientierung, die gesellschaftliche Gruppen ihren Mitgliedern bieten, gibt es natürlich immer wieder Konversionen und Umschwünge von Werthaltungen, die nicht aufgefangen werden können. Insbesondere bei rein persönlichen Krisen, wie der Reifungskrise, in der nach dem Sinn des Lebens gefragt wird, oder bei Erfahrungen wie Liebe, Tod, Krankheit etc. sind Eltern oder Erzieher, Betreuer oder Seelsorger oft nicht in der Lage, die Betroffenen gesellschaftlich aufzufangen. *Jahrgangsgruppen*, die sich in der Phase der Jugend herausbilden, können unter solchen Bedingungen eine wichtige Rolle spielen und haben oft ein Leben lang Bestand, - man denke etwa an die Mitglieder der jugendbewegten Wandervogelgruppen. Die einzelnen Mitglieder stoßen aus ganz unterschiedlichen Motiven heraus zur Gruppe, aber das Gemeinschaftserlebnis in der Gruppe im Verhältnis zur Gesellschaft, also die Erfahrung: hier gehöre ich dazu, hier wird nach mir gefragt, verhilft zu einem Gefühl der Zugehörigkeit, der Identifizierung, das lebenslang aufrechterhalten werden kann.

Die Gruppensolidarität erleichtert das Überstehen von Konflikten, wordurch im Individuum eine moralische Bindung ersteht, welche die Loyalität zur Gruppe festigt und prägt: Ein anderes wird nicht mehr gesucht, das Weltbild zentriert sich und schließt sich ab, es entsteht ein eindeutiges Außen und Innen.

Die Verschiedenheit der Lebenswege der Mitglieder, Heirat, Arbeitsaufnahme und Zugehörigkeit zu einer neuen Kleingruppe fördern die Lockerung und das praktische Auseinanderleben der Gruppen, ohne daß die Haltungen aufgegeben werden. Die Kleingruppe ist von den persönlichen Qualitäten ihrer Mitglieder naturgemäß tiefgreifender geprägt als Großgruppen und Institutionen - wie sie ebenso ihre Mitglieder tiefgreifender prägt als jene.

Die Übernahme von Standpunkten und Perspektiven

Die Einheit der Gruppe enthebt das Individuum von seiner individuellen Verantwortung insbesondere in Fällen, wo die Individualität nicht sehr stark entwickelt ist, oder, anders ausgedrückt, wo die Position in der Gruppe selbst nicht aktive Auseinandersetzungen und Ringen um Positionen verlangt. Wir finden diese "Übertragungs"-Mechanismen bei der Kommunistischen Partei, wenn sie als "Mutter" (vgl. den Begriff "Matrix"!) beschrieben wird, die alle Sorgen auffängt, die dem Individuum die Hoffnung und das Vertrauen auf die Zukunft verspricht. Das Prinzip der allumfassenden Organisierung der Mitglieder in allen Lebenslagen, in Sportvereinen, Massenorganisationen und Sympathisantengruppen, kennzeichnete ja früher alle Parteien, und nur die SED in der DDR hat es bis zum Schluß beibehalten. Wir finden dies mütterliche Prinzip ebenso bei der katholischen Kirche, und wie im Gleichnis vom verlorenen Sohn wird dort niemand mit größerer Freude aufgenommen als derjenige, der "in den Schoß der Kirche" zurückkehrt.

Durch die Gruppensolidarität wird die Einheit mit der Gruppe höher gestellt als die individuelle Verantwortung, wenn die Individualität nicht in besonderem Maße ausgeprägt ist oder die Gewissensbildung nicht an Konflikten bewußt geschult worden ist. Das Aufgehen des Individuums in der Gruppe bedeutet auch, daß das Selbstbewußtsein im Wir-Gefühl aufgeht und dann unter dem Gruppenzwang seine Eigeninteressen vernachlässigt werden. Je weniger gesellschaftliche Bindung jemand besitzt, je weniger einer zu verlieren hat, desto eher ist seine Bereitschaft zu erwarten, sich einer Idee zu opfern. Darauf baut die Rekrutierung von Orden ebenso auf, wie die Arbeit jeder "Jugendsekte".

Insbesondere die gebotenen Ganzheitsorientierungen entlasten das Individuum von allen persönlichen Entscheidungen. Und hat man einmal zu einer solchen Organisation und ihrer geistigen Orientierung gefunden, werden alle Schritte des Lebens vereinfacht, da die Orientierungsgruppe den klaren Rahmen vorschreibt, besonders wenn die Erziehung der Mitglieder von Gruppen auf gemeinsame Helden und Ideale ausgerichtet ist. Darin liegen wichtige Gründe für den Rang und die gesellschaftliche Stärke einer Gruppe.

Das Zusammengehen des Einzelnen mit dem Gruppengeist erzeugt eine Bereitschaft zu gemeinsamem Handeln und gemeinsamer Haltung : Da sind die Gemeinschaftsaufgaben, die Pflichten und schließlich die immer wieder geforderten "Opfer", "Opfer im Dienste der Gemeinschaft", die ja gerade im Krieg von den Soldaten wie selbstverständlich gefordert wurden, die aber auch etwa im Dienste einer Partei oder eines Ordens dem Einzelnen abverlangt werden. Bert Brecht hat darüber sein berühmtes Stück "Die Maßnahme" geschrieben.

Innen und Außen – Allgemeine Folgen beim Wechsel der Gruppenzugehörigkeit

Die Gruppe gibt dem sich schwach fühlenden Individuum Stärke, aber sie kann das Individuum auch vor unüberwindbare Probleme stellen: Gruppen erzeugen, je fester sie sich um den Einzelnen schließen, ein Innen und ein Außen. Dadurch ergeben sich im Konfliktfall die bekannten Phänomene des Überläufers oder des Verräters (vgl. dazu etwa Margret Boveri, "Verrat im zwanzigsten Jahrhundert") oder neuerdings des "Wendehalses".

Das läßt sich hier leider nicht vertiefen. Aber in allen Formen des Nationalismus treffen wir auf diese Phänomene; das unterscheidet den Nationalismus von der Vaterlandsliebe und graduell auch vom "Patriotismus".

Wer seine Schicht oder Zugehörigkeitsgruppe als Einzelner verläßt, verläßt auch seine Sicherheiten und die Selbstverständlichkeiten, die er im Umgang mit seinesgleichen fühlte. Die Abwanderung vom Lande, insbesondere in den Jahren um die Jahrhundertwende und noch bis in die zwanziger Jahre hinein, brachte den betroffenen Menschen große Veränderungen in ihrem Lebensgefühl, die Erfahrung eines Bruchs mit Traditionen und menschlichen Beziehungsformen: Als Empfindung von Alleinsein, Isolation und Gefühlskälte im Leben der Großstadt spiegelt sich dies zum Beispiel in der Kunstrichtung des Expressionismus wieder.

Schicksale von Gruppen und Wir-Gefühlen

Mit steigender Komplexität der Gesellschaften nimmt allgemein die Anzahl der Gruppen, denen ein Mensch angehört, zu. Diese Gruppen sind nicht immer starre Gebilde, sondern ihre Grenzen und ihre Bedeutung in der Gesellschaft können sich rapide wandeln: Aufstieg oder Abstieg einer Gruppe und zunehmende oder abnehmende Anerkennung von außen lösen dann entsprechende Veränderungen der Wir-Gefühle aus: bestätigende Gefühle, auch solche der Macht beim Aufstieg der Gruppe, und Krisen und Angstgefühle beim gesellschaftlichen Abstieg der Gruppe. Während beim gesellschaftlichen Abstieg einer Gruppe die Reaktionen von Untergangsstimmung über Ergebenheit bis zu Kampfstimmung reichen können - all das konnte man etwa bei der Stillegung von Zechen im Ruhrgebiet verfolgen -, führt der Aufstieg einer Gruppe zu gesellschaftlich höherem Ansehen und größerer Beachtung und mehr Einfluß bei den Gruppenmitgliedern oftmals zur Arroganz und zur Abnahme von Sensibilität. Aufstiegs- und Abstiegssyndrome lassen sich ohne weiteres empirisch registrieren, und der Volksmund hat zum Beispiel über den Neureichen eine ganze Reihe von Witzen gemacht, die sich gerade auf die Verhaltensunsicherheit als seine charakteristische Eigenschaft beziehen.

Hier haben sich vielleicht die auffallendsten Verschiebungen im Verlaufe dieses Jahrhunderts begeben: Mobilität und Positionsverschiebungen ganzer Klassen, die Ausdehnung der Mittelschichten haben starke Bewußtseinsverschiebungen gezeitigt. Das vorbehaltlose Zugehörigkeitsgefühl von Menschen zu einer bestimmten Gruppe, Klasse und Nation beginnt sich zu lockern, wenn nicht gar zu verflüchtigen, man spricht von der "Fragmentierung" des Lebens, und damit der Zersplitterung der Lebenszeit und der Lebensgefühle im Verhältnis zu den verschiedenen Gruppen, denen man sich zugehörig fühlt. Die äußeren Bindungen verlieren ihren Zwangscharakter, während die inneren Zwänge eher zunehmen und stabiler werden. Die Präferenzen für die Zugehörigkeit zu Kreisen und Gruppen werden immer mehr zu einer Sache der persönlichen Wahl und Entscheidung, erhalten dafür jedoch eine umso wichtigere Funktion im Gefühlshaushalt.

Wir haben gesehen, welche Bedeutung Gruppen im Lebensbereich des Einzelnen haben können. Was für eine Bedeutung haben Gruppenbewußtsein und generationenspezifische Mentalitäten im historischen und politischen Bereich des Nationalen?

Die Formen des Nationalismus

Der Nationalismus als Wertorientierung auf eine nationalstaatliche Einheit ist sehr jungen Datums. Der Nationalismus ist schwer zu fassen. Er bildet nicht einfach eine Partei, eine Interessengruppe, er ist kaum einer bestimmten nationalen Volksschicht oder -klasse zuzuordnen, trotz all der vielen Versuche, die Marxisten unternommen haben. Das heißt nicht, daß ein bestimmter Nationalismus nicht der einen oder anderen Schicht besonders zugute kommt, aber es heißt, daß das damit verbundene Denken und Handeln nicht auf die in ihren persönlichen Interessen direkt berührten Schichten beschränkt ist.

Im Zeitalter der weit fortgeschrittenen Interdependenzen des Weltwirtschaftsverkehrs, also, wenn man so will, des globalen Denkens, erscheint der Nationalismus geradezu als Paradox - und doch hat gerade das Zeitalter seit Beginn der bürgerlichen Revolutionen in England und Frankreich, seit der Industrialisierung, so viele nationalistische Bewegungen und Energien freigesetzt. Denn die Nationen sind - entgegen ihrer Selbstdarstellung keineswegs uralte soziale Strukturen jeder Gesellschaft: vielmehr handelt es sich dabei um historisch junge Erscheinungen. Jakob Philipp Fallmerayer stellte zu Beginn des letzten Jahrhunderts fest, daß die gemeinsame Sprache und gemeinsame Volkskultur der Griechen Fiktionen sind: In Griechenland, dessen Befreiungskampf auch von den deutschen Klassikern und von dem englischen Dichter Lord Byron so entschieden unterstützt wurde (man denke an Hölderlin), sprach damals nur eine Minderheit der Menschen griechische Dialekte.

Die nationalistischen Bewegungen berufen sich zum Teil auf Traditionen, die nichts mit dem nationalen kulturellen Erbe zu tun haben; zum Teil erfinden sie eine eigene "Geschichte", wie die mittelalterlichen Geschichtsschreiber und Chronisten, die die Vita von Heiligen und Königen oder Kaisern so stark nach dem, was ihnen nach entsprechenden Idealvorstellungen zukam, beschrieben, daß sie heute kaum noch irgendeinen Erkenntniswert für den Historiker besitzen: Es ist der Typus der Hagiographie, die Ruhm und Ehre eines Menschen verbreiten helfen sollte. Die nationale Geschichtsschreibung unterliegt den gleichen Zwängen und Intentionen.

"Menschen geben den Ereignissen Sinn", schreibt der Ethnologe Georg Elwert, "indem sie sie in die Form von Erzählungen bringen - als 'Geschichte' ordnen. Bei der nationalistischen Geschichtsschreibung sind Erzählmuster von Geburt und Wachstum, von Bedrückung und Wiedererhebung schon vorgegeben. Zusammenhanglose Ereignisse werden so verknüpft, Informationen ausgesiebt und Widersprüche geglättet. Nicht die gemeinsame Vergangenheit, sondern die so geschöpfte "Geschichte" ist Bezugspunkt des politischen Handelns. Mysteriöse Imperien der Vergangenheit wie ein Groß-Indien von Afghanistan bis Indonesien, ein Vietnam als Herrscher über ein indochinesisches Imperium, ein Groß-Somalia usw. müssen zur Legitimation imperialistischer Bestrebungen herhalten."4)

Stets vermengt politische Strategie und Ingenieurskunst bei derartig konstruierten Geschichten eines Volkes Fiktion mit geschichtlichen Teilwahrheiten. Bis heute haben wir vielleicht aus diesem Grunde keine entsprechende Theorie des Nationalismus: Vielleicht bedarf es erst, wie Elias es sich vorstellt, des entsprechenden Abstands zur gesellschaftlichen Wirklichkeit, zu den entsprechenden Kräften, die auch bei jedem Theoretiker eine Rolle spielen, auch wenn er noch so weit entfernt im Elfenbeinturm sitzen mag, um eine Theorie dazu zu formulieren.

Auch die deutsche Geschichte ist vor dem 17.Jahrhundert nicht als nationale Geschichte im heutigen Sinne geprägt. Zuvor gab es den Begriff "deutsch" lediglich als Begriff für "klaere (sic), deutliche Sprache".

Man hat den Begriff der Nation in verschiedener Weise gefaßt, als den einer Staatsnation und als den einer Kulturnation. Eine andere Einteilung, die in der Literatur auch zu finden ist, wäre die westliche und die östliche Form der nationalen Gemeinschaftsbildung.

Die *westliche Tradition* des Nationalstolzes ist zu Anfang eine demokratische. "Il n'y a pas de patrie dans la despotie" - In der Despotie gibt es kein Vaterland, sagt La Bruyère. "Nation" hat einen höheren Rang als peuple, popolo, Volk. Darunter wird die Elite oder der "Kern" der Nation verstanden. So finden wir etwa bei Heinrich von Gagern: "Spreche ich aber von den Ansichten, Wünschen, dem Urteil, dem hohen Interesse der Nation, so begreife ich sonder Zweifel nicht jenes Kind des Bettlers (darunter), sondern den besseren, denkenden Teil...den Kern der Nation". Der "tiers état" Frankreichs erhob von der Mitte des 18.Jahrhunderts an den Anspruch, zu dieser "nation" zu gehören, nicht mehr "Volk" zu sein. Es gab im Juni 1789 lange Verhandlungen darüber, wie man sich benennen sollte: "représentante du peuple francais", oder "assemblée nationale". "Peuple francais" wäre vielleicht sogar noch von der Aristokratie akzeptiert worden, denn damit wäre die Elite ja vom "Volk" getrennt geblieben! Sollte das Volk sich doch ruhig versammeln, zur Not konnte man ja Verhandlungen mit ihm führen.

Der Beschluß der Versammlung brach dann die Bahn zur Revolution - die Revolutionäre verstanden sich ganz bewußt als "nation", das bedeutete für die Aristokratie eine klare Kampfansage.

So wurde der Begriff der "nation" aufgenommen in die revolutionäre Tradition der französischen Republik, und das Selbstbild der "nation" hängt unmittelbar mit dem Stolz über diesen politischen Sieg über das "ancien régime" zusammen. In Frankreich waren es das bürgerliche und das literarische Lager vereint, die die neue Nationalidee schufen, in Deutschland war es fast allein das literarische Deutschland, schrieb Meinecke.

Zum Nationalgefühl des Westens gehört das politische Element: Die bürgerliche Revolution in England hat die englische konstitutionelle Verfassung geschaffen, der nordamerikanische Kampf gegen das britische Empire endete in der Unabhängigkeitserklärung, die noch heute zum amerikanischen nationalen Kulturschatz gehört, genauso wie Tom Sawyer und Huckleberry Finn.

Darin liegt die Betonung des "pursuit of happiness", also des Rechtes des Individuums, sein Glück auf eigene Faust zu suchen. Menschenrechte, Gewaltenteilung - das überdauert bis heute und läutete ein neues Zeitalter ein, ein Zeitalter, das den Individualismus und Liberalismus brachte.

Die deutsche Nationalbewegung setzte dagegen andere Schwerpunkte: Aus dem Gefühl der Zersplitterung entstand das Bedürfnis nach Einheit und Kollektivität. Wie in Italien wurde hier stets das Gemeinschaftsgefühl vor dem Gefühl der Individualität betont.

Der deutsche Nationalismus

Die von Thomas Mann in seinen berühmten "Betrachtungen eines Unpolitischen" (1918) postulierte "deutsche Freiheit" ist aufgrund einer besonderen deutschen Mentalität von der westlichen verschieden, weil sie keine politische Freiheit brauche. Thomas Mann schrieb: "Der politische Geist als demokratische Aufklärung und 'menschliche Zivilisation' ist nicht nur psychisch widerdeutsch; er ist mit Notwendigkeit auch politisch deutschfeindlich, wo immer er walte. Deutschtum, das ist Kultur, Seele, Kunst und nicht Zivilisation, Gesellschaft, Stimmrecht, Literaten." Der Deutsche braucht die Obrigkeit, das gehört zu seinem Wesen.

Wir finden in Deutschland diese beiden Traditionen unverbunden nebeneinander: die staatlich-militärische und die literarische. Um das Desaster des deutschen Nationalismus 1933-1945 zu verstehen, müssen wir uns dieser Geschichte zuwenden.

Die deutsche Kulturnation

Da ist zum einen die kulturelle Tradition, wie sie in der Weimarer Klassik zum Ausdruck gekommen war. Humboldt schrieb an Goethe: "Um das Politische, wissen Sie, bekümmere ich mich nicht." Und an Jacobi im Jahre 1798 in ähnlicher Weise: "Ich rede überhaupt nicht von der politischen Stimmung, ich beschränke mich bloß auf das, was eigentlich national ist, auf den Gang der Meinungen und des Geistes, die Bildung des Charakters, die Sitten usf." Die politischen Äußerungen der Klassiker galten einer abstrakten Menschheit - man denke an Schillers Ode an die Freude -, aber von der nationalen Politik hielten sie sich fern: Die Deutschen waren "das eigentliche Menschheitsvolk, der reinste Spiegel der Menschheit", wie ihn einst die Griechen gebildet hätten. Humboldts Haltung war sehr verbreitet, man findet diese Gedanken in den mannigfachsten Ausdrucksweisen, "von der trivialsten bis zur erhabensten" (Meinecke). Von Schiller stammt ein Gedichtfragment, das der spätere Herausgeber der Werke schlicht mit "Deutsche Größe" überschrieben hat. Es stammt aus der Zeit nach dem Frieden von Lunéville.

"Darf der Deutsche in diesem Augenblicke, wo er ruhmlos aus seinem tränenvollen Kriege geht, wo zwei übermütige Völker ihren Fuß auf seinen Nacken setzen und der Sieger sein Geschick bestimmt - darf er sich fühlen?...Ja, er darf's! Er geht unglücklich aus dem Kampfe, aber das, was seinen Wert ausmacht, hat er nicht verloren. Deutsches Reich und deutsche Nation sind zweierlei Dinge. Die Majestät der Deutschen ruhte nie auf dem Haupte seiner Fürsten. Abgesondert von dem Politischen hat der Deutsche sich seinen eigenen Wert ergründet, und wenn auch das Imperium unterginge, so bliebe die Deutsche Würde doch unangefochten."

Und dann kommt der Umschlag; politisch ist das Reich verloren:

"Sie (die deutsche Würde) ist eine sittliche Größe, sie wohnt in der Kultur und im Charakter der Nation, der von ihren politischen Schicksalen unabhängig ist ... Indem das politische Reich wankt, hat sich das geistige immer fester und vollkommener gebildet."[5)]

In einem Moment der nationalen Schwäche, wo der Rang des Deutschen in der Hierarchie der Nationen gesunken ist, Deutschland besetzt und militärisch geschlagen ist, findet eine geistige Überhöhung statt: Plötzlich steigert sich das Gefühl über das Normalmaß hinaus, das Deutsche wird zu einem Wert hochstilisiert, der über dem Wert der anderen Nationen steht, zugleich werden die anderen Nationen abgewertet, bzw. mit niedrigeren Eigenschaften bedacht. Das Innen wird überhöht, das Außen wird moralisch niedrig eingestuft.

Nationalismus und Fundamentalismus entstehen in Krisensituationen: die politisch-militärische Autonomie der Nation ist gefährdet oder bereits verloren durch Annektion oder Besetzung, das Selbstwertgefühl ist aufs tiefste verletzt, und so wird die Nation in der Phantasie überhöht und steigt zu einem absoluten Wert auf.

Die deutsche Staatsnation

1761 erschien bei Nicolai in Berlin ein Buch von Thomas Abbt mit dem Titel: "Vom Tode für das Vaterland". Vom Tode - nicht vom Leben. "Daß von dem ganzen weiten Umkreis vaterländischer, bürgerlicher Wirksamkeit nicht die Gesetzgebung, nicht die Verwaltung, nicht die Wissenschaft, nicht die Arbeit, überhaupt nicht das freie Leben im Frieden, sondern einzig und allein, zuerst und zuletzt der Tod, und das heißt der Tod im Kriege, die Aufopferung des einzelnen ergriffen und gepriesen wurde - das freilich ist zwar unglücklich, aber offenbar kein Zufall. Bis zum heutigen Tag", schrieb Sternberger 1947, "verbinden wir ja mit dem Wort 'Vaterland' - höchst seltsamerweise - mit Sicherheit zuallererst und beinahe ausschließlich den Gedanken des Krieges, des Opfers und des Todes. Es ist dies, wie mir scheint, deswegen kein Zufall, weil diesem Gefühl der Opferbereitschaft in der Tat auch auf der preußischen Seite und in der Monarchie eine

Einrichtung entsprach, ein Institut, das keineswegs erst durch eine bürgerliche Revolution geschaffen zu werden brauchte: ich meine das Heer. Wenn freilich auch die allgemeine Wehrpflicht noch ferne war, so rekrutierte sich doch das preußische Heer allemal aus Untertanen des Königs und Kindern des Landes, und ebendiese Rekrutierung bedurfte offenbar eines inneren Antriebs - auch im gemeinen Volk... Das Heer - zumal in dem Grade, indem es nachmals zum Volksheer wurde -, das Heer war die politische und soziale Realität, die nach den nützlich belebenden Gefühlen dieses modernen Patriotismus verlangte. Das Heer war die Einrichtung, die in Preußen die Stelle der bürgerlichen Republik vertrat - was das Verhältnis zur Vaterlandsliebe als einer Tugend betrifft."

Bei dem erwähnten Thomas Abbt ist geradezu Verwunderung zu spüren, wenn es heißt: "Ich weiß nicht, durch welchen unglücklichen Zufall die Meinung fast durchgängig angenommen ist, daß nur ein Republikaner auf sein Vaterland stolz sein könne, und daß es in Monarchien nichts weiter als ein bloßer Name, eine leere Einbildung sei".

Dieser "unglückliche Zufall" besteht, so kommentiert Sternberger, einfach darin, daß die öffentlichen Angelegenheiten in einer demokratischen Republik Angelegenheit ihrer Bürger sind, allein Bürger ein Vaterland bilden können und darum auch lieben können: Bürger, nicht Untertanen."

Abbt unternahm es daher, zu versuchen, ob man nicht die Triebfeder der Vaterlandsliebe "bey mehreren Seelen anbringen könne, als die den Monarchien zugeeignete Ehrbegierde", mit modernen Worten also, mit diesem Mittel zu versuchen, Massen zu bewegen und nicht bloß die an Zahl geringen Mitglieder der höfischen Stände, die allein der Ehren teilhaftig werden können, die ein König zu vergeben hat.

"So etwa ist es bei uns zu diesem ergreifend unseligen Ergebnis gekommen, daß der Bürger fast nur in der Rolle und Gestalt des Soldaten seine Bürgertugend zu üben gewöhnt wurde und daß diese Tugend selbst zur Pflicht sich verkehrte, die 'Liebe der Gesetze' bei der Masse der Dienenden zum bloßen Gehorsam verdorrte, die Liebe des Vaterlands nur als Dienst und Opferbereitschaft übrigblieb.

Wenn der Römer oder der Spartaner davon spricht, wie tugendhaft oder gar süß es sei, für das Vaterland zu sterben - pro patria mori -, dann wußte er doch wenigstens, für was für ein Vaterland, für was für eine Republik, die von ihm selbst mitgestaltet war, und in der daher ein Stück von ihm steckte, zu sterben sich lohnte. Hier *in Preußen wo das Heer die Republik ersetzt* und hintanhält, entfiel denn auch an der Vaterlandsliebe selbst die Seite des Lebens fast völlig, und die Seite des Todes trat mächtig hervor. So verstehen wir auch die seltsamen Lehren, daß die Vaterlandsliebe eine 'sittliche Pflicht' sei, wie auf der Schule gelernt wurde. Während den Römern und den Franzosen (durch Montesquieu) gelehrt wurde, die Liebe zur Pflicht zu entdecken, entdeckten die Deutschen - die Preußen zuerst, die 'Pflicht zur Liebe'."

Bei uns blieb "das Gebot des Dienstes, die Gewohnheit des Gehorsams und die tiefeingeprägte Überzeugung von der Erhabenheit des Opfertodes erhalten. Aus der tätigen Gesinnung des Bürgers und der Tugend seiner Vaterlandsliebe wurde, ganz folgerichtig, bei uns schließlich das Ethos des Soldaten oder des 'soldatischen Menschen' schlechthin." 6)

Diese selten angesprochene Verbindung von Tod und Vaterland bezeichnet der Soziologe Norbert Elias ebenfalls als etwas typisch Deutsches. Elias beschrieb in einem autobiographischen Interview die Situation, als er 1914 mit seinen Kameraden auf einem offenen Wagen in den Krieg zog:

"Ja, ich sehe das Bild noch genau vor mir, wie wir mit einem Wagen - einem Kraftwagen oder Pferdewagen, ich weiß es nicht mehr - in die Nähe der Front gebracht wurden.

Wir waren eine Funkergruppe, ein Unteroffizier und acht Mann, alles Spezialisten, die hier und dort eingesetzt werden konnten. Und als ich so mit meinen Kameraden auf dem Wagen durch die Nacht fuhr, auf die unablässigen Lichtblitze und das Trommelfeuer zu, spielte neben mir einer Mundharmonika - wahrscheinlich war es doch ein Pferdewagen. Dann kamen wir hinter die Front und dort lagen Massen von toten Pferden. Und tote Menschen. Diese ganze Szene also, die Leichen, das Trommelfeuer, die Lichtblitze, der Klang der Mundharmonika zu den langsamen, wehmütigen Melodien und der sentimentale Gesang der Männer, diese Szene steht mir sehr lebhaft im Gedächtnis . (...)"

Die Deutschen haben sehr viele wehmütige Lieder, die vom Tod handeln. Eines von ihnen ging zum Beispiel so :

'Ich hatt einen Kameraden,
einen bessern findst du nicht.
Und er starb an meiner Seite...'

Das ist *deutsch*, sehr deutsch. Kein anderes Land, außer vielleicht Polen, hat ein solches verdüstertes Selbstgefühl. Die polnische Nationalhymne beginnt mit den unglaublichen Worten: 'Noch ist Polen nicht verloren'. 'Morgenrot, leuchtest mir zum frühen Tod', darin ist ein eigenartiges träumerisches und vielleicht zugleich Erlösendes zu verspüren. Es ist eine Verbindung von Gemeinschaftsgefühl, Krieg und Tod.

Das ist die andere Seite, die seit dem Siebenjährigen Krieg in Preußen begründete deutsche Militärtradition, die sich in der zweiten Hälfte des 19.Jahrhunderts mit der Einigung des Reichs und dem militärischen Sieg über Frankreich von 1870/71 fortsetzt. Nun sind ganz andere Schichten an der Schaffung des Nationalgefühls beteiligt. Ein Umschlag und eine Wendung der Besetzungen aus dem Geistigen zunächst auf das Militärische - der Wert der Nation wird nun militärisch gedeutet. Dem Militär gelang es dadurch, sein ohnehin hohes Prestige im politischen Gefüge der nationalen Machteliten zu steigern und allzu lange noch mit seinem ganzen Ehrenkodex und seinen aristokratischen Werthaltungen und den entsprechenden Ausschließungsmechanismen zu behaupten. Die Satisfaktionsfähigkeit eines Menschen bedeutete für die Korpsstudenten die Grenze des Menschseins, wer nicht satisfaktionsfähig war, gehörte nicht zur Gesellschaft der Menschen, er gehörte höchstens zu den "Leuten". Derartige Ausschließungskriterien zogen tiefe menschliche Gräben. Elias hat es in seiner Studie "Über die Deutschen" gezeigt.

Die Gründerzeit, der Aufschwung der deutschen Industrie nährten den Gedanken, daß Deutschland sich im Konzert der Mächte nun einen entsprechenden Platz zu erobern habe, da seine wirtschaftliche Bedeutung auch politisch zum Ausdruck gebracht werden müsse. Auch Max Weber gehörte zu denjenigen, die diese Gedanken wie eine historische politische Notwendigkeit zum Ausdruck brachten. Das brachte auch ein neues Machtgefühl für die im preußischen Militär dominierenden adeligen Offiziere mit dem entsprechenden Verhaltenskodex für die studentischen Eliten und Führungseliten des Kaiserreichs. Auch hier trat das Phänomen der Überhöhung des eigenen Selbst gegenüber den anderen Nationen im Selbstgefühl auf, das charakteristisch ist für den Aufsteiger.

Mit der Heraufkunft der bundesrepublikanischen Demokratie verschwanden beide Traditionen weitgehend, neue Generationen wuchsen auf, die damit nichts mehr anzufangen wußten, weder mit der Tradition des Militarismus noch mit jener der Kompromißlosigkeit. Das deutsche Bürgertum der Bundesrepublik erstarkte und begründete andere Traditionen und Werte als die deutschen Militärs.

Verbreitung und Entwicklung des Nationalgefühls

Der Nationalismus erreichte von Frankreich über Deutschland Mitteleuropa und entfachte bis zum Ende des 19.Jahrhunderts in Teilen der slawischen Länder die Panslawismusbewegung und die Einigungsbewegung in Italien. Zugleich gab es eine Nationalisierungsphase in den Ländern Südamerikas, die Europa damals sowohl geistig als auch noch als Kolonien näher standen. Diesen Bewegungen ging es um die Souveränität einer geschlossenen Staatlichkeit, um Einigung oder Entkolonialisierung und Unabhängigkeit vom Mutterland. Das Vaterland ist - so seltsam ist hier der sprachliche Ausdruck - erst dann souverän, wenn es sich vom Mutterland gelöst hat.

In unserem Jahrhundert verwandelte sich die russische Revolution durch den mit europäischer Bildung nie in Berührung gekommenen Joseph Stalin zum nationalistischen Absolutismus. In Indien war der Kampf um die Souveränität gegen die Engländer ebenfalls mit der Besinnung auf die eigenen Traditionen verbunden, und die legendäre Figur Mahatma Gandhis steht noch heute für eine besondere Form des antikolonialistischen Kampfes. Die chinesische Revolution war nationalistisch wie ihr ursprüngliches russisches Vorbild; Mao Tse Tungs Kommunismus war vollständig auf nationale chinesische Bedürfnisse abgestimmt.

Diese politischen und geistigen Entwicklungen verlaufen in großen Zeiträumen, in Jahrzehnten, Jahrhunderten, also über mehrere Generationen hinweg. Sie haben schließlich zuerst in den USA, dann in England und schließlich in

Frankreich, einen Bürgerstaat mit mehr oder weniger starker Beteiligung der bis dahin herrschenden Aristokratie hervorgebracht. In Deutschland und Italien erfolgt diese Umwidmung erst im 19. und frühen zwanzigsten Jahrhundert mit anfangs noch dominierender politischer Herrschaft des alten Adels bzw. des Kaisertums. Und sie hat ihre spezifischen Bedingungen, die eine besondere Färbung dieses Nationalismus ergaben.

Wir haben gesehen, daß für Westeuropa der Nationalismus als formierende Kraft seine Bedeutung verloren hat. In Deutschland zumal hat sich diese Kraft moralisch so sehr diskreditiert, daß geradezu ein Tabu der Erwähnung damit verbunden ist.

Es bleibt jedoch Kennzeichen des gelungenen Prozesses der Nationenbildung, daß damit eine friedlichere Epoche eingeleitet wird, das bürgerliche Geschäfts- und Arbeitsleben im Denken und in der Haltung Priorität bekommt, und damit auch bestimmte zivilisatorische Normen wie Anerkennung der Gewalthoheit des Staates verbunden sind, wenn auch die Gewalt aus dem öffentlichen Leben nur unvollständig verschwindet, denn sie ist zwar kaserniert und unsichtbar, aber immer noch da.

Heutige nationalistische und fundamentalistische Bewegungen

Aus der Position des in Westeuropa erreichten Standards staatlicher Gewalthoheit und zivilisatorischer Verkehrsformen stoßen nationalistische Bewegungen der Dritten Welt auf Unverständnis: Man wehrt die Infragestellung des Gewalttabus ab und setzt sie daher nicht zufällig ständig mit Terrorismus gleich, was immer auch Terrorismus sein mag. In der Tat gibt es ja noch heute in Europa eine ganze Reihe von nationalistischen Bewegungen, die sich auf ein Selbstbestimmungsrecht berufen und bereit sind, dafür "auf Leben und Tod" zu kämpfen: Die Basken in Spanien, die man sich angewöhnt hat als separatistisch zu bezeichnen, die Irisch-Republikanische Armee, die schon in ihrer Selbstbezeichnung den Begriff Armee führt und damit zeigt, wie wenig sie bereit ist, sich dem Staat und seinem Gewaltmonopol unterzuordnen. Natürlich gibt es auch Unabhängigkeitsbewegungen, die nicht zur Waffe greifen, wie in Litauen; das zeigt freilich die Schwierigkeit, die man bei der Vereinheitlichung dieser sozialen Bewegungen berücksichtigen muß.

Marx und Engels hatten ein Jahrhundert der Klassenkämpfe vorausgesagt - statt dessen kam ein Jahrhundert der blutigsten Auseinandersetzungen im Namen der "Nation". Nationen kämpfen gegeneinander im Namen der Nation - gibt es etwas Befremdlicheres als die Mehrzahl von "Nationalismus"? Nationalismen?

Die Mehrzahl aber zeigt erst das eigentliche Problem und Wesen des Nationalismus: Sein Verständnis von Innen und Außen, Zugehörigkeit und Fremdem. Daraus ergibt sich schnell die Konfrontationshaltung, die zwischen Freund und Feind unterscheidet. Nationalismus entsteht aus dem Gefühl der Bedrückung, ebenso wie er aus dem Gefühl entsteht, in der Hierarchie der Völker einen höheren Rang als den aktuellen beanspruchen zu dürfen. So hat er immer die aggressive Komponente, wie sie ein Minderwertigkeitskomplex hat (das vergessen wir in der Rückschau leicht), und diese ist es ja erst, die ihn vom Patriotismus unterscheidet. Die Nationalismen zweier Völker unterscheiden sich in diesem Punkte nie.

Nationalismus ist die Konfrontationsstrategie einer wirtschaftlich, militärisch oder kulturell aufsteigenden Nation, die einen Ausbruch aus der bisherigen Rangordnung der Nationen unternimmt

Die nationalistischen Bewegungen der Dritten Welt sind in dieser Hinsicht den frühen europäischen gleich. Die Entlassung aus dem Kolonialstatus oder die Selbstbefreiung daraus war nur möglich durch eine starke Einheitsorientierung der einheimischen Oberschichten gegen die Kolonialherrschaft. Es könnte durchaus sein, daß Max Weber recht hatte, als er sagte, daß nur der geschlossene nationale Staat die Entwicklung des Kapitalismus garantiere. Das würde bedeuten, daß die nationalistischen Bewegungen der Dritten Welt nur durch Abschottung und größtmögliche Eigenbindung ihren Schritt in die Moderne machen können. Und doch gibt es Gesellschaften, die diesen Schritt schaffen, und solche, die sich ihm verweigern. Japan ist die Abschottung und die Übernahme des westlichen Weges ohne die westlichen Werte aus heutiger Sicht so gut gelungen, daß es eine Weltmacht im Wirtschaftlichen geworden ist, die in der Hierarchie der Völker sehr weit oben steht.

Die nachkolonialen oder dekolonialisierenden Bewegungen wurden von Eliten getragen, die selbst in den Metropolen der Mutterländer ausgebildet waren, von Abgängern der Sorbonne oder der London School of Economics. Frantz Fanon etwa war einer der bedeutendsten Vertreter einer in Europa ausgebildeten Oberschicht eines kolonisalisierten Landes: Im Namen der Unabhängigkeit haben sie für die Rückbesinnung auf einheimische Traditionen plädiert, um geistige Abwehrkräfte gegen die kolonialistischen Beherrscher und die französische oder englische "fremde" Kultur zu mobilisieren.

Die Entkolonialisierung aber hat nicht den erhofften Aufschwung, die Entfaltung der eigenen Kräfte gebracht. Die neu entstandenen Staaten waren entweder gar nicht allein lebensfähig, weil ihr Staatsgebiet nicht nach ethnischen Gesichtspunkten gebildet worden war und die neuen Machtträger nicht von allen Gruppen anerkannt wurden, oder weil eine nach den Bedürfnissen der Kolonialländer organisierte monostrukturelle Wirtschaftsweise hinterlassen wurde. Dem postkolonialen Ideologieschub folgten jahrelange Krisen, die seit Mitte der siebziger Jahre durch eine neue Erscheinung abgelöst worden sind: Die Rückbesinnung auf die Religion.

Der Fundamentalismus 7)

Zahlreiche Bewegungen sind entstanden, die sich der Reislamisierung der Gesellschaft verschrieben haben, von Indonesien bis zum Kaukasus, von Nigeria bis nach China, von den Vorstädten Westeuropas bis in den mittleren Osten. Nicht zu vergessen ist auch der indische Subkontinent, wo sich die größten islamischen Bevölkerungsgruppen konzentrieren. Der Erfolg der 'Islamischen Heilsfront' in Algerien hat den Franzosen Angst gemacht, die Diskussion um Fundamentalismus und Toleranz ist nirgends in Europa lauter als dort. Die Erwartung, daß die Entwicklung in den ehemaligen Kolonien sich nach dem Muster der zwei Welten vollziehen müsse, nämlich Kapitalismus oder Sozialismus, erfüllt sich nicht.

Die eigentliche Meinungsbildung vollzieht sich, wie es scheint, in den Freitagspredigten in den Moscheen. Dort bietet sich die Möglichkeit zu politischer Meinungsäußerung, die von der Zensur der verschiedenen Militärdiktaturen der muslimischen Welt relativ unbehelligt ist. Ende der zwanziger Jahre wurde in Ägypten eine Muslim-Bruderschaft gegründet, die sich die Errichtung eines unabhängigen islamischen Staates nach westlichem Vorbild zum Ziel setzte. Für den führenden Denker dieser Bewegung gliederte sich die Welt in zwei sich gegenüberstehende Universen: den Islam einerseits und die Dschahiliya andererseits. Dschahiliya bedeutet einfach das "Nichtwissen von Gott" - also sind damit alle gemeint, die nicht zum Islam gehören und die einen Despoten an Gottes Statt anbeten. Dieses Denken in Kategorien von Innen und Außen, Freund und Feind hat schnell sehr viele Anhänger gewonnen. Neben militanten Bewegungen, die aufgrund ihres politischen Aktivismus bekannter sind, gibt es eine zweite Richtung, die pietistischen Muslime. Diese streben die "Re-Islamisierung von unten" an und vermeiden Konfrontationen. Es sind Lebensreformer, für sie vollzieht sich der "Bruch" mit der gottlosen Gesellschaft, von der sie umgeben sind, durch ein "Ausklinken" auf psychischer und geistiger Ebene und in ihren sozialen Beziehungen; das Leben der Anhänger wird ganz und gar neu gestaltet und die strikte Einhaltung von Glaubensvorschriften gefordert. Die Pietisten versuchen, in der Gesellschaft Netze von Wohltätigkeits-, Bildungs- und Hilfsdiensten zu spannen, mit Hilfe derer sie eine neue Form des Zusammenlebens auf rein islamischer Basis schaffen können. Die vergangenen Jahre haben einen bemerkenswerten Erfolg dieser Reislamisierung von unten und der Schaffung der entsprechenden Netze in Ländern gebracht, wo die Regierung stark laizistisch orientiert ist, wie in der Türkei oder in Tunesien, aber auch in Marokko und eben in Algerien, wo die Wahlergebnisse die Erfolge langjähriger Basisarbeit in den Stadtvierteln zeigen.8)

Geistlichkeit und weltliche Gewalt bilden hier, wie traditionell im arabischen Raum vor der türkischen Revolution, eine Einheit. Der Islam hat also einen Totalitätsanspruch in sich, der besagt, daß alle Lebensbereiche von ihm durchdrungen sind: Er stellt eine "göttliche Ordnung" dar, und der islamische Staat ist die Verkörperung dieser Ordnung im politischen Sinne.

Diese Ordnung existierte aus fundamentalistischer Sicht in der Anfangszeit des Islam, mußte aber später mit der Ausdehnung des mohammedanischen Reiches aufgegeben werden: Weltliche und religiöse Macht wurden getrennt, aber die "göttliche Ordnung" der Gemeinde von Medina blieb das Ziel und Vorbild aller rechtgläubigen Moslems. Tatsächlich erlebte die islamische Welt in der Folge auch eine jahrhundertelange Expansion und wirtschaftliche und kulturelle Höhepunkte, wie sie der Westen seit dem Niedergang der Römischen Republik erst mit Beginn der Neuzeit langsam wiedererlangte. Die Rückbesinnung auf diese islamische Hochkultur macht einen guten Teil des Stolzes und des Selbstbewußtseins der islamischen Restauration aus, deren Zeuge wir derzeit sind.

Soll man sich also wundern über die nationalistischen und fundamentalistischen Bewegungen der Dritten Welt? Die islamische Welt ist die letzte Einheit, die das Selbstgefühl retten kann und mit der sich die Eliten dieser Länder identifizieren können: In Europa werden sie nicht anerkannt, man läßt sie studieren, aber ihre gesellschaftliche Position ist so niedrig wie das Ansehen ihrer Heimatländer - Ausnahmen bestätigen die Regel.

Ist der Nationalismus der Dritten Welt ein Stadium des Weges in die Moderne?

Die Soziologen haben sich seit einiger Zeit angewöhnt, den Begriff "Modernisierung" zu verwenden. Darunter fallen Entwicklungsschritte eines Landes wie Industrialisierung, Finanzmarktentfaltung, Bildung von städtischen Bevölkerungsschichten, die diese Prozesse initiieren und tragen können bzw. sie in Gang halten und eigene Anstrengungen zur Binnenakkumulation von Wissen, Kapital und Arbeitsvermögen unternehmen können; darunter fallen ebenso Alphabetisierungskampagnen wie weltmarktorientierte Umwälzungen in der Landwirtschaft mit den entsprechenden Umverteilungen von Arbeit und Besitz, Entfeudalisierungen usw.

Der große Sprung nach vorn, wie Mao Tse Tung später so bildhaft diesen Schritt benannt hat, gelang nicht. Wozu die westlichen Nationen immerhin zweihundert Jahre gebraucht hatten, das konnte nicht im Zeitraum von zwanzig oder dreißig Jahren nachgeholt werden. Der "cultural lag" war zu groß, also die Schere zwischen dem allgemeinen menschlichen Verhalten, dem Arbeitstempo, der Denkweise, der Motivation und der Mentalität und dem, was zur Summe der Einstellungen gehörte, die erst die technische Zivilisation des Westens geboren hatten - zumal die Hilfe von außen eher kontraproduktiv wirkte: Keiner der europäischen Staaten hat je ein praktikables Rezept entwickelt, das den Ländern der Dritten Welt tatsächlich Hilfe zur Selbsthilfe, also echte "Entwicklungshilfe" geboten hätte.

Trotz der Diskreditierung, die der Nationalismus heute im Westen erfährt, muß es unsere Aufgabe sein, den Nationalismus als gesellschaftliches Entwicklungsstadium zu erklären zu versuchen. Der europäische Nationalismus ist im Begriff zu verschwinden und an Bedeutung als "politische Geschehenseinheit" für die Menschen zu verlieren - ihr "Wir-Gefühl" richtet sich auf anderes. Im Westen Europas, wozu zumindest die bisherige Bundesrepublik inzwischen eindeutig gezählt werden darf, stehen neue Orientierungsformen an: Europa als politische Einheit, nachdem die wirtschaftliche vor der Tür steht. Doch so schnell werden wir das Problem nicht los: Die Kämpfe der Nationen der Dritten Welt um einen angemessenen Platz in der Hierarchie der Völker betreffen auch uns. Und es bauen sich neue Fronten innerhalb unserer eigenen Republik auf: Wo beginnt die Toleranz, zu der wir nach unseren westlichen Werten verpflichtet sind, und wo hört sie auf?

Integration oder multikulturelle Gesellschaft?

Hier standen und stehen Entwicklungen an, die eine Diskrepanz zu überwinden trachten, welche sich aus dem Wertegefälle zwischen Europa und der Dritten Welt bildet. Daß dabei die Errungenschaften der bürgerlichen Revolution in Gefahr geraten, ist eines der Probleme, mit denen wir dabei konfrontiert werden. In Frankreich streitet man derzeit öffentlich um das Kopftuchtragen in der Schule, in Deutschland haben wir ähnliche Probleme und streiten über die Frage, wie "multikulturell" die Gesellschaft sein darf.

Fundamentalismus und Nationalismus sind absolute Werte für die Mitglieder dieser Gemeinschaften. Diese sind in sich naturgemäß intolerant und lassen keine Kompromisse zu, das muß bei allen diesen Fragen im Auge behalten werden. Ist der Preis für die Integration von Ausländern daher die Auflösung von deren Kollektivbewußtsein? Was bedeutet es, den Fremden als Individuum zu behandeln? Bedeutet es nicht, ihn zu verpflichten, alle seine Verhaltensweisen auf die bei uns geltenden auszurichten? Kann man die Ungleichheit zwischen Frauen und Männern in der islamischen Tradition kritisieren, ohne deswegen die traditionellen Bindungen dieser Gemeinschaft zu zerstören? Warum verletzt uns aber die Werthaltung dieser Gemeinschaften? Ist eine Integration kollektiv überhaupt möglich - oder kann es nur die Integration von Einzelnen geben? Von Einzelnen, die aus ihren Gruppen herausgehen und sich an die neuen Werte und Gruppenbindungen anpassen? Eine kollektive Integration könnte es schon aufgrund der staatlichen Rechtseinheit nicht geben, denn die fordert eine Bedingung: daß alle Bräuche, welche die bei uns geltenden Rechte und Grundrechte der Person mißachten, abgebaut werden.

Solange der große Sog der Wirtschaftsweise und Wirtschaftskraft der Ersten Welt ungemindert ist, muß die Wanderungsbewegung von Süd nach Nord anhalten. Je härter das Leben und die Arbeit, desto verlockender alle Vereinfachungen und Erleichterungen, wie sie die industriell entwickelten Regionen der Erde bezeugen und vormachen. Je verlockender aber auch die Erste Welt, umso drohender wird eine einheimische Herrschaft dies empfinden: Die Ansprüche, die durch die Bilder aus der Konsum- und Industriewelt entwickelt werden, sind nicht zu befriedigen. Gegen die Verwirrung, die die Repräsentationen einer Welt, in der religiöses und staatliches Leben getrennt sind, anrichten, muß eine starke Abwehr aufgebaut werden, die Ordnung und Eindeutigkeit verspricht, wie der Fundamentalismus. Und mit dem Fundamentalismus kann auch die eigene Würde gegen die Demütigungen gerettet werden, die das Nichtverfügen über Selbstverständlichkeiten und gesellschaftliche Standards der westlichen Welt notwendig mit sich bringt.

Anmerkungen

1) In: Merkur 463, Sep./Okt. 1987, 897f.
2) Mannheim, Karl: Ideologie und Utopie. Frankfurt 1985,5 (1929[1])
3) Sternberger, Dolf: Begriff des Vaterlands. In: Werke Bd.4. Frankfurt/M. 1982, 11f.
4) Elwert, Georg: Nationalismus und Ethnizität. In: Kölner Zeitschrift f. Soz. (KZfSS) 1990, H.1
5) Meinecke, Friedrich: Weltbürgertum und Nationalstaat. München 1927,55
6) Sternberger, a.a.O.
7) Dieser Beitrag wurde vor dem "Golfkrieg" 1991 verfaßt. Die Problematik des Fundamentalismus bleibt nach wie vor bestehen, denn die Lösung, die die arabische Großmacht Irak den Arabern versprach, war zum Scheitern verurteilt.
8) Kepler, Gilles, in "Liber", Nr. 10, 1990

Kollektiv Verdrängtes und Fremdenfeindlichkeit

Arvid Erlenmeyer

Die Patienten, die eine analytische Behandlung wollen, sind Fremde, mir Unbekannte. Erfahre ich, daß es Bekannte von Freunden oder anderen Analysanden sind, lehne ich eine Behandlung im allgemeinen ab. Meine Patienten sollen Fremde sein, mit denen mich keine vertraute Beziehung verbindet, und ihre mir im analytischen Prozeß immer vertrauter werdenden Bezugspersonen will ich nicht kennenlernen.

Gegenübertragung

Im analytischen Prozeß entstehen Vorstellungen von den Bezugspersonen meiner Patienten in mir, die meiner persönlichen Rezeption des Erinnerungs-, Phantasie- und Traummaterials entsprechen, welches die Patienten jede Stunde anbieten. Wir nennen unsere innere Antwort im Sinne eines korrespondierenden Vorstellungsmaterials zu dem des Patienten heute schulübergreifend die "Gegenübertragung". Es handelt sich um Bilder, Szenen, Vorstellungssequenzen, quasi innere Filme oder auch Standfotos, die mit differenziertem Fühlen verbunden sind. Unsere theoretischen Konzepte bringen diese Bilder in Zusammenhänge, oder neue theoretische Konzepte entstehen in der Reflexion dieses Prozesses. Ich lege Wert darauf, festzustellen, daß das ruhige, unvoreingenommene Zuhören - Freuds 'gleichschwebende Aufmerksamkeit' - dessen, was der Patient erzählt, zur Produktion eigenen Vorstellungsmaterials führt - in Verbindung mit Gefühlsreaktionen -, das zunächst ebenfalls von mir als fremd und unvertraut erlebt wird.

Die Erinnerungen, von denen der Patient berichtet, können für mich denselben Charakter des Fremden haben wie das, was er wünscht, phantasiert oder träumt. Inwieweit ich mich selbst mit meinen Wünschen und Phantasien kenne, bestimmt, inwieweit ich innerlich etwa moralisch auf das ganz Fremde in der Erzählung des Patienten in der Stunde reagiere. In diesem Fall bin ich mit Normen identifiziert, die verbieten, daß ich das Erleben, die Erinnerung, die Wünsche und Phantasien des Patienten in mich hineinnehme und mich probehalber mit ihnen identifiziere und meine Gegenübertragungsreaktion erlebe und beobachte. Eine moralische Reaktion nehme ich als Signal, daß Eigenes, aber mir Unbewußtes, eben mir Fremdes angestoßen ist, welches ich mit meiner moralischen Reaktion im Zustand des Nicht-Wahrgenommen-Werdens halten will. Wäre meine Reaktion sehr heftig, verurteilend und mit dem Gefühl der Empörung, des Abscheus, des Ekels, auch mit körperlichen Empfindungen verbunden, müßte ich genau hinschauen, worum es bei mir sich handelt.

Das fremdgewordene Eigene

Erfahrungsgemäß ist es das eigene Fremde, sind es der eigene unbewußte Wunsch, die eigene unbewußte Phantasie, welche da in Resonanz geraten sind mit den Wünschen und Phantasien des anderen, und um mir das eigene Fremde wirklich zu eigen zu machen, müßte ich genau hinschauen, am besten in einem eigenen analytischen Prozeß.

Die Lehranalyse hat den Sinn, das eigene Fremde zum Eigenen zu machen. Aber sie kann, aus verschiedenen Gründen, nicht erschöpfend sein. Analyse kann also als ein Prozeß beschrieben werden, in dem das Fremde des Fremden kontinuierlich zu unserem gemeinsamen Eigenen wird. Wenn das Fremde des Fremden zu unserem gemeinsamen Eigenen wird, er mich an seiner Geschichte teilhaben läßt, ist er kein Fremder mehr. Ich habe meinen Patienten dann an diesem Punkt verstanden, und er fühlt sich verstanden. Oft habe ich mir in diesem Prozeß ein eigenes Fremdes zu eigen gemacht oder habe fremdgewordenes Eigenes, unbewußt Gewordenes wieder erinnert oder besser verstanden und konnte es integrieren.

Kollektive Fremdheit

Alle Vorstellungen, die in mir durch die Erzählung des Patienten entstehen, und meine dazugehörigen Gegenübertragungsphantasien sind mit Gefühlen verbunden. Die Vorstellungen des Patienten brauchen es nicht unbedingt zu sein: es kann sein, daß er die zu meinen Vorstellungen gehörigen Gefühle nicht erleben kann. Ich aber erlebe sie durch innere Identifikation mit seinem Erleben. Wie ein Theaterzuschauer bin ich durch Identifikation mit den Schauspielern gefühls-mäßig an der Szene beteiligt, bin aber durch die analytische Situation auch von der Szene unterschieden. Es gibt in meiner Erfahrung einige Kategorien von Szenen und Vorstellungen, wo der Analytiker, um im Bild zu bleiben, auf die Bühne gezogen wird, wenn er es nicht vorzieht, vorher das Theater zu verlassen. Letzteres wäre seine Abwehr, die es dann auch dem Patienten unmöglich macht, sich diese Szenen vorzustellen Der Vorhang wird nicht geöffnet, die Aufführung findet nicht statt. Auf die Bühne gezogen werden heißt, daß der Analytiker seine notwendige Distanz vorübergehend verloren hat und von den nämlichen Affekten überschwemmt wird wie der Patient. Es handelt sich um Kategorien von Szenen und Vorstellungen, wo der Patient höchst gefühlsbeteiligt, als geschehe es jetzt, die Verdrängung oder Abspaltung von unerträglich Verinnerlichtem aufheben muß. Damit sind unerträgliche Vorstellungen, phantasierte szenische Abläufe gemeint, die aber eine geschichtliche bzw. zeitgeschichtliche Realität widerspiegeln, in deren Kern häufig eine Opfer-Täter-Beziehung steht. Selbstverständlich muß diese Täter-Opfer-Beziehung auch immer auf der Übertragungs-Gegenübertragungsebene der analytischen Beziehung verstanden werden.[1)]

Traumata von Täter- und von Opferkindern

Ein Täter hat ein Opfer, das ihm ausgeliefert war, auf unerträgliche Weise verletzt, eine Relation, die wir auch auf Gruppen von Tätern und Opfern übertragen können. Ich mußte daher in Identifikation mit ihrem Schmerz, aber - als Täterkind - auch voller Schuld- und Schamgefühle heftig weinen, als eine jüdische Patientin der 2. Generation der Überlebenden im Zusammenhang mit entsprechenden Vorstellungen vom Schmerz über die Shoah in heftiges Schluchzen ausbrach. Ein anderes mal mußte ich weinen, als eine Frau in einer Gruppentherapie zum erstenmal in ihrem Leben berichtete, wie sie als Kind einen Tieffliegerangriff der Russen auf der Flucht gerade noch überlebt hatte und dabei nahe Anverwandte verlor. Solche Menschen sind direkt traumatisiert (wie die Frau, die den Tieffliegerangriff mit fünf Jahren überlebt hatte) oder haben die Traumata ihrer Eltern bzw. die Reaktion der Eltern auf die Traumata in sich hineingenommen (wie die erwähnte jüdische Patientin, die nach dem Krieg geboren ist). Die erste Patientin stammte aus einer Täterfamilie - der Vater war in der Rüstung beschäftigt - die zweite aus einer Familie von Opfern des Nationalsozialismus. In beiden Fällen muß verfolgt werden, wie die jeweilige Persönlichkeit mit dem verinnerlichten unerträglichen Zeitgeschichtlichen umgegangen ist.

Ich kann in diesem Beitrag nicht die typischen Reaktionen von Überlebenden der zweiten Generation der Opfer der Nazis auf die Hineinnahme der traumatischen Erlebnisse ihrer Elterngeneration darstellen.2) Auch für die nicht direkt traumatisierten Täterkinder gilt, daß viele der im Krieg und in der Nachkriegszeit Geborenen unter dem Einfluß einer traumatischen Gesamtkonstellation standen, die nur vor dem zeitgeschichtlichen Hintergrund verständlich und interpretierbar ist.3) Wie die Opfer-Kinder, haben auch sie die geschichtliche Täter- Opfer-Konstellation in sich hineingenommen.

Bei dieser Überlegung besteht die Gefahr, auf die ich hier deutlich hinweisen möchte, daß die reale Geschichte der Opfer und ihrer Kinder und die der Täter und Täterkinder nicht genügend unterschieden wird. Es sind in jedem Fall affektiv hochbesetzte Szenen introjizierter Geschichte, die bis zum Zeitpunkt ihres Auftauchens in der Übertragungs-Gegenübertragungs-Beziehung durch spezifische Abwehrstrategien unbewußt gehalten werden mußten. Diese Abwehrstrategien dienen dazu, das Individuum vor bedrohlichen Affekten und Phantasien, die um Vernichtung, Schuld und Scham kreisen, zu schützen, und es ist vorstellbar, daß sowohl die Affekte und Phantasien, die abgewehrt werden müssen, als auch die Abwehrstrategien bei Täterkindern andere sind als bei den Überlebenden der 2. Generation, also den Kindern der überlebenden Opfer der Shoah. Ein Flüchtlingskind etwa, wie die erwähnte Frau, die den russischen Tieffliegerangriff gerade noch überlebte, Täter-Kind also, aber durch vielfältige Weise auf der Flucht traumatisiert, wird etwa die Täterseite der eigenen Familie hinter einer Maske des Opfers - das sie auch war - verbergen müssen. Sie wird sich, als Jugendliche, vielleicht zur Verstärkung ihrer Abwehr, politisch-ideologisch organisieren oder bei Gruppen zugehörig fühlen, die ähnliche Erfahrungen in ähnlicher Weise verarbeiten. Damit sind nicht nur rechtskonservative Flüchtlingsverbände oder Ähnliches gemeint, sondern das gesamte politische Spektrum von rechts bis links bietet verschiedene Möglichkeiten zur Abwehr bzw. Verarbeitung der unerträglichen internalisierten Geschichte.[4)]

Die Wiederkehr des Verdrängten

Es besteht ein Konsens unter den Analytikern, daß diese Szenen wie Fremdkörper in der Seele bleiben und eine dauerhaft pathogene Wirkung auf die psychische psychische Organisation haben.[5)] Erfahrungsgemäß drängen solche unbewußt gewordenen Szenen im Sinne des Gesetzes der "Wiederkehr des Verdrängten" zur Reinszenierung, sowohl im gewöhnlichen Leben des Menschen als auch in der speziellen analytischen Situation.[6)] Wenn ich also von "kollektiv Verdrängtem" spreche, meine ich diese Zusammenhänge: die in individuellen Analysen zu findenden spezifischen Abwehrstrategien gegen die Unerträglichkeit internalisierter Geschichte. Der Kern scheint mir immer eine Opfer-Täter-Beziehung zu sein. Entsprechend der realen Geschichte der Eltern (und der Familie) wird diese internalisierte Täter-Opfer-Beziehung bei Täterkindern und -kindeskindern eine andere Geschichte aufweisen, als bei Opferkindern und -kindeskindern. In jedem Fall ist davon auszugehen, daß das Unerträgliche intrapsychisch wirksam bleibt oder sich im Beziehungsbereich oder in der Gesellschaft zur Reinszenierung drängt.

Daß ich diese Zusammenhänge mit dem Ausdruck Verdrängung bezeichne, ist natürlich ungenau: es geht auf der Täterseite, die ich hauptsächlich im Auge habe, um unterträgliches Schweigen, um Tabus, um Verleugnung von geschichtlichen Tatsachen (Auschwitz- Lüge, blinde Flecken, weiße Schatten.) Es geht um die Verleugnung von individueller und kollektiver Schuld, die Unfähigkeit, Verantwortung für Geschichte zu übernehmen, und um die Unfähigkeit, mit den Opfern, den Ermordeten und den Überlebenden und deren Kindern umzugehen.

Die Täterseite

Es ist Analytikern geläufig, daß sie bei sehr vielen Patienten davon ausgehen müssen, daß diese von ihren Eltern oder anderen Bezugspersonen nicht nur nicht geliebt und respektiert wurden, sondern, gemäß der Ideologie des 3. Reiches, nicht nur in der Phantasie sondern durch das Handeln und Verhalten der Eltern völlig entwertet wurden. Die Phantasie dieser Eltern hat ihre Kinder an den Maßstäben der Nazi-Generation gemessen, deren grenzenlose Menschenverachtung alle betraf, die nicht in den "gesunden" rassistisch definierten "Volkskörper" paßten. Die Maßstäbe der Nazis ließen die Eltern bei diesen Kindern projektiv an

"Juden" denken. Den Nazis war ja im Grunde alles "Nicht-Arische" "jüdisch". Aber, wie Hilberg schreibt, die Juden waren lediglich die ersten Opfer der deutschen Bürokratie. "Daß dem so war, ist kein Zufall, historische Präzedenzfälle administrativer wie ideologischer Art bedingten die Wahl des Volkes, das seit Jahrhunderten das stets verfügbare Opfer periodisch wiederkehrender Vernichtungswut gewesen war."[7] Man kann sagen, die Nazi-Eltern streben "nach einem Idealkind, welches in Hitlers germanische Jugend hineinpaßt und ihm ganz gehört. Die Unvollkommenheit eines Kindes ist derart schändlich, daß sein Töten notwendig wird, da beschädigte Kinder aus der deutschen Rasse eliminiert gehören".[8] Dieses Töten kann auch "innere Vernichtung" heißen. Aus den Analysen von Kriegs- und Nachkriegskindern wird erschreckend deutlich, daß zum Geheimnis der Nazi-Vergangenheit, nicht nur der aktiven SS-Männer und Parteigänger, sondern auch der schweigenden Mitläufer, die Aura des Kindesmörders gehört. "Juden, Zigeuner, Kommunisten und Geistliche wurden in den Zustand hilfloser Kinder zwangsversetzt, die von ihren grausamen 'Aufsehern' abhängen. Sie aßen, was ihnen gegeben wurde; ihnen wurde gesagt, wann sie auf die Toilette zu gehen hatten, sie wurden in Lagern eigesperrt, die sie ebenso wie Kinder nicht ohne Aufseher verlassen durften."[9]

Gegenwart der Tradition

Auch heute noch spricht es in vielen Menschen der Kriegs- und Nachkriegsgeneration: Du kommst nach Hadamar, du kommst nach Kaufbeuren, d.h. zur Selektion, zur Euthanasie. "Da kommt man ins KZ" bedeutete doch auch Vernichtung, auch wenn die Eltern nur von den KZ im Reichsgebiet wußten, und nichts von der Massenvernichtung im Osten. Viele der Greueltaten haben sich in sprachlichen Wendungen noch erhalten und werden teilweise wieder provozierend verwendet.[10] Die Menschenverachtung der Nazis ist immer noch virulent. Wenn der Hamburger Oberbürgermeister Klaus von Dohnany zur Eröffnung des internationalen psychoanalytischen Kongresses in Hamburg 1985 zu Recht sagte: "Wer sagt 'unser Bach' und 'unser Beethoven', der muß auch sagen: 'unser Hitler'", dann müssen wir auch sagen "unsere Menschenverachtung". Am deutlichsten wird sie in den in Berlin seit vielen Jahren zu beobachtenden Türkenwitzen, in denen jetzt nach meiner Beobachtung wieder auch die Juden vorkommen. In diesen Witzen hat sich die Geschichte der Opfer und der Täter erhalten, und die Lust der Täter an der Vernichtung. Sie benützen häufig deutliche Anspielungen auf den Holocaust. Ich nenne nur ein Beispiel: "Wer fällt schneller aus einem Hochhaus, Türke oder Jude? - Türke, denn Scheiße fällt schneller als Asche."

Die Vermittlung der antisemitisch-rassistischen, ethnozentrischen Stereotypen, auf die das Kind auch noch in unserer Welt - nach Auschwitz - trifft, geschah jahrhundertelang durch die religiösen Institutionen. Es sind vom Christentum verpönte Anteile des menschlichen Selbst - und seiner Beziehung zu seinen frühen Objekten -, die auf Juden, aber auch auf andere Minderheiten wie Hexen, Landfahrer und nach der Entdeckung der Neuen Welt auch auf die dort angetroffenen kannibalischen Wilden projiziert wurden. Die Rassismuskonzepte des 19.Jahrhunderts bedienten sich dieser Stereotypien, entleerten sie von ihren religiösen Rationalisierungen und bearbeiteten sie weiter, so daß sie dann den Nazis zur demagogischen Verwendung bereitlagen. Je weiter wir die Stereotypien zurückverfolgen, desto näher kommen wir mythologischen Bildern, den Aspekten des Bösen, des Teufels, des Anti-Christ, die mit dem Stereotyp des Juden, aber auch anderer Minderheiten und Fremder verbunden sind.[11]

Verschlingende Fremdheit

Im Zentrum steht m.E. eine Phantasie vom Kannibalismus, mit dem Fremde und Barbaren jenseits des Bekannten schon immer ausgestattet wurden, die Angst, aufgefressen zu werden, ausdrückt. Um diese zentrale Phantasie gruppieren sich Ängste, die mit der Regression zurück zum Mütterlichen zu tun haben; Ängste, die um Auflösung und Zersetzung gehen. Weiterhin Phantasien, wie sie aus dem sado-masochistischen bzw. analen Bereich der kindlichen Entwicklung bekannt sind von Bemächtigung, Verschlingen Verdauen und Ausscheiden, zum Abfall machen, dazu noch eine Reihe sexueller Deviationen und Variationen.[12] Der Teufel und der jüdische Stereotyp sind sozusagen der Schatten oder das Negativ der christlichen Tugenden. Welchen Ursprung und Zweck die Stereotypen auch immer haben mögen, schreibt Hilberg,[13] die Funktion der Stereotypen ist immer die gleiche. Sie dienen der Rechtfertigung destruktiven Denkens und der Entschuldigung destruktiven Handelns. Wie die Geschichte zeigt, hatte das christliche Über-Ich mit seinem mosaischen Gebot "Du sollst nicht töten" für die Juden immer wieder eine Ausnahme gemacht (Pogrome). Bei den Projektionsträgern der Stereotypen ist das Böse untergebracht und kann kontrolliert werden - die bösen Anteile des Christenmenschen fanden sich nicht nur in der jenseitigen Hölle, wo sie bestraft wurden, sondern auch im Ghetto, in der Ausgrenzung, in den Sklavenschiffen, bei den "Zigeunern" mit ihrer anderen Lebensform. Es kam zu erbärmlicher Ghettoisierung - Mosse schreibt, daß im 19. Jh. die überfüllten Ghettos in Osteuropa und die jüdischen Viertel Mittel- und Westeuropas für widerliche Gerüche sorgten, daß Allzuviele dies aber nicht der endemischen Armut zuschrieben, in der die Juden lebten, sondern der angeborenen "Unsauberkeit der Rasse"[14].

Folgen der sozialen Ausgrenzung

Durch die Folgen der Ausgrenzung bestätigte sich der Stereotyp. Beim Wahrnehmen des Fremden und bei den Fremden-Stereotypen spielt der reale fremde Geruch bzw. festgelegte Phantasien darüber, wie der andere zu riechen habe, eine besondere Rolle.[15] Für Hitler und die Nazis verband sich der dreckige und unheldische Jude im Kaftan und mit Schläfenlocken in Wien sofort mit Sexualität. Wir lesen in "Mein Kampf" von Juden, die für weiße Sklaverei und Prostitution verantwortlich sind. Es wird geschildert, wie jüdische Jungen an den Straßenecken herumlungern, bereit, jeden Augenblick arische Jungen zu überfallen[16]. Die relative Stabilität des Stereotyps läßt sich durch die Jahrhunderte verfolgen.[17] Luther bezeichnet sie als "dürstende Bluthunde und Mörder" und fragt sich, "welcher Teufel sie hier in unser Land gebracht hat." Sie seien "wie eine Plage, Pestilenz und eitel Unglück in unserem Lande", "sie faulenzen, pompen und braten Birn, fressen, saufen, leben sanft und wohl von unserm erarbeiteten Gut". "Sollt der Teufel ihn nicht lachen und tanzen", fragt Luther, wenn er "solch fein Paradies bei uns Christen haben kann, daß er durch die Jüden, seine Heiligen, das uns zerfrisset ...." "Wir stehlen und zerpfriemen ihre Kinder nicht, vergiften ihre Wasser nicht, uns dürstet nicht nach ihrem Blut". In einer Reichstagsrede von 1895 werden die Juden als "Raubtiere" bezeichnet, sie arbeiten "parasitisch" und als "Cholerabazillen". Der Gauleiter Julius Streicher spricht 1935 zur Hitlerjugend, daß ein einziges Volk in diesem furchtbaren Krieg Sieger geblieben sei, ein Volk, von dem Christus sagte, sein Vater sei der Teufel. Dieses Volk habe das deutsche Volk an Leib und Seele zugrundegerichtet. Hitler sagt 1940 in einer Rede: "Es war ein Kampf gegen eine satanische Macht, die von unserem ganzen Volk Besitz ergriffen hatte ..."[18]

Die psychische Funktion des Fremden

In allen Kulturen muß ein Kind lernen, was es bei sich oder außerhalb seiner als gut oder böse zu erachten hat oder nicht. Das wird durch die Eltern, insbesondere durch die Mutter und durch die nahen Verwandten bestimmt. Das handelnde Ich der Eltern hängt stark vom elterlichen Über-Ich ab, was nur in gewissen Aspekten bewußt ist. Freud hat das Über-Ich folgendermaßen als kollektive kulturspezifische Instanz definiert:

"So wird das Über-Ich des Kindes eigentlich nicht nach den Forderungen der Eltern, sondern des elterlichen Über-Ichs aufgebaut; es erfüllt sich mit dem gleichen Inhalt, es wird zum Träger der Tradition, der zeitbeständigen Wertungen, die sich auf diesem Wege über Generationen fortgepflanzt haben. ... Die Menschheit lebt nie in der Gegenwart, in den Ideologien des Über-Ichs lebt die Vergangenheit der Tradition, der Rasse und des Volkes fort, die den Einflüssen der Gegenwart, neuen Veränderungen, nur langsam weicht."[19]

Wir müssen uns das Über-Ich als einen Ordnungsfaktor vorstellen, der über das Verhalten der Eltern und ihre Sprache und mit ihrer Sprache verbundenen Vorstellungen wirksam wird und nicht nur die Beziehung des Kindes zu seinem Körper, seinen Wünschen, Gefühlen und Affekten regelt, sondern auch die Beziehung des Kindes zu den Familienangehörigen, zu den Fremden und später zur

Gesellschaft. In Kulturen mit geringem Wandel würden die Eltern, die Mutter dem Kind einfach vermitteln, was ihnen seit eh und je selbst vermittelt wurde. Die Kindheit solcher Kinder wäre dann identisch mit der Kindheit ihrer Eltern, und die Altersperiode dieser Kinder wäre identisch mit der Altersperiode ihrer Eltern.

In Kulturen und Gesellschaften, die einem raschen Wandel unterliegen, bietet das Moratorium der Adoleszenz für die Jugendlichen die Notwendigkeit einer Auseinandersetzung mit den Normen der Eltern und eine Korrektur internalisierter Normen durch die Vielfalt der kulturellen Angebote.[20] Sozusagen ältere Schichten des Über-Ichs können dann bewußtseinsferner neben bewußtseinsnäheren moderneren stehen, z.B. ein Über-Ich, das Naziideologien trägt, liegt unter einem mit "aufgeklärten", "linken" oder "grünen" Vorstellungen. Was nun die Beziehung zu Fremden betrifft, gibt es in der kindlichen Entwicklung anscheinend einige sensible Phasen, wo Fremdes und die Art des Umgangs der Eltern, der Mutter mit dem Fremden für das Kind wichtig wird. Das bekannte "Fremdeln" des Säuglings ist mit acht Monaten dann zu beobachten, wenn das Kind andere Personen von der Mutter unterscheiden gelernt hat. Fremd ist dann, was nicht die Mutter ist. Nach Erdheim entsteht damit eine intrapsychische Repräsentanz des Fremden beim Kind, die langsam durch die Gestalt des Vaters ausgefüllt wird,[21] der es dem Kind ermöglicht, aus seiner ursprünglichen Einheit mit der Mutter herauszutreten. So wie der Vater dem Kinde geholfen hat, die Angst vor dem Verschlungenwerden durch die frühe Beziehung zur Mutter zu überwinden, hilft die Kultur später dem Adoleszenten, den Schoß der Familie zu verlassen.

Gesellschaftliche Bedeutungen des Fremden

Im Verlauf dieses Prozesses, der hier nur angedeutet werden kann, entscheidet es sich, ob das Kind und später der Jugendliche die anfänglich ganz guten und ganz bösen Teile seiner selbst und seiner Objektbeziehungen miteinander verbinden kann oder ob sich Spaltungstendenzen durchsetzen, d.h. nur ganz gute oder ganz böse Selbst- und Objektrepräsentanzen erlebt werden können. Für die Phase des Fremdelns hat Volkan, ein türkisch-zypriotischer Psychoanalytiker, beobachtet, daß die türkischen Mütter beim Eintreten eines türkischen Besuchers alles tun, um ihr Kind zu beruhigen und seine Angst vor dem Fremden als unbegründet zu zerstreuen. Tritt hingegen ein Grieche ein - was zu Zeiten vor der Teilung der Insel durchaus möglich war -, so wird nichts dergleichen unternommen, so daß die Angst des Kindes vor dem Fremden und Bösen sich an das Bild des Griechen heftet. Sie wird im Verlauf der späteren Erziehung durch entsprechende Verse und Sprüche noch verstärkt.

Damit wird zweierlei erreicht: Erstens wird auf der Ebene der individuellen Psychologie dem Kind die Bewältigung seiner Angst erleichtert, indem ihm ein passendes Ziel für die Externalisierung dieser Anteile angeboten wird, und zweitens wird, auf einer sozialpsychologischen Ebene, ein Mosaikstein zur Errichtung eines Stereotyps vom "bösen Griechen" hinzugefügt. Vermutlich ist es also eine wichtige Aufgabe der Bezugspersonen, die das Kind bemuttern, dem Säugling und Kleinkind gegebene Zielscheiben für die Externalisierung seiner "guten" und "bösen" Selbstaspekte sowie der entsprechenden Objektrepräsentanzen bereitzuhalten, indem die mütterliche Bezugsperson benennt, was "gut" und "schlecht", was "lieb" und "böse" ist und dafür Gegenstände, Bilder, Laute, Melodien und Worte anbietet - aber auch Gerüche, Gebärden und Speisen können diese Aufgabe übernehmen. Die Angebote an ihre Kinder speisen sich aus dem Über-Ich der Mütter dieser ethnischen Gruppe. So entstehen für die Kinder ethnische, nationale oder religiöse Symbole, die die Grundlagen für das Zusammengehörigkeitsgefühl der Mitglieder einer bestimmten Kultur, Nation oder Religion sind, aber sich bei grundlegendem Wandel der Gesellschaft wahrscheinlich sehr schnell ändern können.[22)]

Ein klinisches Beispiel

Die eben beschriebenen Aspekte der Verschränkung individueller und kollektiver Traumatisierung lassen sich an folgendem Beispiel aus meiner therapeutischen Praxis verdeutlichen. Der Analysandin, die mir die Erlaubnis gegeben hat, einige typische Aspekte aus ihrer Lebensgeschichte zu veröffentlichen, bin ich zu großem Dank verpflichtet. Sie kam wegen mehrerer lebensbedrohlicher Selbstmordversuche, schweren Depressionen sowie Angstzuständen in die Analyse. Frau P. war Nachkriegskind. Ihre Eltern stammten aus den deutschen Ostgebieten. Der Vater hatte als junger Wehrpflichtiger den ganzen 2. Weltkrieg im Osten mitgemacht. Die Mutter war 1945 auf der Flucht von russischen Soldaten mehrmals vergewaltigt worden. Auf Grund der schwierigen Nachkriegssituation war Frau P. eigentlich unerwünscht. Sie blieb das einzige Kind ihrer Eltern. Der Vater baute zu der Tochter eine sehr nahe Beziehung auf und erzählte ihr schon früh von seiner ganzen Erschütterung über seine Kriegserlebnisse. Sie hatte eine liebevolle, idealisierende Beziehung zu ihrem Vater aufgebaut, die nur unterbrochen wurde von seinem tage-, ja wochenlangen Schweigen, wenn sie "unartig" war. Erst als Erwachsene erfuhr sie von ihm, daß er sie schon als Kleinkind regelmäßig ins Klo gesperrt hatte, wenn sie trotzig war. Mit Stolz berichtete er in diesem Zusammenhang, daß er sie nie körperlich gestraft habe, weil sein eigener Vater ihn mit großer Härte geschlagen hatte. Diese Erziehungsmaßnahmen des Vaters, die im Grunde nur die viel brutaleren seines eigenen Vaters widerspiegelten, aber auch ihr Mitwissen um seine Täterschaft im Kriege führte dazu, daß ihr Vaterbild sehr destruktive Aspekte gewann, die ihr hinter seiner Idealisierung unbewußt blieben. Diese Destruktivität wurde in den suizidalen Depressionen von Frau P. wirksam, wo sie die frühkindlichen Angriffe des Vaters auf ihre Lebendigkeit, auf ihr kindliches Selbst reinszenieren mußte. In der Wiederkehr der verdrängten

Szene mußte sie sich, mit einem Gefühl völliger Entwertung, aber auch gequält von Schuldgefühlen, im Suizidversuch opfern. Der Reinszenierung ging regelmäßig eine Situation voraus, wo sie die heftigen Affekte ihrer frühen Kindheit zur Selbstbehauptung gebraucht hätte. Diese durfte sie aber innerlich nicht einmal mehr wahrnehmen, geschweige denn, daß sie hätte aggressiv werden, zur Täterin werden dürfen. Die ihr ähnlich strukturierte Mutter bot keine Identifikationsmöglichkeiten, hatte sie ja auch den Erziehungsmaßnahmen des Vaters zugestimmt. Diese Täter-Opfer-Dynamik von Frau P. wiederholte sich auch immer wieder auf Grund ihrer Flüchtlingszugehörigkeit in dem westdeutschen Dorf mit seinen uransässigen Einwohnern, wo sie geboren wurde und aufwuchs. Sie beneidete die blonden Ansässigen, die die Flüchtlingsfamilie und Flüchtlingskinder verhöhnten und verachteten. Auch in solchen psychosozialen Zusammenhängen erlebte sie immer wieder, daß sie nicht erwünscht war, nicht da sein durfte, ohne Wert war, wie Kot. Gegen dieses Unwert-Sein gab es nur eine einzige Abwehrstrategie, sich mit der Auffassung von Pflichterfüllung des Vaters und dessen exzessivem Arbeitseinsatz im "Wirtschaftswunder" zu identifizieren. Auch dieser konnte nach Heimatverlust und Flucht seine Existenzberechtigung nur über Leistung erleben. Zu einer grundlegenden Veränderung im Befinden von Frau P. kam es erst durch die Trauerarbeit im Zusammenhang mit den Kriegshandlungen des Vaters, seiner Mitschuld, und durch das Betrauern der Opfer. Dadurch wurde ihr der Zugang zu den eigenen aggressiven Potentialen ermöglicht.

In einer Stunde berichtet Frau P. von einem schrecklichen Alptraum. Ihr Freund, den sie ganz nach ihrem Vaterbild gewählt hatte, fuhr mit ihr ganz schnell an einem Wachturm vorbei, der ausschaute wie ein Grenzturm der Mauer. Eine Frau schrie ganz laut. Frau P. sagte zum Freund: "Um Gotteswillen, fahr nicht weiter". Da waren viele Unfälle. Aber der Freund fuhr trotzdem mit 100 kmh weiter. Da saßen auf der Straße halbtote Menschen. Der Freund fuhr mit rasender Geschwindigkeit mittendurch. Manchmal erwischte er jemanden. Er ging nicht vom Gas. Die Patientin schrie anhaltend und wachte auf. Das Ganze sei in Flutlicht getaucht gewesen, außer ihnen sei niemand dagewesen. "Bleierne Zeiten" (der bekannte Film von M.v.Trotta) sei ihr durch den Kopf geschossen, und der Ausschnitt eines weiteren Filmes über die Befreiung von Bergen-Belsen. Da sei ein Lastwagen über Leichen gefahren, und sie habe nicht hinschauen wollen. Weiterhin fiel ihr die Isolationshaft von Stammheim ein, und sie sprach über das Nicht-Sprechen-Können, das Stummsein-Müssen der RAF-Häftlinge. Dann kam sie zu Bildern aus dem KZ: "Es war, als würden mich selbst die Überlebenden vorwurfsvoll angucken, mich selbst. Die Gegend im Traum war wie tot, da wohnt niemand, es ist die tote Seite der Stadt, links Wüstenei, verbrannte Erde."

Frau P. berichtete in dieser Stunde weiterhin davon, daß ihr Freund überhaupt nicht gefühlsmäßig auf die Verbrechen der Nazis reagieren könne. Sie erlebe ihn dann so wie damals, wenn sie einen Selbstmordversuch unternommen hatte, oder wie er sich verhalte, wenn sie sich innerlich immer wieder eingesperrt und gefangen fühle. Er sage dann nur immer: "Laß mich mit deinem Psychokram in Ruhe, ich will genießen." Abschließend berichtete sie in dieser Stunde, daß sie sich, da sie einen Antikriegsfilm gesehen habe, zur Zeit sehr mit der Rolle des Vaters als Soldat beschäftige.

Ausdeutung

Diese klinische Vignette macht die Verflechtung individueller und kollektiver Traumatisierung deutlich. Vor dem Hintergrund der Beziehung zu einer ebenfalls sehr depressiven (und u.a. durch die Vergewaltigung traumatisierten) Mutter, die nicht auf der Seite der kindlichen Lebendigkeit gegen den Vater stehen konnte, kam es durch häufiges Eingesperrtsein und die langen Trennungen in der weiteren Kindheit von der Familie wegen einer schweren Erkrankung zu einem kumulativen Trauma. Die Täterseite des Vaters bezüglich dessen, was er ihr angetan hatte, aber auch bezüglich seiner eigenen Täterschaft im 3. Reich (wenn auch nur als einfacher Soldat) mußte unbewußt gehalten werden, wendete sich aber als Introjekt in den suizidalen Depressionen gegen sie. Erst in den in der Analyse zugänglichen Phantasien wurde deutlich, daß sie sich mit den Opfern der Nazis identifiziert hatte, aber auch, wie der erwähnte Traum zeigt, unter immensen, vom Vater übernommenen, ihr aber unbewußten Schuld- und Schamgefühlen wegen dessen Täterschaft im 3. Reich litt.

Frau P. litt unter einem immensen Grundgefühl von Fremdheit, bei ihren Eltern, aber auch später in ihren psychosozialen Beziehungen. Sie fühlte, daß sie nicht erwünscht war, nicht da sein durfte, sich nicht äußern durfte, nicht lebendig sein durfte. Unwert fühlte sie sich immer, wenn sie nicht durch die Nazi-Tugenden von härtester Tüchtigkeit und Pflichterfüllung, also über extreme Leistung, letztendlich die Aufsteigerwünsche ihrer Eltern befriedigte.

Schlußbemerkungen

Was die Beziehung des Psychoanalytikers zum Fremden des ihm fremden Patienten betrifft, die eingangs erwähnt wurde, so möchte ich die Chance und Bereicherung betonen, die eine solche Auseinandersetzung bietet. Ich weiß freilich, daß es unmöglich ist, die analytische Zweipersonen-Beziehung auf gesellschaftliche Prozesse zu übertragen. Wenn wir aber in persönliche Beziehung zu Fremden geraten, können wir da nicht versuchen, einen Moment innezuhalten und uns fragen, ob das Fremde des anderen nicht eigenes Fremdes anspricht?

Die Auseinandersetzung mit der Vorstellung von einem "kollektiv Verdrängten" bezog sich hier letztendlich nur auf die Generation der Täter-Kinder (und Kindeskinder). Wenn bei vielen Menschen unseres Landes noch die wirklich beteiligte Auseinandersetzung mit den Taten der Eltern und Großelterngeneration zu leisten ist - und davon gehe ich aus -, dann stellen Fremde in der gegenwärtigen politischen Situation eine Versuchung dar, sich von den beschriebenen Gefühlen zu entlasten. Im alltäglichen Fremdenhaß, der in unserem Land zu beobachten ist, kommt es zu einer Reinszenierung des kollektiv Verdrängten. Auschwitz als die ungeheure Möglichkeit menschlicher Destruktivität[23)] ist m.E. in den Phantasien und Einstellungen von Fremdenhaß immer gegenwärtig, wie der oben wiedergegebene "Türkenwitz" zeigen sollte. Diese Phantasien und Einstellungen bedienen sich ohnehin der alten Stereotypien. Wir müssen uns auch davor hüten, mit geheimer Befriedigung auf die gegenwärtigen Auswüchse des Fremdenhasses in der DDR zu zeigen.[24)] Vieles, was dort deutlich wird, gehört auch zu unserem eigenen BRD-Schatten und unserer gemeinsamen Nazi-Geschichte.

Die Ausführungen über die normale Entwicklung des Individuums in bezug auf das Phänomen des Fremdelns sollten zeigen, daß es in der frühen Kinderentwicklung unumgänglich ist, daß das Kind vorübergehend im Erleben zwischen guten und bösen Teilen in sich selbst und bei anderen unterscheidet. Die politische Situation, in der wir jetzt stehen, hatte zur Voraussetzung, daß auf einer globalen Ebene die Supermächte ihr Denken in diesen frühkindlichen Kategorien aufgeben konnten. Die Sowjetunion ist plötzlich nicht mehr das Reich des Bösen, von dem Reagan noch am Beginn der 80er Jahre gesprochen hatte. Die Sowjetunion entdeckt ihre eigene furchtbare Geschichte und muß das Böse nicht mehr auf Kapitalismus und Imperialismus projizieren. Es ist zu hoffen, daß die Aufhebung dieser Spaltung - und die Mauer und der Eiserne Vorhang waren ihr Symbol - in ganz Gute und ganz Böse unter dem Druck der drohenden atomaren Vernichtung und der völligen ökologischen Zerstörung ein Indiz für ein Reiferwerden der Menschheit ist, die sich von den vielfältigen Ideologien, die diese Spaltung festgeschrieben haben, langsam befreit. Solche Entwicklungen sind auch immer wieder von regressiven Gegenbewegungen begleitet, d.h. es wird anscheinend immer wieder zu fundamentalistischen, nationalistischen und ethnozentrischen Bewegungen und Formationen kommen, und dabei spielt dann auch immer wieder das haßerfüllte Ausgrenzen des Fremden eine Rolle.

Die klinische Vignette zeigte keinen Fall von Fremdenhaß. Entsprechend den angedeuteten Mustern von geschichtlicher und zeitgeschichtlicher Entwertung erlebte sich Frau P. als Opfer. Aber mit ihrer Geschichte, die einer Deutschen mit eigentlich vertrautem und einfühlbarem Schicksal sollte darauf aufmerksam gemacht werden, daß alle, die Objekte unseres Fremdenhasses und unserer Fremdenfeindlichkeit werden könnten, Individuen sind, die mit ihrer eigenen individuellen und kollektiven Geschichte und ihren eigenen Wünschen, Ängsten und Phantasien zu uns kommen. Und oft haben sie, die Polen, die "Zigeuner" und andere Fremde, mit unserer Geschichte viel zu tun. Beim Schreiben hatte ich einmal nachts eine Phantasie: Die Roma, die jetzt alle kommen, haben im Fernsehen gesehen oder von anderen gehört, wie begeistert die Deutschen die DDR-Flüchtlinge empfangen haben, die (1989) durch die Löcher im Eisernen Vorhang gekommen sind. Wäre ihnen zu verdenken, dachte ich, daß sie hoffen, sie würden hier auch freundlich empfangen? Sie können doch nicht wissen, daß wir Angst haben, von ihnen "aufgefressen" zu werden.

Anmerkungen

1) Vgl. Springer, A.: Kassandra, eine Seherin der Destruktivität. In: Zeitschrift für Analytische Psychologie 15/4, 1984; Springer, A.: Die Wiederkehr des Verdrängten in der Maskierung als Opfer. In: Zeitschrift für Analytische Psychologie 20/4, 1989
2) Vgl. M.S. Bergmann, M.E. Jucovy (Hrsg.): Generations of the Holocaust. New York (Basic Books) 1982; Ayalon, O.; Eitinger, L.; Lansen, L.; Sunier, A. et al.: The Holocaust and its Perserverance (Stress, Coping, and Disorder). Assen (Van Gorcum) 1983; Cogna, I.: Kinder von Holocaust-Überlebenden - vermittelte und reale Traumen. Psyche 44/6 1990; Eckstedt, A.: Nationalsozialismus in der "2. Generation". Psychoanalyse von Hörigkeitsverhältnissen. Frankfurt/M. (Suhrkamp) 1989
3) Eckstedt, a.a.O., 231
4) Das gilt in spezifischer Weise auch für Analytiker verschiedener Richtungen und Generationen, deren Schuleinbindungen von dem jeweiligen Individuum u.U. ebenfalls als ein Abwehren der verdrängten Geschichte zu verstehen ist. Von seiten der Analytischen Psychologie C.G. Jungs vergl. dazu Erlenmeyer, A.; Springer, A.; Winkelmann, K.: Destructiveness in the Tension between Myth and History (Dicussion among 3 analysts). In: M.A. Mattoon (Hrsg.): The Archetype of Shadow in an Split World. Proceedings of the 10th international congress for Analytical Psychology, Berlin 1986. Zürich (Daimon-Verlag)
5) Laplanche, J. / Pontalis, J.B.: Das Vokabular der Psychoanalyse. Frankfurt/M. (Suhrkamp) 1972 - Bd.2., 513 Stichwort "Trauma"
6) Vgl. Springer: Die Wiederkehr des Verdrängten in der Maskierung als Opfer, a.a.O.
7) Hilberg, R.: Die Vernichtung der europäischen Juden. Die Gesamtgeschichte des Holocaust. Berlin (Bolle und Wolter) 1982, 677
8) Kestenberg, J. S.: Neue Gedanken zur Transposition. Klinische, therapeutische und entwicklungsbedingte Betrachtungen. In: F.W. Eickoff und W. Loch (Hrsg.) Jahrbuch der Psychoanalyse. Bd. 24, 175
9) Kestenberg a.a.O.
10) Erlenmeyer, A.: Die Wirkung geschichtlicher Ereignisse auf die Psyche (Die Wirklichkeit des Bildes - das Bild der Wirklichkeit). In: Zeitschrift für Analytische Psychologie 15/4, 1984; vgl. auch Springer: Die Wiederkehr des Verdrängten in der Maskierung als Opfer, a.a.O.
11) Vgl. Trachtenberg, J.: The Devil and the Jews. The Medieval Conception of the Jew and its Relation to Modern Antisemitism. Philadelphia (The Jewish publ. Society of America) 1983
12) Erlenmeyer, A.: Das kannibalische Phantasma - eine Annäherung. In: Zeitschrift für Analytische Psychologie 19/3, 1988
13) Hilberg a.a.O., 18
14) Mosse, G.L.: Rassismus - ein Kranheitssymptom in der europäischen Geschichte des 19. und 20. Jahrhunderts. Königstein/Ts. (Athenäum-Verlag) 1978, 104
15) Ich finde das besonders erwähnenswert, wenn wir an die enorme Geruchsfähigkeit des menschlichen Kindes denken und uns fragen, wie fremder Geruch vom Über-Ich der Mutter bewertet wird, wenn die Mutter mit dem Kind einem Fremden begegnet. Ein Gedankenexperiment, das jeder leicht vollziehen kann, wenn er sich mit der Mutter und einem 2-3jährigen Kind identifiziert, und das Kind den Impuls haben läßt, zu einem Roma hinzugehen.

16) Adolf Hitler in "Mein Kampf", nach Mosse a.a.O., 103

17) Hier spricht ein prominenter Protestant in einer Arbeit über den Holocaust und die Protestanten von einer "latenten antisemitischen Konditionierung", von "prägenden Denkschemata", "besser Vorstellungsschemata", "antijüdischer theologischer Vorprägung", "Überliefertem Anti-Judaismus", von "jahrhundertealten Identitäts- und Abgrenzungsmodellen", von den antijüdischen alten Theologumena", die seit dem Mittelalter vorbereitet seien, von "imperialistisch-christlicher Sprache", von "jahrhundertelangen Vorurteilen und Entscheidungen der Christenheit", von "der verborgenen Judenfeindschaft in der Kirche", von "dem Mißbrauch antijüdischer Credo aussagen", von den "aktiven starken christlichen Negativdefinitionen der Juden", von dem "guten Gewissen der Christen", weil die Juden den Messias verworfen hätten, von den "mächtigen antijüdischen Traditionen in Credo und Lehre", von der "folgenreichen theologischen Definition der Juden", und das alles in einem Aufsatz von 35 Seiten. Vgl. Bethke, E.: Shoah (Holocaust) und Protestantismus. In: J.Ch. Kaiser und M. Greschat (Hrsg.): Der Holocaust und die Protestanten. Analysen einer Verstrickung. Frankfurt/M. (Athenäum) 1988

18) Hilberg a.a.O., 19-21

19) Freud, S.: Neue Folge der Vorlesungen zur Einführung in die Psychoanalyse (1932). Ges. Werke Bd. 15. Frankfurt (Fischer) 1979

20) Vgl. die Arbeiten von Mario Erdheim über Adoleszenz und Kulturentwicklung, insbesondere in "Psychoanalyse und Unbewußtheit in der Kultur", Aufsätze 1980 bis 1987. Frankfurt/M. (Suhrkamp) 1988

21) Erdheim: Die Repräsentanz des Fremden, a.a.O, 238

22) Nach der Buchbesprechung durch Hans-Jörg Becker in der PSYCHE 41/10, 1987, 944-947 von: Volkan, Vamik D.: Cyprus - War and Adaption. A psychoanalytic history of two ethnic groups in conflict. Charlottesville (University Press of Virginia) 1979

23) Vgl. Appy, G.: Kollektivschuld und Verantwortlichkeit. Klinische Überlegungen zur Destruktivität und deren Abwehr. In: Zeitschrift für psychoanalytische Theorie und Praxis IV, 3, 1989, 221/222

24) Zum Fremdenhaß in der DDR vgl. das zwischen dem 4. Dezember 1989 und dem 4. Jan. 1990 entstandene Buch von Runge, Irene: Ausland DDR. Fremdenhaß. Dietz-Verlag, Berlin 1990

Die Fremdheit der Geschlechter

Helga Marburger

Das Geschlechterverhältnis als Herrschaftsgefüge

Gefühle von Fremdheit, von Nichtverstehen und Mißverstehen gegenüber Angehörigen des anderen Geschlechts gehören sicher zu den alltäglichen Erfahrungen von Frauen wie Männern. Doch hat diese Fremdheit individuell und vor allem auch strukturell qualitativ eine völlig andere Bedeutsamkeit für Frauen und Männer. Ich möchte diese Differenz vergleichen mit der Differenz der Erfahrungen kultureller Fremdheit in der Begegnung zwischen einem weißen und einem schwarzen Südafrikaner bzw. - allgemeiner - zwischen einem Angehörigen einer dominanten "weißen" Kultur und einem Angehörigen einer von jenem ersteren per Definitionsmacht als minderwertig oder minderwertiger eingestuften "schwarzen" im weiteren Sinne - sprich z.B. auch türkischen, polnischen - Kultur. D.h. der Begriff der "Fremdheit" als zentrale Analysekategorie des Geschlechterverhältnisses erscheint mir ohne Berücksichtigung der Tatsache des Sexismus, der Benachteiligung und Diskriminierung aufgrund des Geschlechts ähnlich verharmlosend und damit letztlich ineffektiv wie der der "Fremdheit" als zentrale Analysekategorie für interkulturelle Begegnungen und das Verhältnis der verschiedenen Ethnien unter Ausblendung von Rassismus und Rassismen. Mit anderen Worten, für mich stellt sich die Frage nach der Fremdheit der Geschlechter, ihren Ursachen und Ausdrucksformen nur unter ausdrücklicher Berücksichtigung des gesellschaftlichen Hierarchiegefälles zwischen Mann und Frau, der unterschiedlichen kulturellen Wertung der Geschlechter.

Nach meiner Einschätzung des aktuellen Diskussionsstandes zur Thematik wird dieser Kontext allenfalls von einer Minderheit männlicher Wissenschaftler - so sie sich überhaupt damit auseinandersetzen - explizit in die Analyse einbezogen und problematisiert; z.B. in dem Buch von Wilfried Gottschalch "Geschlechterneid" (1984). In der Regel aber wird die Dominanz des Männlichen fraglos-selbstverständlich gesetzt, männlicher Maßstab, männliche Standards, männliche Interessen leiten meist ungebrochen Fragestellungen gleichermaßen wie Antworten. Es sind Wissenschaftlerinnen - Soziologinnen, Ethnologinnen, Philosophinnen, Pädagoginnen, Psychologinnen -, die in ihrer Analyse des Geschlechterverhältnisses das Macht- und Herrschaftsgefüge offenlegen, eigenständige, d.h. nicht vom Mann abgeleitete, ihm zugeordnete Standortbestimmungen des Weiblichen vornehmen und damit Wege zu einer Neudefinition des Geschlechterverhältnisses auf der Basis von Gleichberechtigung, Gleichwertigkeit und Solidarität weisen können.

Eigene Betroffenheit und Parteilichkeit für die zweite - die weibliche - Hälfte der Menschheit bilden daher den Hintergrund für meine Entscheidung, mich unter Rückgriff auf Überlegungen, Daten, Fakten, Befunde dieser Wissenschaftlerinnen - Simone de Beauvoir, Helga Bilden, Nancy Chodorow, Carol Hagemann-White, Marielouise Janssen-Jurreit, Herrad Schenk -, um an dieser Stelle nur einige Namen zu nennen - sowie eigener sozialwissenschaftlicher Forschung in Schule und außerschulischer Arbeit in und aus der Perspektive einer Frau dem Thema "Fremdheit der Geschlechter" zuzuwenden.

Frauenwelten - Männerwelten

Beginnen möchte ich meine Ausführungen mit einem Zitat des Ethnopsychoanalytikers Mario Erdheim[1]. Er sagt in einem Interview mit Hans-Jürgen Heinrichs: "Fremd wie das eigene Unbewußte sind die anderen Kulturen und das andere Geschlecht." Überwiegend wird daher der Blick auf die anderen Kulturen als Kulturen mehr oder minder ferner geographischer Regionen gelenkt, denen wir, die wir hier in diesem Teil der Welt kulturell verwurzelt sind, z.B. als Reisende in ihren Ursprungsländern oder als mitgebrachte Heimatkultur von Migrantinnen und Migranten in unserem Land begegnen. Ich möchte nun das Augenmerk darauf richten, daß *innerhalb* der - einmal pauschal als hiesigen bezeichneten - Kultur männliche und weibliche Individuen von Geburt an mit unterschiedlichen sozio-kulturellen "Welten" konfrontiert sind, ja, daß wir mit Blick auf die Kategorie Geschlecht geradezu von einer *Zwei-Welten-Kultur* sprechen müssen, von "Frauenwelten" und "Männerwelten", die sich unterscheiden durch verschiedene Konstellationen von Dingen und Aufgaben, Zusammensein vor allem mit Männern oder mit Frauen und Kindern, unterschiedlichen Beziehungsformen, differierenden "Normal"-Biographien, anderen Weisen des Umgangs mit ihrer Umwelt.[2]

Gesellschaftliche Arbeitsteilung

Ursächlich entscheidend bedingt sind diese unterschiedlichen Lebenswelten durch den Tatbestand der gesellschaftlichen Arbeitsteilung nach Geschlecht, wie sie sich in der heutigen Form mit der Industrialisierung historisch und ökonomisch entwickelt hat. Gegen Ende des 18. Jahrhunderts vollzog sich die Auflösung des bäuerlichen wie städtisch-gewerblichen "ganzen Hauses" als Produktions- und Reproduktionseinheit, als zusammenlebende und -wirtschaftende Gemeinschaft von Eltern, Kindern, ledigen Verwandten, ggf. Großeltern, Gesinde, Gesellen zugunsten der durch die industrielle Produktionsweise hervorgerufenen Trennung von Produktions- und Wohnbereich. Mit der räumlichen Trennung von Produktion in Manufaktur und Fabrik und privatem Bereich von Haus und Familie als Ort der Reproduktion entstand auch die moderne Form der Nur-Hausarbeit im Gegensatz zur Berufsarbeit, und es erfolgte eine Neuorganisierung geschlechtsspezifischer Arbeitsteilung: Die Frau arbeitete nun reproduktiv im Haus - Wir alle kennen Schillers "Glocke" "... und drinnen waltet die züchtige Hausfrau, die Mutter der Kinder ..." - der Mann "produktiv" im Beruf, "draußen". "Historisch parallel dazu und", so Helga Bilden[3]), "dadurch ausgelöst und zur ideologischen Unterstützung der sich verändernden Verhältnisse, entstand eine Literatur, die, wie Konversationslexika, weitgestreuten Einfluß auf alltägliche Auffassungen im gehobenen Bürgertum ausgeübt haben dürfte, in der 'Hausväterliteratur' mit explizit pädagogischem Anspruch auftauchte und erst in die höhere Bildung, dann in das im 19. Jahrhundert eingerichtete Volksbildungssystem (die Volksschule) einging und für alle Bildungsschichten verbindlich wurde." Kernpunkt der Aussagen ist eine Geschlechteranthropologie, die eine psychische Polarität der Geschlechter konstruierte. Die Eigenschaften, die dem Mann zugeschrieben werden, lassen sich mit Begriffen wie Individualität, Selbständigkeit, Kraft, Energie, Aktivität, Rationalität charakterisieren, der Frau werden als komplementäre psychische Dispositionen Abhängigkeit, Passivität, Hingabe, Liebe, Emotionalität, Sympathie zugeschrieben.

Diese Eigenschaften entsprechen in ihrer Polarität den auseinandergefallenen Bereichen von Haus, Familie, Privatheit, Menschlichkeit, Liebe, Sorge, Kindererziehung und Beruf-draußen-in-der-feindlichen-Welt. Was wir heute alle als "Geschlechtsrollenstereotype" oder Alltagspsychologie von Frau und Mann kennen, hat hier ihre Ursprünge.

Im folgenden möchte ich nachzeichnen, daß und wie innerhalb derselben Gesellschaft, derselben Familie, derselben Schulklasse usw. *diese Arbeitsteilung*, sowohl direkt über die zugewiesene Tätigkeit als auch vermittelt über die normativen Rollen- und Charaktervorstellungen unterschiedliche Lebenswelten für Frauen und Männer konstruiert, die als der sozio-kulturelle Kontext der Fremdheit der Geschlechter zu verstehen sind.

Stationen geschlechtsspezifischer Sozialisation

Familie

Ich brauche nicht an die ehemals so beliebte hell-rosa und hell-blaue Babykleidung zu erinnern, um zu veranschaulichen, daß bereits Säuglinge geschlechtsspezifisch behandelt und wahrgenommen werden. Zahlreiche Untersuchungen[4]) belegen inzwischen die differierenden Sozialisationsbedingungen von Jungen und Mädchen schon während der ersten Lebenswochen und -monate. Es beginnt, wie gesagt, mit der Kleidung - für Mädchen eher zartere Farben, duftiges Material, für Jungen eher Robustes - und setzt sich fort in der Einrichtung des Kinderzimmers. Ich bin sicher, in den meisten Fällen läßt sich an der Tapete, der Bettwäsche, den Accessoires und nicht zuletzt am Spielzeug erkennen, ob der Raum von einem kleinen Jungen oder einem kleinen Mädchen bewohnt wird. Erhalten doch bereits kleine Babies je nach Geschlecht unterschiedliches Spielmaterial[5]), ein Trend, der sich in den folgenden Lebensjahren noch verfestigt. Jungen bekommen vorrangig Konstruktionsspiele (Bauklötze, Lego, Fischer-Technik), Fahrzeuge (Autos, Eisenbahn, Bagger) und Spielsachen, die zu Aktivitäten außerhalb des Hauses ermutigen (Bälle, Roller, Wurfspiele), Mädchen dagegen vor allem auf Haushalt und Kindererziehung bezogenes Spielzeug (Puppen, Puppenwagen, Miniküchen usw.), d.h. die Kinderwelt wird in einer Vorwegnahme der Arbeitsteilung der Geschlechter vororganisiert. Auch elterliche Wahrnehmung und ihr Umgang mit männlichen und weiblichen Kleinkindern geschieht geschlechtsspezifisch. Selbst bei objektiv ununterscheidbaren Neugeborenen erfolgt eine Zuschreibung unterschiedlicher Eigenschaften und Merkmale im Sinne der oben genannten Geschlechtsrollenstereotype. Mädchen werden, so referiert Heidi Keller[6]) eine Reihe von Untersuchungen, als zart, feingliedrig, zerbrechlich, niedlich und süß wahrgenommen, Jungen mit Attributen wie kräftig, groß und stark belegt - wohlgemerkt, die männlichen und weiblichen Säuglinge unterscheiden sich hinsichtlich Größe, Gewicht, Reflexbereitschaft nicht! Unterschiedliche Erwartungshaltungen beeinflussen somit die Deutung aller Lebensäußerungen eines Kindes und lenken auch in nicht unerheblichem Maße die Eltern-Kind-Interaktion: Jungen erfahren deutlich mehr optisch-visuelle Stimulation, während Mädchen mehr akustisch angeregt werden, indem Mütter ihre Geräusche imitieren. Darüber hinaus weisen zahlreiche Interaktionsanalysen darauf hin, daß Mädchen ab dem dritten Lebensmonat mehr körperlichen Kontakt bekommen, während Jungen mehr in ihrer Muskelaktivität gefördert werden. Verhaltensbeobachtungen, die sich auf das Alter von sechs und zwölf Monaten beziehen, belegen die Tendenz von Müttern, bei Jungen eher Explorationsverhalten und Unabhängigkeit zu unterstützen und die Mädchen eher auf sich zu fixieren, indem sie sie mehr in ihrer Nähe halten, mehr herumtragen. Obwohl also Mädchen in ihrem Explorationsverhalten, in ihrer Eigeninitiative, bei der Loslösung von Erziehungspersonen eher eingeschränkt werden, werden ihnen in anderen Bereichen schon frühzeitig Selbständigkeit und Eigenverantwortlichkeit abverlangt. Sauberkeitserziehung und die Forderung, frühzeitig selbständig zu essen und sich allein an- und auszuziehen, sind solche Bereiche. Während Jungen lange in diesen praktischen Dingen versorgt werden, müssen sich Mädchen schon sehr früh den Wünschen und Forderungen der Erziehungspersonen anpassen.[7])

Ein weiterer wichtiger Unterschied der familialen Sozialisation von der Vorschulphase bis ins Jugendalter betrifft die weitaus strengere Beaufsichtigung und Behütung von Mädchen.[8]) Motiviert bzw. gerechtfertigt durch mehr oder weniger starke Sorgen um Gefahren des sexuellen Mißbrauchs, werden Mädchen allgemein dazu angehalten, innerhalb oder in der Nähe der Wohnung zu bleiben, d.h. in der Regel unter der Aufsicht, im Beisammensein mit der Mutter, allenfalls im Spiel mit ein, zwei Freundinnen - mehr Spielgefährten läßt die Größe unserer Mietwohnungen kaum zu. Jungen dagegen ist es gestattet, ohne Aufsicht in der Nachbarschaft herumzustreifen, ihren Kiez zu erkunden, zu erobern; sie haben die Möglichkeit, sich in Gruppen mit Gleichaltrigen - Jungen - zusammenzuschließen und sich dem Einfluß der Mutter bzw. allgemeiner: der Erwachsenen partiell zu entziehen. Das häufige Aufhalten von Mädchen im Haus bedeutet nicht nur, daß sie in wesentlich größerem Ausmaß den normativen Erwartungen von Erwachsenen ausgesetzt sind, sondern auch, daß sie mehr für die Mithilfe im Haushalt (Bettenmachen, Wischen, Abwaschen usw.) und für die Beaufsichtigung jüngerer Geschwister in Anspruch genommen werden. Die schon in der ersten Lebensphase einsetzende Erziehung zu Sauberkeit und Ordnung, zu sozialem Verhalten findet also auch in den folgenden Jahren ihre Fortsetzung. Jungen werden zu solchen Tätigkeiten weit weniger herangezogen, sie können Hausarbeit ruhigen Gewissens verweigern. Erwachsene wundern sich ja mehr, wenn ein kleiner Junge im Haushalt hilft, als wenn er sich entzieht. Mädchen dagegen müssen in diesem Fall damit rechnen, mit moralischen Vorwürfen und Schuldgefühlen befrachtet zu werden, indem auf ihre künftige Rolle als Hausfrau und Mutter hingewiesen wird.[9]

Kindergarten

Ich wende mich nun den öffentlichen Erziehungs- und Bildungsinstitutionen zu, zunächst dem Kindergarten bzw. der Kindertagesstätte. Bereits wenige Blicke durchs Fenster in einen der Gruppenräume oder auf das Freigelände einer Einrichtung lassen auch in diesem Bereich männliche und weibliche Lebenswelten, männliche und weibliche Terrains wiedererkennen. Da sind zunächst, klar voneinander getrennt, - vielen aus eigenen Erfahrungen als bringender oder abholender Elternteil von Vorschulkindern sicherlich vertraut - der Bauteppich mit Klötzen, Steinen, Holzeisen- und -autobahnen und die Puppenecke mit Puppenbetten, Wickeltisch und Kochgelegenheit. Nur selten wird man Mädchen auf dem Bauteppich finden, dort ist das Reich der Jungen, die Mädchen spielen in der Puppenecke oder sitzen malend, bastelnd, beschäftigt mit Lege- und Geduldsspielen an den Tischen - dies sind ihre Orte, wie auch die Erzieherinnen ihnen mehr oder minder unterschwellig immer wieder vermitteln, sei es durch entsprechende Spielangebote oder modellhaft durch ihr Vorbild - sie selbst schieben auch mal einen Puppenwagen, backen gemeinsam mit den Kindern einen Kuchen oder sitzen am Tisch, keineswegs jedoch auf dem Fußboden und bauen Türme![10] Auch im Freien lassen sich die unterschiedlichen Welten leicht ausmachen: die Jungen vorzugsweise auf dem Klettergerüst, mal mehr mal weniger gewagte Spring- und Kletterleistungen vollbringend oder einander über die Wiese jagend und raufend, die Mädchen meist im Sandkasten oder aber im ruhigen Spiel. Versuchen sich Mädchen doch einmal in körperlich gewagteren Aktionen, hören sie schnell die Warnung: "Seid vorsichtig, gleich tut ihr euch weh!"

Doch nicht nur in ihren Spielaktivitäten werden Jungen und Mädchen unterschiedlich gelenkt, auch in ihrem sonstigen Verhalten werden sie mit unterschiedlichen Erwartungen und Ansprüchen konfrontiert. So zeigen Ergebnisse von teilnehmenden Beobachtungen in Kindergärten, daß ganz überwiegend nur Mädchen von den Erzieherinnen zu Dienstleistungen herangezogen werden, und zwar sowohl für diese selber - "Hol mal den Kakao aus der Küche", "Deck schon mal den Tisch", "Hol mal meine Jacke" - als auch für die Jungen "Zieh ihm mal die Hose hoch", "Hilf ihm doch mal!"[11] Während Jungen vollständig von irgendwelchen die Erzieherinnen entlastenden Handlangerdiensten verschont bleiben, werden die Mädchen wie selbstverständlich aus ihrem Spiel herausgerissen, wodurch indirekt der Respekt der Erzieherinnen vor der Autonomie, der Eigenständigkeit der Jungen zum Ausdruck kommt und ein Gefühl des Nicht-Verantwortlichseins für den gesamten hauswirtschaftlichen Sektor inklusive Kindererziehung auf seiten der Jungen entstehen muß.

Schule

Folgen wir der Chronologie des Sozialisationsverlaufs und wenden wir uns der Schule als für Jungen wie Mädchen gleichermaßen verbindlichen Lern- und Lebensort zu. Spätestens seit Mitte der 70er Jahre mit der allgemeinen Einführung der Koedukation in allen Schulformen und Schulstufen - zur Erinnerung: vorab waren zumindest getrennte Mädchen- und Knabengymnasien die Regel, aber auch Realschulen und sogar die beiden letzten Jahrgänge der alten Volksschule trennten vielfach nach Geschlechtern - sitzen Schülerinnen und Schüler von der ersten bis zur letzten Klasse im selben Klassenzimmer, hören demselben Lehrer, derselben Lehrerin zu oder auch nicht, bearbeiten dieselben Arbeitsblätter, lesen dieselben Schulbücher, rechnen dieselben Aufgaben. Und dennoch, so zeigen jüngste Ergebnisse von SchulforscherInnen[12], bestehen nach wie vor unterschiedliche Bedingungen für Jungen und Mädchen.

Analysen von Schulbüchern zeigen für alle untersuchten Werke - Fibeln, Lesebücher, Geschichtsbände, Englisch- wie Mathematikbücher - sowohl eine völlige Unterrepräsentanz von Mädchen und Frauen als auch ihre Darstellung gemäß traditionellen Geschlechtsrollen, d.h. als Hausfrau, Mutter, allenfalls als Krankenschwester. Jungen und Männer dagegen sind diejenigen, die die Welt erobern, Abenteuer bestehen, Geschichte machen. Kurz, die Schulbücher spiegeln die unterschiedlichen Lebenswelten wider, darüber hinaus bieten sie Jungen eine Vielzahl interessanter Identifikationsmöglichkeiten, die sie zum Lernen motivieren - die Mädchen gehen leer aus.[13]

Auch bei der Wahl und Präsentation des Unterrichtsstoffes werden vielfach die Interessen der Jungen berücksichtigt, d.h. es werden die Themen gewählt, die Jungen spannend finden, um sie, die sozusagen "von Haus aus" unruhiger, aggressiver, frecher sind, in den Unterricht einzubinden. Die Unterrichtsbeteiligung von Mädchen wird vorausgesetzt bzw. unauffälliges Verhalten auch bei Langeweile und Desinteresse antizipiert.[14]

Auch in der Schüler/Schülerinnen-Lehrer/Lehrerinnen-Interaktion lassen sich deutliche Unterschiede ausmachen. Jungen werden von Lehrern wie Lehrerinnen stärker beachtet, häufiger aufgerufen, aber auch häufiger gelobt oder getadelt als

Mädchen. Die Unauffälligkeit und Angepaßtheit von Mädchen hat also vielfach deren Nichtbeachtung zur Folge.[15)]

Bestehen Wahlmöglichkeiten der Unterrichtsfächer wie in der Mittel- und Oberstufe von Gymnasien, Real- und Gesamtschulen, wählen Schülerinnen und Schüler geschlechtsspezifisch: Mädchen meist Deutsch und Sprachen, Jungen dagegen Mathematik, Physik, Chemie. D.h. in den Leistungskursen sind die Geschlechter dann wieder nahezu unter sich.[16)]

Unter sich sind Jungen und Mädchen - einmal abgesehen von einzelnen Pärchenbildungen - häufig auch während der Pause, die Mädchen auf der oft hoffnungslos überfüllten Mädchentoilette oder anderen sie vor Jungengewalt und Anmache schützenden Bereichen, die Jungen an allen strategisch wichtigen Orten des Geländes.[17)]

Beruf

Empirische Befragungen von weiblichen Jugendlichen aus den letzten Jahren zeigen sehr deutlich: Der Beruf und die damit verbundene berufliche Ausbildung sind zu einem festen Bestandteil weiblicher Lebensplanung geworden. D.h. die meisten Schulabgänger, unabhängig ob männlich oder weiblich, gehen in eine Berufsausbildung oder beginnen ein Studium. Doch welche Berufe, welche Studienrichtungen wählen sie bzw. werden ihnen durch den Arbeitsmarkt nahegelegt, ihnen angeboten, zugänglich gemacht?

Derzeit lernen etwa 85% der weiblichen Auszubildenden in nur 25 sog. "frauentypischen" Berufen, mehr als ein Drittel allein in den Ausbildungen zur Verkäuferin, Friseurin, Arzthelferin und Bürogehilfin.

Nicht weniger geschlechtsspezifisch zugunsten der "weiblichen Domäne" wählen die meisten Studentinnen ihre Studienrichtung. Germanistik, Erziehungswissenschaft, Anglistik, Psychologie, Medizin, Rechtswissenschaft sind die von Frauen am stärksten besetzten Studienfächer. Oder anders formuliert: in den philosophisch-kulturkundlichen Studienrichtungen betrug der Frauenanteil etwa 2/3 der Studierenden bei einem Prozentsatz von 37% Frauen an den Gesamtstudierenden, in den Ausbildungsbereichen für den tertiären Sektor (Medizin, Jura) sind sie ihrem Anteil entsprechend vertreten, in den diversen technisch-naturwissenschaftlichen Studienrichtungen hingegen sind sie völlig unterrepräsentiert. Hier dominieren eindeutig die Männer, dabei sind Maschinenbau und Elektrotechnik deren ganz bevorzugte Studienfächer. Ähnlich verhält es sich im Ausbildungsbereich: hier rangieren Kraftfahrzeugmechaniker, Elektroinstallateur und Maschinenschlosser an der Spitze der von Männern gewählten Berufe. Der Anteil an weiblichen Auszubildenden liegt in allen drei Bereichen unter bzw. knapp über einem Prozent![18)] Mit anderen Worten, unser Arbeitsmarkt ist ein nach Geschlecht segmentierter Arbeitsmarkt, es gibt "Frauenberufe" und "Männerberufe", die jeweils sehr unterschiedliche Qualifikationsanforderungen stellen: hier Umgang mit Menschen - Kunden, Kindern, Kranken, sozial Schwachen - d.h.

Einfühlungsvermögen, Wärme; dort Umgang mit Technik und Maschinen - d.h. Rationalität, Distanz, Abstraktionsvermögen.

Geschlechtsspezifische Berufswelten

Schon aus diesem Grund meint daher Berufsleben, Berufswelt für Frauen und Männer etwas sehr Unterschiedliches. Ein weiterer wichtiger Unterschied besteht darin, daß für Männer Berufsarbeit das unabdingbare Handlungsfeld ist, "sie müssen sich in beruflichen Strukturen einrichten, durchboxen, anpassen, hocharbeiten, sie müssen ihr Interesse an langfristiger Erhaltung ihrer Arbeitskraft gegenüber dem Betrieb geltend machen".[19] Frauen dagegen leben vielfach mit der Perspektive der Fristigkeit von Berufstätigkeit, arrangieren sich und ertragen inhumane Arbeitsplätze, denn wenn auch nicht mehr wie früher mit der Eheschließung, so doch mit der Geburt des ersten Kindes wird ihr gesellschaftlich zugewiesenes Handlungsfeld die Familien- und Hausarbeit. Während der Berufseintritt für Männer Teil einer eindeutigen kontinuierlichen Perspektive auf Beruf und Familienernährerfunktion ist, ist Berufstätigkeit in der weiblichen Normalbiographie vorläufig oder soll sich nach den anfallenden familiären Gegebenheiten richten. Aus der heute in zunehmenden Maße bestehenden Berufsorientierung von Mädchen und Frauen resultiert daher auch keine Aufhebung dieser Polarität, sondern lediglich eine Doppelbelastung von berufstätigen Ehefrauen und Müttern.

Berufsleben wie auch Familienleben bedeuten damit für Männer und Frauen prinzipiell anderes: Für den Mann steht die Berufsarbeit klar im Mittelpunkt, Heim und Familie sind Orte, wo er sich erholt, auftankt, wo er Versorgung und Pflege erwartet, für die Frau mit Kindern stehen in den meisten Fällen - zumindest für 1 bis 2 Jahrzehnte - Familien- und Haus*arbeit* im Mittelpunkt bzw. sind ihre ausschließliche Domäne.

Kennzeichen dieser Frauenwelt sind u.a. tagtäglich wiederkehrend Putz- und Reinigungsarbeiten an Wohnung, Möbeln, Kleidung, Wäsche, Geschirr, Nachräumen, Aufräumen aller nur denkbaren Utensilien von sämtlichen Familienmitgliedern, Einkaufen, Vorbereiten von Mahlzeiten, Schaffung und Vermittlung von Geborgenheit, von Heimat, Sorge tragen für die psychische wie physische Entlastung und Entspannung des (Ehe)mannes, Erziehung und Aufzucht der Kinder, sprich: füttern, hüten, beschäftigen, beaufsichtigen, ermutigen, ermahnen, motivieren, helfen, unterstützen, fördern usw., Kontakte halten zu Kindergarten und Schule, Organisation von Freizeit, Pflege und Versorgung bei Krankheit von Kindern wie Ehemann - und das alles bei Hintanstellung eigener Interessen und Bedürfnisse.

Die bisherigen Ausführungen haben das kulturelle System der Zweigeschlechtlichkeit in einer Weise veranschaulicht, daß Fremdheit der Geschlechter als dessen strukturelles Element in seiner Faktizität hinreichend nachgewiesen erscheint. Frauen und Männer leben in einander fremden sozio-kulturellen Räumen, im realen wie im übertragenen Sinne: ihre Handlungsfelder und Aktionsbereiche, ihre Lebenserfahrungen, ihre Deutungsmuster und Wertmaßstäbe stimmen nicht oder nur wenig überein.

Das kulturelle Wertsystem

Wie ich eingangs schon hervorhob, lassen sich Fragen des Umgangs, der Annäherung, des Verstehens zwischen Angehörigen dieser fremden Welten nicht ohne die Frage nach der kulturellen Wertigkeit der Geschlechter angemessen analysieren, denn zweifelsohne ist für das Geschlechterverhältnis individuell wie generell von ausschlaggebender Bedeutung, ob prinzipiell rechts-, macht-, rang- und prestigegleiche männliche und weibliche Menschen wie Welten einander gegenüberstehen oder ob ein Hierarchie- und Dominanzgefälle vorliegt.

Ich nehme an, die Feststellung bedeutet keine neue Erkenntnis, daß unsere Gesellschaft trotz rechtlicher Gleichstellung von Frau und Mann qua Grundgesetz eine patriarchale Gesellschaft ist, die "Mann-sein" und "Männlichkeit" höher bewertet und mit den entscheidenden Positions- und Statuslinien (Macht - Geld - Einfluß - Ansehen) gratifiziert. Der Mann ist der Maßstab, Frauen und "weibliche" Fähigkeiten werden als zweitrangig klassifiziert.
Hier nur exemplarisch einige Belege aus dem Lebensalltag:

- Schon beim Eintritt in die Welt ruft ein Sohn, *ein Stammhalter*, offensichtlich bei vielen Eltern, insbesondere bei Vätern, aber auch Müttern, immer noch größere Freude, vor allem aber mehr Stolz hervor als die Geburt einer Tochter.
- Kleine Mädchen wünschen sich durchaus sog. Jungenspielzeug, Mädchenspielzeug dagegen wird von Knaben verächtlich gemieden.
- "Männersache" und "Weiberkram" wissen bereits Vorschuljungen klar zu unterscheiden; eine Differenzierung, die mir auch noch aus dem Mund von Großvätern geläufig ist.
- Der Ausspruch einer Verwandten oder Bekannten gegenüber der Mutter eines 5-6jährigen Mädchens "Deine Tochter ist ja ein halber Junge!" beinhaltet durchaus Anerkennung und Respekt. Die Äußerung "Dein Sohn ist ja ein halbes Mädchen!" dürfte dagegen kaum eine Mutter erfreuen. Ein Junge hat ein *richtiger Junge* zu sein, und das heißt vor allem nicht weiblich.
- Ein oft gezolltes Lob für Frauen, denen es gelungen ist, sich in männlicher Domäne zu behaupten, lautet: "Sie steht ihren Mann!" "Er steht seine Frau!" als Anerkennung für einen Mann ist mir noch nie zu Ohren gekommen.

Zusammengefaßt und pointiert formuliert: Unser kulturelles Wertesystem impliziert für Mädchen und Frauen eine doppelte soziale Diskriminierung. Zum einen schreibt die Geschlechtszugehörigkeit bestimmte Tätigkeitsbereiche vor, während sie andere weitgehend versagt, zum anderen werden die unter solchen spezifischen Anforderungen sich entwickelnden sog. "weiblichen" Fähigkeiten als zweitklassig eingestuft, und dies, obwohl gewisse charakteristische Qualitäten von Mädchen und Frauen soziale Funktionen erfüllen, die in einer leistungs- und wachstumsorientierten Gesellschaft menschliches Zusammenleben überhaupt erst möglich machen. Carol Gilligan (1984) konstatiert, daß Frauen z.B. ein avanciertes Verantwortungsbewußtsein haben, welches sie mit dem Begriff "care", also Beschützen, Bewahren, umschreibt. Zu diesen historisch gewordenen "weiblichen" Qualitäten zählen etwa, idealtypisch gesehen, Beziehungsfähigkeit, Empathie, Anteilnahme, Fürsorglichkeit.

Erfahrungen mit Ausgrenzungen und Selbstentfremdung

Aus der männlichen Vormachtsstellung resultiert, daß sowohl diese positiven, lebenserhaltenden Fähigkeiten und Potenzen wie auch die sie erfordernden und sie aufrechterhaltenden Tätigkeits- und Handlungsfelder - Familien- und Hausarbeit, soziale, pädagogische und dienstleistende Berufe - von Männern, wie auch von vielen Frauen selbst, primär auf der Folie der männlich gesetzten Höher- und Minderwertigkeitsskala wahrgenommen und damit als nicht so bedeutsam, als nebensächlich und untergeordnet gedeutet bzw. mißdeutet werden. D.h. unter den gegebenen patriarchalen Bedingungen stehen sich nicht nur Mann und Frau als Fremde gegenüber, sondern auch Frauen sind sich selbst entfremdet, sehen und bewerten die ihnen zugeteilte Welt, sich selbst und ihre Qualifikationen und Kompetenzen aus der Defizitperspektive männlicher Standards. Andererseits fühlen sich Männer aus Angst vor Verlust an Privilegien, an Chancen, Wahl- und Entscheidungsmöglichkeiten gedrängt, ihre weiblichen Anteile zu leugnen und abzuspalten, sich von weiblichen Lebenszusammenhängen fernzuhalten, um alles auf die Karte der "männlich harten" Werte zu setzen. Auch dies möchte ich mit Blick auf die potentiellen Möglichkeiten einer *ganzheitlichen Persönlichkeitsentwicklung* als Entfremdung bezeichnen.

Angesichts der bestehenden Hierarchieverhältnisse ist die Überwindung von Fremdheit keine Frage individueller Lösungen, weder für die einzelne Frau noch den einzelnen Mann noch in ihrem Verhältnis zueinander, sondern strukturelle Veränderungen sind notwendig, die Schaffung gesellschaftlicher Verhältnisse, in denen der Geschlechtszugehörigkeit keine soziale, sondern nur noch eine individuelle Bedeutung zukommt.

Androgyne Ganzheit des Humanen

Dies erfordert vor allem ein Abrücken von den polaren, hierarchischen Geschlechtsrollenstereotypen zugunsten einer Skala, bei der männliche und weibliche Kriterien gleich verteilt und für beide Geschlechter verbindlich sind. Ein solcher Maßstab mißt kein "Entweder-oder", sondern ein "Sowohl-als-auch"; ihm liegt eine androgyne ganzheitliche Persönlichkeitsentfaltung beider Geschlechter zugrunde.

Alle menschlichen Eigenschaften und Verhaltensweisen sind für die schöpferische und humane Gestaltung des Lebens, die Weiterentwicklung der Kultur und die Bewältigung des Alltags wichtig und unverzichtbar, solange sie nicht auf Bemächtigung und Zerstörung aus sind. D.h. es geht nicht um eine generelle Aufwertung aller sog. weiblichen Eigenschaften, schon gar nicht zu Lasten einer generellen Abwertung aller männlichen, sondern um geschlechtsunabhängige Bewertungsmaßstäbe wie den situations-, prozeß-, personen- und sachgemäßen Einsatz der Kompetenz. Nur so ist bestimmbar, welche Eigenschaften und Kompetenzen - unabhängig vom Geschlecht - positiv zu bewerten und bei Mädchen wie Jungen zu fördern sind, weil sie der Selbstbestimmung und dem verantwortungsbewußten Umgang mit Menschen und der Natur dienen, und welche negativ zu bewerten und wiederum bei Mädchen wie Jungen abzubauen sind, da sie der Unterdrückung von Menschen(gruppen) und der Ausbeutung der Natur Vorschub leisten.[20)]

Wenn Frau und Mann sich entsprechend ihrer individuellen Dispositionen und Anlagen zu *ganzen* Menschen entwickeln können, die ihre Tätigkeits- und Handlungsfelder entsprechend ihrer objektiven Interessen und Neigungen wählen, wird es keine segregierten Männer- und Frauenwelten mehr geben, werden Mann und Frau sich nicht mehr qua Geschlechtszugehörigkeit als Fremde gegenüberstehen. Man darf gespannt sein, welche Art der tatsächlich *mitmenschlichen Beziehung* sich dann zwischen ihnen entwickeln wird!

Anmerkungen

1) Erdheim 1985, 13
2) Bilden 1980, 786; Rentmeister 1985
3) Bilden 1985, 779
4) Belotti 1975; Scheu 1977
5) Dannhauer 1973
6) Keller 1979
7) Bilden 1980, 787ff.; Scheu 1977, 60ff.; Schulz 1978, 21f.
8) Hagemann-White 1984, 52ff.
9) Belotti 1975, 81f.; Scheu 1977, 95
10) Preissing 1985
11) Biener 1988
12) Bremer 1982; Faulstich-Wieland 1987; Hurrelmann 1986
13) Barz 1982; Borries 1982; Lüger/Lüger 1980; Trömmel-Plötz 1980

14) Wildt-Naundorf 1986
15) Frasch/Wagner 1982
16) Hurrelmann/Rodax/Spitz 1986
17) Barz/Maier-Störmer 1982
18) BuMin für Jugend, Familie, Frauen und Gesundheit 1986
19) Bilden 1980, 805
20) Klees/Marburger/Schumacher 1989

Literatur

Barz, M: Gleiche Chancen in Lesebüchern der Grundschule? In: Brehmer, I. (Hrsg.): Sexismus in der Schule, Der heimliche Lehrplan der Frauendiskriminierung, Weinheim, Basel 1982

Barz, M., Maier-Störmer, S.: Schlagen und geschlagen werden, In: Brehmer, I. (Hrsg.): Sexismus in der Schule, Der heimliche Lehrplan der Frauendiskriminierung, Weinheim, Basel 1982

Beauvoir, S. de: Das andere Geschlecht, Sitte und Sexus der Frau. Reinbek b. Hamburg 1968

Belotti, G.E.: Was geschieht mit kleinen Mädchen? Über die zwangsweise Herausbildung der weiblichen Rolle in den ersten Lebensjahren durch die Gesellschaft. München 1975

Biener, P.: Aspekte geschlechtsspezifischer Sozialisation von Mädchen im Kindergarten unter besonderer Berücksichtigung von Verhaltensweisen und Einstellungen der Erzieherinnen - Pädagogische Konsequenzen bezüglich ihrer Aus- und Fortbildung. Unveröffentlichte Diplom-Arbeit an der Universität Dortmund 1988

Bilden, H.: Geschlechtsspezifische Sozialisation. In: Hurrelmann, K., Uhlig, D. (Hrsg.): Handbuch der Sozialisationsforschung, Weinheim 1980

Borries, B. v.: Sexismus in Geschichts- und Politikunterricht? Eine Nachuntersuchung aus 5 Jahren Abstand. In: Brehmer, I. (Hrsg.): Sexismus in der Schule, Der heimliche Lehrplan der Frauendiskriminierung, Weinheim, Basel 1982

Brehmer, I. (Hrsg.): Sexismus in der Schule. Der heimliche Lehrplan der Frauendiskriminierung. Weinheim, Basel 1982

Bundesminister für Jugend, Familie, Frauen und Gesundheit (Hrsg.): Frauen in der Bundesrepublik Deutschland. Bonn 1986

Chodorow, N.: Das Erbe der Mütter. Psychoanalyse und Soziologie der Geschlechter. München 1985

Dannhauer, H.: Geschlecht und Persönlichkeit. Berlin 1973

Erdheim, M.: Psychoanalyse für Gesunde. In: Heinrichs, H.-J. (Hrsg.): Das Fremde verstehen. Gespräche über Alltag, Normalität und Anormalität. Frankfurt a.M. 1987

Faulstich-Wieland, H. (Hrsg.): Abschied von der Koedukation? Frankfurt a.M. 1987

Frasch, H.; Wagner, A.C.: Auf Jungen achtet man einfach mehr. In: Brehmer, I. (Hrsg.): Sexismus in der Schule. Der heimliche Lehrplan der Frauendiskriminierung. Weinheim, Basel 1982

Gilligan, C.: Die andere Stimme. Lebenskonflikte und Moral der Frau. München 1984

Gottschalch, W.: Geschlechterneid. Berlin 1984

Hagemann-White, C.: Sozialisation: Weiblich - männlich? Opladen 1984

Hurrelmann, K., u.a.: Koedukation - Jungenschule auch für Mädchen? Opladen 1986

Hurrelmann K.; Rodax, K.; Spitz, N.: Zur Bildungssituation von Mädchen im allgemeinbildenden Schulbereich. In: Hurrelmann, K., u.a.: Koedukation - Jungenschule auch für Mädchen? Opladen 1986

Janssen-Jurreit, M.: Sexismus. Über die Abtreibung der Frauenfrage. München 1976

Keller, H. (Hrsg.): Geschlechtsunterschiede. Psychologische und physiologische Grundlagen in der Geschlechtsdifferenzierung. Weinheim 1979

Klees, R.; Marburger, H.; Schumacher, M.: Mädchenarbeit. Praxishandbuch für die Jugendarbeit. Weinheim, München 1989

Lüger, L.; Lüger, B.: Rollenklischees und soziale Stereotype im fremdsprachlichen Unterricht. In: Französisch heute, H.2, 1980, 93-107

Preissing, Ch., u.a.: Mädchen in Erziehungseinrichtungen: Erziehung zur Unauffälligkeit. Opladen 1985

Rentmeister, C.: Frauenwelten - Männerwelten. Für eine neue kulturpolitische Bildung. Opladen 1985

Schenk, H.: Geschlechtsrollenwandel und Sexismus. Zur Sozialpsychologie geschlechtsspezifischen Verhaltens. Weinheim 1979

Scheu, U.: Wir werden nicht als Mädchen geboren - wir werden dazu gemacht. Frankfurt a.M. 1977

Schultz, D. (Hrsg.): "Ein Mädchen ist fast so gut wie ein Junge". Sexismus in der Erziehung. Bd. 1, Berlin 1978

Trömmel-Plötz, S.: Sexismus in der englischen Sprache. In: Englisch-Amerikanische Studien, H. 2, 1980, 189-204

Wildt, C., Naundorf, G.: Der Streit um die Koedukation. In: Hurrelmann, K., u.a.: Koedukation - Jungenschulen auch für Mädchen. Opladen 1986

III.

ASSIMILATIONSVERSUCHE

Die Auflösung des Fremden im Zugriff der Aneignung

II

[illegible]

Die Auflösung [illegible]

Multikulturalität als Monokultur

Dieter Lenzen

Die multikulturelle Gesellschaft als Paradoxie

Irgendwann im Juni 1990, kurz vor Mitternacht, schalte ich den Fernseher ein und spiele eine kleine Etüde auf der Fernbedienung. Plötzlich erscheint jemand, den ich kenne: Heiner Geißler. Eine Talkshow. Es geht um Ausländer. "In einer multikulturellen Gesellschaft, so wie ich sie verstehe", sagt *er*, "wird nicht versucht, das Fremde zu integrieren. Dafür müssen zwei Voraussetzungen erfüllt sein", sagt er, "erstens, daß die Fremden die in der Verfassung garantierten Menschenrechte achten und zweitens, daß sie die deutsche Sprache beherrschen".

Die Einschränkungen, die Heiner Geißler formuliert, relativieren die Liberalität seiner Ausführungen. Wer ein bißchen von Juristerei versteht, weiß, daß die Menschenrechte nicht im luftleeren Raum gleichsam über den anderen Gesetzen schweben, sondern daß es einen Ableitungszusammenhang gibt. Er hätte also ehrlicher gesagt: "Ich erwarte, daß Fremde unsere Normen und die aus ihnen abgeleiteten Handlungserwartungen und Wirklichkeitsdeutungen übernehmen." Wer nicht nur über das Recht, sondern auch über Psycholinguistik Bescheid weiß, sieht zudem leicht ein, daß auch die zweite Bedingung nur scheinbar liberal ist. Da der Gebrauch einer Sprache nicht nur Bedeutungen konstituiert, sondern auch das Normen- und Wertesystem einer Gesellschaft zu erheblichen Teilen bestimmt, oder, anspruchsvoller formuliert, da es einen wechselseitigen Zusammenhang von Denken und Sprechen gibt, heißt Geißlers Bedingung eigentlich nur, daß er erwartet, die Fremden möchten zu demselben Denken gelangen wie er, über den Gebrauch seiner Sprache. Kurzum: Wer wie Heiner Geißler argumentiert, setzt sich dem Verdacht aus, Multikulturalität nur scheinbar zulassen zu wollen. Unterschwellig verläßt er sich auf die normative Logik und die Sapir-Whorf-Hypothese. Multikulturalität reduziert sich auf Folkloristisches. Wer hätte schon etwas dagegen, griechisch zu essen, sich italienisch zu kleiden oder Lambada zu tanzen?

Nun gut, denke ich, was will man von Heiner Geißler anderes erwarten und wende mich der Wissenschaft zu, der "Ausländerpädagogik". Für diese Fachrichtung der Erziehungswissenschaft gibt es noch eine Reihe weiterer Titel, die zum größten Teil denselben Gegenstand meinen, allerdings mit verschiedenen Akzentuierungen. Interkulturelle oder multikulturelle Erziehung ist, wenn ich dem Artikel "Ausländerpädagogik" des jüngsten erziehungswissenschaftlichen Nachschlagewerkes aus dem Jahre 1989[1]) glauben darf, ein avantgardistischer Ansatz.

Dabei wird Inter- oder Multikulturalität als das Ziel einer Erziehung verstanden, die "die Heterogenität der unterschiedlichen Kulturen und Lebensweisen positiv (aufgreift) und im Sinne 'der interkulturellen Begegnung und wechselseitigen kulturellen Bereicherung' ... (nutzt)". Eine solche Erziehung "muß ... eine Gleichwertigkeit [verschiedener Kulturen, D.L.] prinzipiell unterstellen und die verschiedenen Kulturen entsprechend berücksichtigen." Wird diese Regel verletzt, so besteht nach Auffassung des Autors Thiel die Gefahr von "Störungen in der Identitätsentwicklung".2)

Das ganze Dilemma einer Erziehung vor dem Phänomen der Multikulturalität ist in diesen Zeilen enthalten. Mit der spätexistentialistischen Metapher der Begegnung und der frühkapitalistischen der Bereicherung wird auf der einen Seite an den Gedanken der Entdifferenzierung der Kulturen appelliert, denn wer begegnet, vermeidet nicht, und wer sich bereichert, tut das ja wohl auf Kosten von irgend jemandem. Stärker aber ist die Idee der Erhaltung der kulturellen Differenz, um der eigenen sogenannten Identität willen. Ich möchte versuchen zu zeigen, welche historischen Stränge in der Vorstellung von der multikulturellen Gesellschaft zusammenfließen und entweder nach einer Entscheidung oder nach der Verlängerung der ihr innewohnenden Paradoxie verlangen. Einfach formuliert: Die multikulturelle Verhaltenserwartung stellt eine Beziehungsfalle dar. Man kann nicht gleichzeitig assimilieren und die Identität erhalten, wie Heiner Geißler es gern hätte. Man kann, um eine der zitierten Metaphern zu wiederholen, sich nicht gleichzeitig bereichern und den anderen dabei alles belassen. Wer das behauptet, lügt auf Kosten des anderen, oder er versteht unter kultureller Bereicherung den Genuß von Tintenfischen in Olivenöl, in Flensburg, im Januar, bei acht Grad minus Außentemperatur, eine kulinarische Barbarei, wie jeder Gourmet gern bestätigen wird. - Wie aber ist es dazu gekommen, daß wir beides wollen, die Assimilation und die Abgrenzung?

Vom Kosmos zum Chaos und zurück - zwei historische Modelle des Umgangs mit dem Fremden

Die lateinische Entsprechung von "fremd" ist "peregrinus". Obgleich die Sprache der Römer nicht die älteste Quelle des sozialen Problems des Fremden darstellt, verrät das Wort etwas über die Denkweise, aus der die Bezeichnung entwächst. Peregrinus, der Fremde, entstammt dem Verb "peregrinor" und heißt "umherreisen". Der Fremde ist also der Reisende, der in die Nähe der Ansässigen gerät und aus ihrer Sicht ein Fremder ist. Auch die Etymologie des deutschen Wortes verrät uns eine ähnliche Sicht: Auf die Partikel "fram" geht unser Begriff zurück, und das heißt auf die Bedeutung "entfernt", wie im Gotischen "framathis", erhalten im Englischen "from". Der Fremde ist ein Problem der Seßhaften, die nicht wissen, ob jener Fremde in guter oder böser Absicht kommt. Diese Unsicherheit verlangte für die frühen Menschen nach einer Klärung dessen, wer oder was der Fremde ist, und sie verlangten nach einer akuten Lösung des Differenzproblems.

Seit den Studien von van Gennep aus den zwanziger Jahren[3)] wissen wir, daß viele Stammeskulturen, aber auch die traditionelle Gesellschaft, dieses Differenzierungsproblem in Kategorien des Raumes gedacht haben. Visualisiert müssen wir uns diese Vorstellung als die Teilung des für die Menschen überschaubaren Weltkreises in zwei Hemisphären denken, in die eigene und die des (beweglichen) Fremden. Zwischen beiden existierte eine gedachte Linie, jenseits derer der Fremde entweder indifferent oder Feind war und also abzuwehren. Gestattete man ihm, diese Linie, die vielleicht durch die Reichweite des eigenen Blickes oder der eigenen Geschosse definiert war, zu überschreiten, dann bedurfte es ritueller Maßnahmen, um seine Fremdheit erträglich zu machen. Diese Riten des Übergangs vom feindlichen Fremden zum akzeptierten Fremden waren sehr unterschiedlich. Vom differenzausgleichenden Palaver über ein gemeinsames Mahl, den Austausch von Küssen oder Geschenken, der Fesselung des Fremden an den Einheimischen bis zum Sexualverkehr mit einheimischen (in der Regel) Frauen reichten die Binderiten, die, und das ist wichtig, eine *zeitlich begrenzte Integration* des Fremden ermöglichten. - Wer heute nach der Rückkehr von seiner Pauschalreise in südliche Länder von der Gastfreundlichkeit ihrer Bewohner schwärmt und sich diese erfahrene Integration als verdientes Ergebnis seiner Weltläufigkeit zurechnet, der irrt. Tatsächlich haben seine Gastgeber, auch wenn ihnen das nicht mehr bewußt ist, ihn mit diesen Binderiten verpflichten wollen, in ihrer Welt keinen Schaden anzurichten, was, wie wir wissen, selten genug befolgt wird. Aber das ist mehr ein Aperçu. Entscheidend ist die Tatsache, daß eine Integration in den so beschriebenen Verhältnissen nicht als kulturelle Assimilation gemeint war, sondern sich auf einen zeitlich begrenzten Aufenthalt, etwa für die Abwicklung von Handelsgeschäften, bezog.

Sicher hat es auch dauerhaftes Verbleiben von Fremden in einer seßhaften Gesellschaft gegeben. Die damit verbundenen Probleme wurden in frühester Zeit aber über dieselbe Raumkategorie gelöst, solange dieses möglich war. Der Abwehrwunsch einer dauerhaften Integration des Fremden ließ sich durch die Parzellierung des einen Raumes, durch Regionalisierung, lösen, so daß die Fremden trotz räumlicher Nähe auf ihrem Raum Fremde, das heißt jetzt: andere, bleiben konnten. Erst in der Phase, in der schon aus demographischen Gründen die Mittel der zeitlich begrenzten Integration beziehungsweise der Parzellierung versagen mußten, entstand der Bedarf nach anderen Medien des Umgangs mit dem Fremden. Datierungen sind riskant,. wir dürfen aber wohl davon ausgehen, daß mit der Expansion der Städte im Spätmittelalter ein Punkt erreicht wurde, an dem neue Maßnahmen des Umgangs mit dem Fremden auch in unserem geographischen Raum nachhaltig erforderlich wurden.

Hier ist bewußt vom "Umgang mit dem Fremden" und nicht von Fremdenabwehr die Rede, wie es durch die Betrachtung bis hierhin vielleicht naheläge. Der Grund dafür ist sehr einfach: Neben der Form der Abwehr des Fremden existierte nämlich durchaus ihr Gegenteil: Für etliche vorchristliche, aber auch außerchristliche Kulturen galt die Möglichkeit, daß eine Gottheit in der Gestalt eines Fremden auf der Erde umherwandelte, wie wir es von dem germanischen Sturmgott Odin wissen.[4] Diese Vorstellung war auch im Vorderen Orient gegenwärtig. An sie knüpft die biblische Erzählung von Jesus und Petrus an, die als unerkannte Fremde reisen. Da schien es angezeigt, dem Fremden Gastrecht zu gewähren, da man nicht sicher sein konnte, ob er nicht nur kein Feind, sondern am Ende ein Gott sein könnte. Aus dieser zweiten Möglichkeit des Fremden erwachsen zwei weitere wichtige strukturelle Merkmale für die historische Analyse des Fremdenproblems. Erstens: Selbst wenn es sich bei dem Fremden um eine Gottheit handelte, konnte es nicht um seine Assimilation gehen, denn Götter sind das grundsätzlich andere, nicht das (potentiell) gleiche. Und zweitens: Die Unsicherheit über - und ich sage das jetzt bewußt - die Identität des Fremden erzeugte vielfach ihnen gegenüber eine *Ambivalenz*. Wir können deshalb ein Zwischenfazit für den frühen, vorchristlichen Umgang mit dem Fremden holzschnittartig versuchen:

1. Wir sehen uns mit einer frühen Auffassung konfrontiert, derzufolge die Welt räumlich in zwei Hemisphären aufgeteilt gedacht wird, in die des "wir-hier", unseres Kosmos und die der anderen, Fremden dort als Bestandteil des Chaos (an diese Vorstellung schloß z.B. Reagans Wort vom "Reich des Bösen" an, mit dem er die UdSSR diffamierte).
2. Dem nahenden Fremden steht man ambivalent gegenüber, da dessen Identität (Gott oder Feind) unsicher ist.
3. Die Überschreitung einer bestimmten Grenze zum eigenen Kosmos macht Bindemaßnahmen ritueller Art erforderlich.
4. Die durch solche Maßnahmen erfolgende Integration ist grundsätzlich zeitlich begrenzt, also keine Assimilation.

Ich möchte dieses Fazit um eine fünfte Vorstellung ergänzen: Nicht selten haben die Menschen versucht, sich aus der Ambivalenz dadurch zu befreien, daß sie versuchten, den Fremden als entweder Gott oder Feind eindeutig zu identifizieren. Dazu bedurfte es einer besonderen Fähigkeit, die nur ein Prophet, ein Seher, besitzen konnte. Rudolf Otto war deshalb einer Überzeugung, die sich so formulieren läßt: *"Das Numen, das Heilige, konstituiert sich im anderen erst dadurch, daß ein Seher, der selbst ein Erwählter ist, den Fremden als Gott identifiziert."*[5]

Die Religionsgeschichte kennt nun eine für unsere Kultur wichtige Ausnahme von der Zurückhaltung gegenüber der Assimilation, die Proselytenpraxis des hellenistischen Judentums. Während in Israel lange Zeit zwei diametral konträre Auffassungen über den richtigen Umgang mit den Fremden einander abwechselten, die im Fremden bald den zu bekämpfenden und bald den gewaltsam zu integrierenden Heiden sahen, versuchten die sich selbst als Fremde erfahrenden Juden in Griechenland möglichst viele einheimische griechische "Heiden" in ihre Religionsgemeinschaft zu integrieren, indem sie sie letztlich durch die Beschneidung zu vollwertigen Mitgliedern ihrer Gemeinde, zu Proselyten machten. Die

Taufpraxis des Frühchristentums unterscheidet sich davon strukturell (nicht "dogmatisch") kaum: Die Heidenbekehrung setzte sich das Ziel, gleich ganze Hausgemeinschaften durch Taufe zu integrieren. Da sowohl die Juden auf griechischem wie die Christen auf griechischem und römischem Boden die eingereisten Fremden waren, kehrte sich der ursprüngliche Mechanismus nunmehr um: Die geschichtlich wirksam werdende jüdisch-christliche Spur in der Bearbeitung des Fremdenproblems läßt die fünf formulierten Strukturmerkmale des Umgangs mit dem Fremden nun ganz anders erscheinen:

1. Das Gesetz des Handelns ist nicht mehr in den Händen der Ansässigen (Griechen oder Römer), sondern in der Hand des Peregrinus, des reisenden und missionierenden Fremden.
2. Die (fremden) Juden und Christen begegnen den Ansässigen nicht mit Ambivalenz, sondern mit Eindeutigkeit: Soweit es Christen sind, verstehen sie sich als die Imitatoren Christi, die nicht assimiliert werden wollen, sondern selbst assimilieren.
3. Der Binderitus ist die Beschneidung beziehungsweise die Taufe, das heißt also ein jeweils irreversibler Akt.
4. Damit ist die Integration zeitlich unbegrenzt, es ist eine Assimilation.
5. Der andere ist nicht entweder feindlich oder ein Gott, sondern er ist wie die umherreisenden Fremden Bekehrer; er ist virtuell nach dem Bilde Gottes geschaffen. Er muß deshalb nicht durch einen Seher identifiziert werden, sondern er identifiziert sich durch sein Verhalten etwa in der Befolgung des Heilsweges selbst als gottähnlich und würdig.

Ausländerfeindlichkeit als Ausdruck einer modernen Motivationskrise

Wir müssen nunmehr versuchen, auf dem Hintergrund dieser sehr unterschiedlichen Umgangsformen mit dem Fremden, die in dieser Einfachheit natürlich idealisiert sind, die heute im Gespräch befindlichen Theorien von Multikulturalität einzuschätzen. Das ist sehr gefährlich, weil man auf diese Weise die säkularisierten Umgangsformen mit den Fremden im Gefolge der Aufklärung zunächst ausblendet. Denn die beiden gezeigten großen Stränge liegen strukturell bereits im zweiten nachchristlichen Jahrhundert vor, und man kann nicht so tun, als ob sich seither nichts daran geändert hätte. Ich komme darauf noch kurz weiter unten zurück.

Zunächst soll ein Verständnis für das geweckt werden, was letztlich hinter den aktuellen Positionen zur Frage der Multikulturalität steckt. Führen wir uns exemplarisch die Lage der Menschen in der Bundesrepublik Deutschland noch einmal vor Augen, die hier geboren und aufgewachsen sind, und dieses eben nicht vor 20 Jahren, sondern, sagen wir, vor 50 bis 60 Jahren. Ich meine Menschen, die Deutsche sind und deren Eltern es auch waren und vielleicht auch deren Vorfahren, soweit man das überhaupt sagen kann. Viele dieser Menschen denken im Sinne der zuerst skizzierten Konzeption: Sie denken räumlich, statisch, von ihrem Kosmos aus, erleben das Fremde als das umherreisende Andere. Da sie in einer säkularisierten Welt leben, können sie dem Fremden nicht mehr mit Ambivalenz begegnen; nach dem Tode Gottes besteht nicht mehr die Möglichkeit, es mit unerkannten Gottheiten zu tun zu haben. Sie sind also eher Feinde, die mit dem Anspruch auftreten, nicht zeitlich begrenzt, sondern auf Dauer integriert werden zu wollen, ohne daß unsere entritualisierte Kultur noch Binderiten bereithielte, mit deren Hilfe die Fremdheit neutralisiert werden könnte.

Gleichzeitig ist die christliche Option der tätigen Assimilation des reisenden Missionars verlorengegangen, so daß auch die zweite Konzeption, die jüdisch-christliche, brüchig geworden ist, und dieses auf eine doppelte Weise. Zum einen sind inzwischen sie die Seßhaften, und zum anderen liegt ihnen als Materialisten an der tätigen Aufnahme des Fremden nichts mehr.

Die einzige Option, die diesen Menschen bleibt, ist die, den Fremden, wie einst den fremden Kaufmann, als jemanden wahrzunehmen, mit dem ein Interessenausgleich etwa auf dem Tauschwege möglich wäre; diesem Modell folgte die Praxis der Gastarbeiteraufnahme in den 50er und 60er Jahren dieses Jahrhunderts: Arbeitskraft im Tausch gegen Devisen. Aber auch diese Möglichkeit ist, wie wir wissen, aus arbeitsmarktspezifischen Gründen verstellt. Es scheint also auf dem Hintergrund der beiden Grundmodelle des Umgangs mit dem Fremden kein Motiv mehr für eine positive Aufnahme oder wenigstens für eine Duldung zu geben. In diese Motivationslücke versuchen, eher naiv als effektiv, multikulturelle Versprechungen vom Typus der "Bereicherung" zu stoßen, die eher auf immaterielle Güter zielen wie "Erfahrung der anderen Kultur" oder ähnliches. Dieses Versprechen muß aber wirkungslos bleiben, weil ein erheblicher Teil unserer Bevölkerung diesen Bedarf entweder gar nicht hat, ihn symbolisch durch Fernsehreportagen über fremde Kulturen oder durch Pauschalarrangements von TUI befriedigt, oder weil der Preis, zum Beispiel der Verlust des eigenen Arbeitsplatzes, dafür als zu hoch angesehen wird. Hinzu kommt, daß, wie wir gehört haben, die Theorie von der multikulturellen Gesellschaft gleichzeitig mit der Maxime verknüpft wird, alle Kulturen seien gleichwertig, so daß also eine Bereicherung auf Kosten der anderen nicht in Betracht kommt.

Multikulturalität als Freiheitsentzug

Nun könnte man über die beschriebene Bevölkerungsgruppe der Alteingesessenen ja hinweggehen und auf die jungen Ansässigen dieses Landes setzen, doch da halten wir schon inne: Die Bilder rassistischer Randalierer sind ja keine Bilder von Rentnern, sondern von zwanzigjährigen Skinheads. Diese scheinen zu kämpfen, gegen irgend etwas, gegen Langeweile sicher auch und, wenn sie gegen

Ausländer kämpfen, auch wohl um etwas, - um was, heißt die Frage. Vielleicht kämpfen sie ja um sich selbst, genauer: um ihre Identität. Da sie nichts zu sein scheinen, wollen sie sich durch Abgrenzung von anderen zu etwas machen: Sie benötigen das andere, um sie selbst zu sein oder wenigstens um den Faden eines Ich zu ergreifen. Und wenn das andere nicht fremd genug ist, muß es durch Opposition noch weiter verfremdet werden, so sieht es zumindest aus. Das könnte den Gedanken nahelegen, daß das Bindemittel, das die Fremden in dieses Land tragen, paradoxerweise ihre Fremdheit wäre. In einer sinnentleerten Welt dürften sie demnach, um eine Chance zu haben, den Deutschen nicht mit Assimilationsbegehren als Gastgeschenk kommen, mit Anpassungsbereitschaft, sondern mit dem Gegenteil, zur Stabilisierung der Ich-Identität der Ansässigen und womöglich auch ihrer selbst.

Aber diese Lösung ist keine. Sie steht nämlich unter zwei Prämissen, die mindestens strittig sind: Die eine heißt, daß die Ausländerfeinde ihren Kampf nur so weit treiben werden, wie es zur Stabilisierung ihrer eigenen Identität erforderlich ist. Das ist ein riskantes Spiel. Denn wer garantiert, daß die so Ausgegrenzten zur Stabilisierung ihrer eigenen Identität nicht auch zur Eisenstange greifen? Und: Ist ein solches Gastgeschenk überhaupt zumutbar?

Und die zweite Prämisse heißt: Die Kulturen müßten tatsächlich gleichwertig sein. Genau das bestreitet aber einer der schärfsten Kritiker der multikulturellen Gesellschaft, Alain Finkielkraut.[6] Er bezeichnet die Rede von der kulturellen Identität als eine postmoderne Fassung des Herderschen "Volksgeistes", der zwar gegen Herder, aber für Kaiser und Vaterland vor Sedan und Verdun beschworen wurde, zum Preise von einigen Millionen Menschenleben. "In dem Moment", so meint er, "wo man dem anderen Menschen seine Kultur zurückgibt, nimmt man ihm seine Freiheit."[7] Und dafür kann er ein starkes Argument aufbringen: "Die Menschen in ihrer nationalen Identität, ihrer kulturellen Eigenart, ihrer geistigen und religiösen Verwurzelung" belassen zu wollen,[8] wie die UNESCO es fordert, hieße nämlich auch, "die Menschenrechte auf Westler zu beschränken",[9] die nun einmal kulturell im jüdisch-christlich-platonischen Abendland gründen und nicht im islamischen Fundamentalismus. Dieser postmoderne Antirassismus, so meint Finkielkraut schließlich, führe zu nichts anderem als zu einem multikulturellen Individuum, zum Hedonismus, zum "Mann ohne Eigenschaften".

Identität als Fiktion

Hätte dann doch Heiner Geißler mit der Formel von einer durch die Menschenrechte eingeschränkten Multikulturalität recht? - Ich glaube nicht. Ich glaube vielmehr, daß die Überlegung von einer wechselseitigen Akzeptierung der Identität, sei es als Gastgeschenk der Fremden oder als Regulativ des Strafgesetzbuches, ein Holzweg ist. Das Identitätsdenken gehört nämlich demselben geistesgeschichtlichen Zusammenhang an, wie die jüdisch-christliche Option des Umgangs mit dem Fremden, die sich nach dem Ende einer gemeinsam verbürgten Weltanschauung des Christentums überlebt hat; das heißt also im Gefolge der Aufklärung. Damit nehme ich den oben abgerissenen Faden wieder auf: Die beiden Grundmodelle des Umgangs mit dem Fremden sind nach der Aufklärung religiös nicht mehr legitimierbar. Trotzdem wirkt besonders die christliche Spur in säkularisierter Form fort. Die Vorstellung, die Bewahrung einer kulturellen Identität und der Aufbau einer persönlichen Identität wären universalistisch vorfindbare oder auch nur begründbare Ziele des Individuums oder der Gattung, ist selbst kulturell beschränkt. Auf die Spitze getrieben bedeutet dies: Den Angehörigen bestimmter Kulturen kulturelle Identität zusichern, heißt, sie ihnen mit der Imputation des christlichen Konzeptes der Identität gleichzeitig wieder wegzunehmen und sie zu kolonialisieren. Identität für alle heißt Unterwerfung aller unter die christliche Imago-Dei-Lehre, der sich Identitätstheorien geistesgeschichtlich verdanken. Für einen Japaner beispielsweise, der nicht gelernt hat, "Ich" zu sagen, heißt die Verpflichtung, eine persönliche Identität zu entwickeln, den Verlust seiner sogenannten Identität, die er gar nicht denken kann außer durch die Augen der westlichen Kultur.

Das aber ist das Dilemma: Entweder den Fremden eine Identität zu gewähren und ihnen mit dieser Maxime das christliche Prinzip des "Eine-Identität-Haben-Sollens" aufzuoktroyieren oder das Fremde als Fremdes zu belassen, um den Preis der Gefahr, daß das Fremde tatsächlich fremd bleibt, das heißt unter Umständen auch barbarisch, so daß es das westliche Identitätsdenken samt seiner Träger verschlingen könnte. Was auf dem Spiele steht, wenn man über die Gleichwertigkeit der Kulturen redet, ist also, aus der Sicht der jüdisch-christlichen Tradition, eben diese Tradition selbst. Dennoch besteht zur Sorge wohl kein Anlaß: Diese Kultur wird es auch ein weiteres Mal schaffen, den Angehörigen der anderen, dieses Mal unter dem Vorwand der Erhaltung ihrer Einzigartigkeit, ihre eigenste Identitätsideologie und mit ihr ihr gesamtes Wertesystem überzustülpen. Man kann der Meinung sein, daß das gut so ist. Aber dann sollte man doch ehrlich bleiben und den Einwanderern die Wahrheit sagen, daß sie unter der Bewahrung ihrer kulturellen Eigenheit, die man auf Knoblauch, Bauchtanz und Kopftücher zu reduzieren gedenkt, assimiliert werden sollen, weil es in Wahrheit um eine Identität geht, die des Egozentrismus, die von der Imitatio Christi übriggeblieben ist, und man sollte die Bäume stehen lassen, auf deren zu Papier verarbeitetem Holz die Rechtfertigungsideologien für eine eben nur scheinbar multikulturelle Gesellschaft gedruckt werden.

Man kann das auch weniger polemisch formulieren und, sich den historischen Verlauf vor Augen haltend, gelassener feststellen, daß es doch sehr unwahrscheinlich ist, ausgerechnet von den 90er Jahren des 20. Jahrhunderts einen Modus des Umgangs mit dem Fremden zu erwarten, der die beiden Grundmuster hinter sich ließe, die sich in 40.000 Jahren herausgebildet haben. Und in der Tat: Das Konzept der multikulturellen Identitätsbewahrung ist ja keines, das über die beiden Grundmodelle hinausweist, sondern es ist ein variierter Modus des zweiten, mit dem einzigen Unterschied, daß heute die räumliche Ausgangssituation an das vorchristliche Modell erinnert: Es gibt Ansässige, die mit zuwandernden Fremden konfrontiert sind. Diese Ansässigen sind aber heute die Christen respektive deren Erben. Auf diese veränderte Situation scheint das christlich-abendländische Konzept des Umgangs mit dem Fremden flexibel zu reagieren mit dem ihm zugehörigen Modell der Identität und ihrer Bewahrung. Konnte man in voraufklärerischer Zeit die Notwendigkeit der Assimilation des fremden Ansässigen aus dem Missionsbefehl ableiten und überzeugte man die Heiden mit dem Versprechen des ewigen Himmelreiches beziehungweise der Drohung des ebenso ewigen Fegefeuers, so mußte folgerichtig nach dem Tode Gottes das säkulare Äquivalent für die Imitatio-Christi-Lehre herangezogen werden. Dieses Äquivalent ist das Identitätsdenken.

Multikulturalität als Monokultur

Das Argument gegen die Vorstellung von der multikulturellen Identitätsgarantie hieß, daß das Identitätsdenken demselben Zusammenhang angehört wie das christliche Lösungsmodell des Umgangs mit dem Fremden und deshalb keine wirkliche Identität gestattet. Es handelt sich also um eine Contradictio in adjecto, um einen Widerspruch in sich selbst. - Nun ließe sich ja gegen diese Disqualifizierung des Identitätsdenkens einwenden, daß seine Befolgung zwar möglicherweise eine nur relative Identität möglich mache, aber nach Lage der Dinge doch immerhin einen interkulturellen Sozialvertrag gewährleiste, der die Freiheit der einzelnen Kulturen nur so weit beschneide, wie dieses zum Erhalt der Multikulturalität erforderlich sei.

Ich möchte im folgenden zeigen, daß diese Vorstellung irrig ist, daß vielmehr eine auf dem Identitätsdenken basierende Theorie der Multikulturalität zwangsläufig zur Nivellierung kultureller Differenzen führt. Der Grund dafür ist in der geistesgeschichtlichen Herkunft des Identitätsdenkens zu suchen. Wenn wir heute von kultureller Identität sprechen, übertragen wir einen Begriff, der sich auf Individuen bezieht, auf eine ganze Gruppe von Individuen, auf eine Volksgruppe, eine Religionsgemeinschaft oder ähnliches. Der Begriff "kulturelle Identität" verdankt sich nämlich einer sehr langen Geschichte des Konzepts der Ich-Identität. Wenn wir also von kultureller Identität reden, können wir sinnvollerweise immer nur meinen, daß ein Individuum mit sich unter anderem deshalb identisch ist, weil seine Persönlichkeit Elemente enthalte, die sich seiner auch kulturell determinierten Sozialisation verdanken. Multikulturalität hieße deshalb, dem einzelnen (nicht der Gruppe, die keine Rechte haben kann) das Recht zu gewähren, die Merkmale seiner Persönlichkeit und die ihnen entwachsenen Verhaltens- und Deutungsweisen bewahren zu dürfen, die durch seine Herkunft determiniert sind. Diese Begriffskonnotation steht aber nun gerade im diametralen Gegensatz zu dem, was mit Identität eigentlich gemeint ist. Der Identitätsbegriff stützt sich nämlich, wie Annette Stroß[10]) gezeigt hat, unter anderem nachhaltig auf die Bildungsvorstellungen des deutschen Idealismus, also auf aufklärerisches Denken. Diesem Denken zufolge ist, vereinfacht gesagt, der mit sich identische, d.h. der gebildete Mensch dadurch gekennzeichnet, daß er eine unverwechselbare Identität herausbildet, die ihm allein zu eigen ist, und daß er in diesem Prozeß der Selbstbildung Bestandteil eines kollektiven Prozesses der Höherbildung der Menschheit als Gattung ist.

Für die Möglichkeit einer kulturellen Identität als Ziel einer multikulturellen Pädagogik oder Politik hat dies weitreichende Implikationen, die auf lange Sicht gerade auf die Zerstörung der Unverwechselbarkeit hinauslaufen: In der kürzesten Formel dieses Denkens, die Goethe geprägt hat, in der Aufforderung: "Werde, der du bist", kommt das klar zum Ausdruck: In jedem Individuum steckt dieser Vorstellung zufolge bereits eine ideale, allen gemeinsame Menschennatur, die zum Vorschein gebracht werden soll, durch diesen widerspruchsvollen Prozeß: Zum einen soll der einzelne sich von seiner deformierten Kultur ja gerade entfernen, die ihn letztlich daran hindert, Ideal-Mensch zu sein, und zum anderen soll er in diesem Ablösungsprozeß der Identitätsgewinnung dazu beitragen, den Ideal-Menschen nicht nur als Regulativ vorschweben, sondern letztlich leibhaftig entstehen zu lassen. Der Gedanke der Nachahmung Christi und der Annäherung an das Bild Gottes scheint unmittelbar durch. Mit anderen Worten: Wer kulturelle Identität zum Ziel seiner Politik oder Pädagogik macht, schleppt mit dem Identitätsdenken die Auffassung der Unverwechselbarkeit mit sich, die das Konzept des idealen Einheitsmenschen enthält.

Nun könnte man entgegenhalten, daß diese Implikationen kein Einwand seien. Was könne man schließlich gegen das Ziel des dann ja wohl guten Einheitsmenschen haben, der in jedem von uns freigelegt werden solle? "Alles ist gut, wie es aus den Händen des Schöpfers kommt", heißt es im ersten Satz von Rousseaus "Émile".

Die Antwort auf diese Entgegnung ist eine doppelte: Die aufklärerisch motivierten Bemühungen zur Höherbildung der Menschheit sind inzwischen 200 Jahre alt, und für viele Zeitgenossen ist das Antlitz des höhergebildeten Menschen heute eher das Gesicht des Ingenieurs, der als Naturwissenschaftler im Versuch der Naturbeherrschung gerade ihre Kräfte allererst freigelegt hat, die er nicht mehr beherrscht, oder der als Sozialtechniker im Namen der künftigen Freiheit immer subtilere Handlungstechniken für die Manipulation von Menschen erfindet. Der Dialektik der Aufklärung ist noch niemand entronnen. Wir müssen uns also fragen, ob wir diesem Prozeß mit der Stabilisierung des Identitätsdenkens in der Vorstellung von Multikulturalität weitere Nahrung geben wollen.

Und zweitens, auf den einzelnen bezogen, wäre folgendes anzuführen: Wer Identität besitzt, ist identifizierbar, er kann haftbar gemacht werden. Es gehört auch zu den Quellen des Identitätsdenkens, z.B. bei John Locke, den Menschen eine Unverwechselbarkeit abzuverlangen, damit sie strafrechtlich verfolgt werden können, wenn sie gegen Regeln verstoßen haben, die den jeweils Herrschenden die richtigen zu sein scheinen. Oder, provokativer formuliert: Man kann schlecht gegen die Volkszählung und gleichzeitig für die Identifizierbarkeit qua Identitätsdenken sein.

Angesichts derartiger Perspektiven macht sich Ratlosigkeit breit. Gefragt, was da zu tun sei, kann ich kein Modell, keine Handlungsstrategie vorschlagen. Ich möchte anstelle dessen einige Fragen formulieren und sie offenlassen:

Brauchen wir überhaupt ein Konzept, eine Strategie, ein Modell für *den* Umgang mit dem Fremden? Können wir nicht bereit sein, auf ein Konzept der Identität und damit der Identifizierbarkeit ganz zu verzichten? Sollten wir nicht mehr Gelassenheit entwickeln, nicht alles steuern wollen, nicht den richtigen Umgang mit dem Fremden fixieren, sondern die einzelnen Menschen ihre Formen des Umgangs finden lassen, wenn wir sie gleichzeitig lehren, ihre eigenen Impulse als historisch gewordene zu verstehen und sie gegebenenfalls zu überdenken? Könnten wir uns nicht etwas mehr Kontingenz gestatten, etwas mehr Offenheit, etwas mehr Teilhabe am Handlungsstrom statt des pädagogischen Vor- und Nachmachens, statt des Zeigefingers, statt der Teilung in Gute und Böse, in Ausländerfreunde und -feinde? Das ginge freilich nur über eine anders verstandene Aufklärung, die den Akteuren die Möglichkeit gibt zu verstehen, was sie tun oder zu tun intendieren, bevor sie handeln.

Anmerkungen

1) Thiel, Th.: Ausländerpädagogik. In: Lenzen, D. (Hrsg.): Pädagogische Grundbegriffe. Bd.1. Reinbek 1989, 114ff.

2) vgl. a.a.O., 119f.

3) vgl. van Gennep, A.: Übergangsriten, Frankfurt/New York 1986, 34ff.

4) vgl. Grimm, J.: Deutsche Mythologie. Wien/Leipzig 1939.

5) vgl. Otto, R.: Das Heilige. München 1917, 149, zitiert nach Wimmer, K.-M.: Der Andere und die Sprache. Berlin 1988, 284.

6) Finkielkraut, A.: Die Niederlage des Denkens. Reinbek 1989.

7) a.a.O., 80.

8) a.a.O., 111.

9) a.a.O., 113.

10) vgl. Stroß, A.: Ich-Identität als Fiktion? Diss.phil., Berlin 1990.

Zu Hause in der Fremde?

Der Verlust der Raumerfahrung als Verlust des Erfahrungsraums beim Reisen

Walter Eder

"Menschen, die sich überall zu Hause fühlen, wenn sie verreisen, verdienen auch sonst nicht viel Vertrauen." Hinter diesem lakonischen Urteil von George Bernard Shaw steckt die Erkenntnis des klugen Literaten und Psychologen, daß Erfahrungen in der Fremde dazu beitragen sollen, sich selbst zu erkennen und zu formen. Wer sich also überall wie zu Hause fühlt, hat vermutlich sein eigenes Ich nicht genügend entwickelt, um in der bewußten Auseinandersetzung mit dem Ungewohnten, Fremden eine eigene Identität zu entwickeln. Er ist dann eben nur "weit herumgekommen", aber nicht weitergekommen.

Reiseerfahrung aber hat in erster Linie mit räumlicher Veränderung zu tun. Reisen als eine Bewegung im Raum verbindet sich mit der bewußten Konfrontation mit dem Unvertrauten, das bewältigt werden muß. Das Reisen und der Tourismus wurden deshalb immer - und mit Recht auch heute noch - zu den besten Wegen gezählt, zu Weltoffenheit, Toleranz und Verständnis unter den Völkern zu gelangen. Der Reisende löste sich für eine bestimmte Zeit von Familie und Arbeit, ja insgesamt aus den gewohnten Bindungen an die Gemeinschaft und lieferte sich dem Unbekannten, der ebenso bedrohlichen wie faszinierenden Fremde aus. Diese Bedrohung und Faszination übertrug sich auch auf den Reisenden selbst. Denn nicht nur in der Fremde begegnete man dem Fremden mit Neugier und Mißtrauen, auch der Heimgekehrte rief zwiespältige Gefühle hervor. Einerseits brachte er ein Stück der Bedrohung, mit der er in der Fremde in Berührung gekommen war, mit sich, andererseits aber erwartete man von diesem bewanderten, erfahrenen, beschlagenen und routinierten Menschen, der sich zu Fuß, zu Pferde oder mit einem Fahrzeug auf fremden Pfaden bewegt hatte, besondere Kenntnisse und Fähigkeiten, die ihn aus dem Kreis seiner Mitbürger heraushoben und ihn zum Ratgeber in ungewohnten Situationen machten. Die Bereicherung an individueller Erfahrung in der Fremde geriet auch den zu Hause Gebliebenen zum Vorteil.

Die Entwicklung der Zivilisation, der Politik, der Technik wäre unmöglich gewesen, ohne die ständige Konfrontation mit alternativen Formen des Lebens und Treibens außerhalb der engen Grenzen des Altvertrauten. Und niemals in der Geschichte der Menschheit waren die Voraussetzungen so günstig wie heute, um eine größtmögliche Zahl von Menschen mit den Lebensumständen anderer Völker und Nationen auf dem klein gewordenen Globus vertraut zu machen. Niemals also war der Weg zu globalem Denken so einfach, waren die Chancen, die Welt zu einer Welt von Kosmopoliten zu machen, so groß. Läßt sich diese

Chance, die sich einst nur wenigen Adligen und begüterten Bürgern bot, heute aber fast allen offen zu stehen scheint, auch wirklich nutzen? Oder hat sich mit der "Demokratisierung" des Reisens nicht nur ein quantitativer, sondern auch ein qualitativer Sprung vollzogen, der die einstigen Möglichkeiten, buchstäblich den Horizont zu erweitern, wieder zunichte gemacht, zumindest aber erschwert hat?

Die Teilung der Welt

Die Fremde ist uns durch die Entwicklung der Transportmittel und allgemein der Technik nähergerückt. Der Austausch von Erfahrungen über die Lebenswelt der Völker ist jedoch keineswegs ein gegenseitiger und gleichwertiger Austausch. Etwa 20 Prozent der Weltbevölkerung stellen 90 Prozent aller Touristen. Ein stark ausgeprägtes West-Ost und Nord-Süd-Gefälle der Reise-Intensität teilt die Erdbevölkerung in Reisende und "Bereiste". Der durchschnittliche Afrikaner, Südamerikaner oder Ostasiate (mit Ausnahme der Japaner) wird zwar den Fremden kennenlernen, niemals aber die Fremde, aus der dieser Fremde kommt. Er wird also nie die Gelegenheit haben, die Touristen in ihrer sozusagen natürlichen und alltäglichen Lebenswelt kennenzulernen, so wie es dem Touristen in mehr oder weniger voyeurhafter Schau möglich ist.

Der "Bereiste" wird sich sein Bild von der heimatlichen Fremde des Reisenden zwangsläufig aus dessen Verhalten machen müssen. Er kann sich auch nicht aussuchen, von wem er besichtigt werden, wessen Lebenswelt er also kennenlernen möchte. Und selbst wenn er sich Mühe gibt, um zu einer Einschätzung seiner Gäste zu gelangen, wird er aus der feiertäglichen Laune der Urlauber, ihrem großzügigen Umgang mit Geld und Alkohol, aus dem Luxus der Hotelpaläste und der häufig aus Unsicherheit zur Schau getragenen Arroganz die falschen Schlüsse ziehen.

Die Chance, die reale Welt der Fremden kennenzulernen, sich umzuschauen, verstehen und begreifen zu lernen, was andere bewegt, bleibt vorerst und sicher noch auf lange Zeit den Bewohnern des westlichen Teils der nördlichen Hemisphäre vorbehalten. Nur wer Europa, Australien und Nordamerika zum Nabel der Welt machen will, hat Anlaß, den heutigen Tourismus uneingeschränkt als einen passablen Weg zu globalem Denken zu sehen.

Der Verlust der räumlichen Erfahrung

"Wer reist wie im Flug, der wird nicht klug", sagen die Finnen, und ein chinesisches Sprichwort lautet: "Der Weg ist das Ziel." Was noch für Jules Verne eine Utopie war, nämlich in achtzig Tagen um die Welt zu reisen, ist mit der rasanten Entwicklung der modernen Verkehrsmittel zu einem antiquierten Unternehmen geworden. Weltreisen in zwei bis drei Wochen sind heute tägliche Realität.

Schusters Rappen und der ungefederten Postkutsche als alleinigem Mittel der Fortbewegung nachzutrauern oder sich nach den Gefahren von wochenlangen Schiffspassagen zu sehnen, soll den hoffnungslosen Romantikern überlassen bleiben, hinter deren elitärer und larmoyanter Kritik am Massentourismus sich eben diese Trauer um die verlorene Exklusivität des Connoisseurs verbirgt. Tatsache ist aber, daß die ursprüngliche Reiseform der langsamen Annäherung an das Ziel dieses Ziel in den Raum einordnete, so seine geographische Lage verständlich werden ließ, seine Architektur und sein Aussehen erklärte und damit auch seine Bedeutung für die Menschen, die dort lebten, deutlich vor Augen führte.

"Die Reise durch Italien kann mit dem Verlauf des menschlichen Lebens verglichen werden: die Lombardische Ebene und das Arnotal besitzen die natürliche Schönheit der Jugend; in Rom verfeinert man die Tugenden des erwachsenen Menschen: Beobachtungsgabe, Lebenserfahrung und Nachdenklichkeit; nach der Unruhe der besten Jahre gehen wir dann in Neapel auf die Suche nach den Gaben der Natur, die dem fortgeschrittenen Lebensalter angemessen erscheinen; schließlich erblicken wir Paestum, leblos, steinern; hier beschließen wir die Wanderung, und unsere Mühen haben ein Ende."[1] Dieser Vergleich des menschlichen Lebenslaufs mit den Erfahrungen einer Italienreise durch den Amerikaner Matthias Bruen mag manchem übertrieben erscheinen. Doch zweifellos schuf die langsame Annäherung an das Reiseziel die Notwendigkeit, schon auf der Reise in häufigen Kontakt mit den Menschen kommen zu müssen. Ausgehend von der Eigenart der Menschen im eigenen, vertrauten Land konnte man sich im Wechsel der Landschaften an die Charaktere der Grenzbevölkerung und der Bewohner im Kern des bereisten Landes herantasten. Gerade die Erfahrung von deutlichen Unterschieden innerhalb desselben Volks wirkte pauschalen Urteilen entgegen und machte Land und Leute zu einem Kaleidoskop der Eindrücke, die deshalb, weil sie sich nicht auf einen Nenner bringen ließen, auch Vorurteile vermindern oder verhindern konnten.

"Man reist doch nicht, um anzukommen", formulierte Goethe noch. Heute vermeidet man Reisen in diesem Sinne, man kommt eigentlich nur noch an. Der "Anwärmeeffekt" der Annäherung geht dabei völlig verloren. Der Flugreisende "plumpst" sozusagen in eine neue Umgebung und wäre dem Kulturschock viel unmittelbarer ausgesetzt als der Reisende früherer Zeiten, wenn er sich nicht in ein Hotel retten könnte, von wo er vorsichtig seine Fühler ausstreckt - oder auch nicht.

Das gilt in erster Linie für den Urlauber, der mit dem Flugzeug sozusagen aus allen Wolken fällt, wenn er sich, anstatt zu reisen, wie eine Rohrpostkapsel von Spot zu Spot transportieren läßt, aber in abgeschwächter Form auch für den, der sich im Auto seinem vorgebuchten Domizil nähert. Gebannt von den Bremslichtern des Vordermannes, hat er kaum Augen für die Landschaft links und rechts der Autobahn, macht Rast an normierten Stationen und fährt, wenn irgend möglich, nachts, um schon am Ziel zu sein, wenn es hell wird.

Die Bewegung im Raum, also das Reisen, wird paradoxerweise mehr und mehr zu einem notwendigen Übel für den "Reisenden", dem die räumliche Entfernung zwischen seinem Zuhause und der Fremde geradezu störend erscheint.

Die "Entfremdung" der Fremde

Hat der Reisende sein Ziel endlich erreicht, ist er noch lange nicht in der Fremde. Die moderne Reiseindustrie, die in ihrem Umfang nur noch von der Auto- und Energieindustrie übertroffen wird, hat in kürzester Zeit in aller Welt die touristisch ergiebigen oder als relevant erklärten Gebiete normiert und standardisiert. Die Verkehrsmittel, Unterkünfte und Verpflegung sind den angenommenen, aber niemals abgefragten Wünschen und Erwartungen einer touristischen Klientel angepaßt worden, die hauptsächlich aus Europa oder Nordamerika kommt. Der Gast trifft daher, gleichgültig wohin er reist, immer auf ein vertrautes Ambiente, das europäisch-amerikanischen Standards genügt.

Die gleichen Flugzeugtypen und klimatisierten Busse bringen ihn aus aller Welt in alle Welt, und dort zu Hotelanlagen mit ewig blaugrünem Swimmingpool und einem Garten, der auch dann grünt und blüht, wenn man dafür den umliegenden landwirtschaftlichen Betrieben das Wasser aus dem Boden wegpumpen muß. Die Computer an der Rezeption, der Espresso-Automat an der Bar, der Lift in die teppichbelegten Etagenflure und die Armaturen im Badezimmer tragen wohlbekannte Firmennamen, der Schnitt des Appartments ist genormt, die Schalter für Licht und Klimaanlage sind dort, wo sie immer sind. Das Essen, das sich personalsparend auf den obligatorischen Büffets türmt, ist weltweit uniform in Aussehen und Geschmack; nur die Fähnchen auf dem Dessert wechseln je nach Nationalität der am zahlreichsten vertretenen Gäste. Selbst die Sprache ist vertraut, nämlich Deutsch oder Englisch.

Der Tourist ist vom heimischen Wohnsilo in den Hotelsilo in der Fremde gewechselt, ist von Dusche zu Dusche gereist, stellt seinen Wecker und die Bilder seiner Lieben auf den Tisch in Normhöhe - und ist zu Hause. Er braucht das Hotel auch während seines ganzen Aufenthaltes in der "Fremde" nicht zu verlassen; denn es bietet alle Möglichkeiten der Zerstreuung: Fitness-Center, Souvenirläden und jeden wünschbaren Service über die Vermittlung einer findigen Rezeption. Großhotels, vor allem aber Hotelketten sind psychologisch klug so konzipiert, daß der Gast eine möglichst lange Spanne seiner Freizeit im Hotelareal verbringt, um so die knapp bemessene Gewinnspanne im Pauschaltourismus durch erhöhten Konsum im Hotel wieder auszugleichen. Die Fremde reduziert sich so auf den ungewohnten Luxus des Hotels, das bessere Klima und die abendliche folkloristische Animation im sicheren Port des Hotels, das zur zweiten Heimat geworden ist.

Sicher war es schon immer das Bestreben des Reisenden, sich in einer befremdlichen Umwelt einen Raum auszugrenzen, der Schutz und zugleich die Möglichkeit bot, sich in der Fremde zeitweilig in eine vertraute Umgebung zurückzuziehen, um wieder zu sich zu finden. Je mehr man sich von zu Hause mitbrachte, desto leichter fiel es, Fremdwahrnehmung in Selbstwahrnehmung umzuformen. Ob dies nun der antike Philosoph war, der immer alles mit sich trug, nämlich seinen denkenden Kopf, der Handwerksgeselle, der sein vertrautes Werkzeug im Ranzen mit sich führte, der Adlige auf der Grand Tour, der mit großem Gefolge reiste und nur mit Seinesgleichen verkehrte, oder dann der begüterte Großbürger, der genügend Zeit und Geld hatte, um sich überall wie zu Hause einrichten zu können, oder sein Zuhause einfach mitnahm. "Wer einen englischen Familienwagen auf dem Kontinent gesehen hat, muß das Aufsehen bemerkt haben, welches ein solches Fuhrwerk erregt. Es ist England im Auszuge, ein kleines Stückchen der alten Insel, das um die Welt rollt. Alles drum und dran ist kompakt, fest, dienlich und bequem." So beschreibt Washington Irving seine Eindrücke in Tales of a Traveller.[2)]

Als dann im 19. Jahrhundert das mittlere Bürgertum und die Angestellten folgten, und schließlich an der Wende zum 20. Jahrhundert auch die Arbeiter erst zögernd, dann allmählich mutiger, ohne aus Not dazu gezwungen zu sein, den ersten Schritt aus dem Hause wagten, mit dem jede Reise beginnt, da mußten andere Häuser zur Verfügung stehen, die das Zuhause ersetzen konnten: Hotels, Gasthöfe, Gewerkschaftsheime, Berghütten.

Nie jedoch konnte man mit leichterem Gepäck und bequemer eine vollständigere Imitation des Zuhause in allen denkbaren Entfernungen erreichen als seit den sechziger Jahren dieses Jahrhunderts. Die Fremdenverkehrsindustrie schuf massenhaft Refugien in aller Welt, die den heimatlichen Standards glichen, sie häufig noch übertrafen. In riesigen Hotelkomplexen, Ferienclubs und auf aufwendig eingerichteten Campingplätzen war jeder Komfort erreichbar. Mit der Entwicklung des Wohnmobils war es dann möglich, sich an jedem Punkt der Erde in die eigene Welt dieser Schutzhütte auf Rädern zurückzuziehen.

Die erfahrungsbildende Auseinandersetzung mit dem umgebenden Raum entfiel; er wurde zur Staffage für den mitgebrachten Lebensmittelpunkt. Je komfortabler aber das Zuhause in der Fremde ist, desto weniger Antrieb besteht, die Fremde tatsächlich zu erleben. Ging in den frühen Tagen des Reisens die Sehnsucht nach romantischen Abenteuern noch Hand in Hand mit einem verständlichen Bedürfnis nach Bequemlichkeit, so gewinnt in der Phase des technisierten Massentourismus der Aspekt der Gestaltung des eigenen Raumes Priorität vor dem Bedürfnis nach Exploration des bereisten Raumes.

Die Segmentierung des Raumes durch Klischees

Unter Touristikfachleuten pflegt man die Reisenden scherzhaft in fünf Kategorien einzuteilen: Die erste verbringt den Urlaub am Swimmingpool. Die zweite badet auch am hoteleigenen Strand im Meer. Die dritte bricht in kleinen Gruppen zum nahegelegenen Basar auf, und die vierte entschließt sich schon zu einer nicht im Pauschalpreis enthaltenen Tour im schützenden Reisebus in die nähere Umgebung. Die fünfte und kleinste Kategorie mietet sich ein Auto oder gar einen Landrover und macht sich auf, Land und Leute zu erkunden. Doch kann man sie wirklich erkunden, wenn man sich dazu aufrafft, das schützende Dach des Hotels zu verlassen? Führen die Wege, die aus dem Hotel, dem Club, dem Campingplatz herausführen, auch wirklich ins Land hinein? Hier zeigt sich eine andere Form der Wahrnehmungseinschränkung, nämlich die Gebundenheit an Klischees.

Klischeehafte Vorstellungen von fernen Welten gibt es nicht erst seit der Erfindung moderner Medien. Die Griechen glaubten den typischen Ägypter, vor allem aber den typischen Barbaren zu kennen. Sie wußten auch, daß sie das begabteste Volk von allen Völkern der Welt sein mußten, weil sie in der Mitte zwischen den starken aber dummen Nordländern und den klugen aber faulen Südländern wohnten. Klischees sind alt, und niemand ist vor ihnen gefeit. Selbst der weise Immanuel Kant verbreitete in seinen Vorlesungen über Physische Geographie seine auf Seemannsberichte gestützten Wahrheiten über die redlichen Abessinier, boshaften Kaffern, trunksüchtigen Inder und faulen Sibirier.

"Wer von weit kommt, hat gut lügen", sagt ein französisches Sprichwort. Der Pilger erzählte von den Wundern Roms oder den brutalen Sarazenen in Jerusalem, von seinen gefährlichen Wegen und seinen halb verstandenen Eindrücken. Der gebildete Adlige, der von seiner Grand Tour nach Hause kam, las im Kreise seiner Standesgenossen aus seinen Tagebüchern vor, zeigte selbstgefertigte oder von einem mitreisenden Zeichner oder Maler entworfene Skizzen und stellte sich selbst ins rechte Licht. Die Holzschnitte und Stiche in den Fahrtenberichten der Entdeckungsreisenden waren meist von Leuten gefertigt, die die Fremde selbst nicht gesehen hatten, und die mitgebrachten Trophäen schufen neben den Berichten über die bestandenen Gefahren und die vom Publikum erwarteten Heldentaten die gängigen Vorstellungen über die Fremde. Aber all diese Bilder und Berichte ließen der sehnsüchtigen Phantasie noch großen Raum. Die Texte der Beschreibungen, ja selbst die zeichnerischen Skizzen und die aus dem Zusammenhang gerissenen Mitbringsel machten die Fremde immer noch zum Land der Phantasie, dessen Bild man sich neu erarbeiten mußte, wenn man sich dorthin aufmachte.

Mit der Erfindung der Photographie änderte sich das grundlegend. Das Reisebild wurde nun scheinbare Realität. So wie es auf der Photographie erschien, so war es tatsächlich. Das hatte zwei Konsequenzen, die überraschend wirken und in jedem Fall nachteilig für die Auseinandersetzung mit den Realitäten des Reiselandes sind. Die erste Konsequenz war eine zunehmende Selektierung besichtigungswerter Objekte, meist mit dem Blick auf Architektur oder Landschaft, selten auf die Menschen. Selektierung bedeutet aber gleichzeitig Abwertung der Objekte, die eines Bildes nicht für würdig erachtet wurden, also nicht ständig auf Titelseiten, Postkarten und Plakaten auftauchten. Das Land wurde zunehmend mit diesen aus dem räumlichen Zusammenhang gerissenen Bildern identifiziert. Das überall Abgebildete nicht gesehen zu haben, bedeutete soviel, wie das Land nicht gesehen zu haben. Umgekehrt entstand bei den Reisenden der Eindruck, es genüge, diesen Standardsatz von abgebildeten Objekten zu besuchen, um sich dem Land zu nähern, ja vielleicht gar es kennengelernt zu haben.

Die Entwicklung zur Standardisierung und Selektierung des Sehenswerten ist keineswegs neu. Sie ist bereits aus dem Bildungstourismus nach Ägypten und Griechenland in der Antike bekannt und verband sich schon immer mit festgelegten Routen, die entweder aus den Transportverhältnissen oder der größeren Sicherheit vor Überfällen auf bestimmten Straßen resultierten. Eine erste nachhaltige visuelle Ausprägung touristischer Höhepunkte findet sich in den gemalten Ideallandschaften Claude Lorrains und in den Stichen Piranesis. Piranesi nannte seine Ansichten römischer Altertümer "Vedute", also "Ansichten", Dinge, die man sehen konnte und sollte. Damit war die neuzeitliche Selektion begonnen, wenn sie auch vorerst auf eine zahlungskräftige Oberschicht, die sich diese Veduten und Gemälde in die Salons hängen konnte, beschränkt blieb.

Eine neue Qualität erhielt die Selektion von einzelnen Punkten im Raum durch die Erfindung der Sternchen, die Heinrich Keller 1813 als Orientierungshilfen in eine Landkarte der Schweiz einsetzte und die sofort als zeitsparende Hinweise von den auflagenstarken Reiseführern Murray's und Baedekers kopiert und damit berühmt wurden. Den Höhepunkt allerdings erreichte die visuelle Standardisierung mit der Tourismuswerbung. Sie setzte am Ende des 19.Jh. ein und erreichte bereits in den zwanziger Jahren unseres Jahrhunderts breiteste Kreise. Dennoch war sie noch in keiner Weise mit der Normierungskraft der heutigen Tourismuswerbung zu vergleichen. Die Wucht der ewig gleichen Bilder, die auf den Interessenten einwirken, schafft nicht nur eine uniforme Erwartungshaltung, sondern auch eine Pseudovertrautheit mit dem Land, die durch die Reiseberichterstattung und Länderberichte in Film, Funk und Fernsehen noch erheblich verstärkt wird.

Der Reisende begibt sich nicht mehr in ein fremdes Land, sondern zu einzelnen Punkten in einem Raum, der ihn ansonsten wenig interessiert. Er sieht sich deshalb auch nicht mehr das Land an, sondern sucht sozusagen ständig den Horizont ab, um mit eigenen Augen das zu sehen, was er schon von Abbildungen kennt. Er sieht im wahrsten Sinne des Wortes nur das, was er schon weiß.

Auf der Jagd nach den Klischees bleibt ihm kaum Zeit, etwas anderes zu sehen. Häufig, ja in der Regel fehlen ihm die Informationen, ob und was es noch zu sehen gäbe; denn da er schlagartig vom Arbeitsplatz zum Urlaubsort wechselt und ihm die Gemächlichkeit der Anreise verloren gegangen ist, hatte der Tourist meist keine Zeit, um sich auf das Land und seine Leute in guten Reiseführern vorzubereiten. Folglich hat er in seinem Reisegepäck auf dem Heimflug auch nur die Bilder auf seinen Filmen, die er - meist besser - schon von den Plakaten kennt, mit dem einzigen als Beweis der Präsenz dienenden Unterschied, daß nun vor den Sehenswürdigkeiten Freunde und Familienangehörige stehen.

Mit den Urlaubsphotos sind wir bei der zweiten negativen Konsequenz, die die Photographie auf die Realitätswahrnehmung hat: Man kann die Fremde nun nach Hause mitnehmen. Gelungene Photos oder überhaupt Photos können in Bezug auf die Gestaltung des Urlaubs und das Gefühl, den Urlaub auch genossen zu haben, gar nicht hoch genug eingeschätzt werden. Ein Urlaub ohne Photographien oder ohne eindrucksvolle Motive ist fast ebenso verloren wie ein verregneter Urlaub. Nur was man photographiert hat, hat man wirklich gesehen. Dieser Satz könnte von Agfa oder Kodak stammen, er stammt aber von Gustave Flaubert, der 1849 seinen photographierenden Freund Maxime Du Camp in den Orient begleitet hatte.

Heute ist Photographieren zu einem Reflex geworden, Flaubert würde den Satz kaum noch wiederholen. Denn in der Art und Weise der Motivsuche, die zu "schönen" Bildern führt, zeigt sich ein überraschender Nachteil, der sich mit dem Vorteil verbindet, Bilder mitnehmen zu können. Der photographierende Tourist betrachtet gewöhnlich die Umgebung, in der er sich befindet, nicht mehr, um sie zu genießen. Er sucht sie vielmehr ständig nach photogenen Motiven ab. Hat er ein optisch günstiges Objekt gefunden, interessiert ihn weniger die Sache - die kann er ja zu Hause betrachten -, sondern lediglich die Möglichkeit, das gefundene Motiv richtig ins Bild zu setzen, das Motiv zu inszenieren. Das Objekt wird aus seiner räumlichen Verbindung herausgelöst, es wird zum musealen Solitär, dessen sinnstiftende Umgebung zum szenischen Vordergrund oder Hintergrund verkommt. Selbst das betonte Motiv wird verfälscht, indem man es im Liegen und auf Knien "schießt" und ihm so einen unnatürlichen Blickwinkel aufzwingt. Das Produkt all dieser Bemühungen hat Peter Sager so formuliert: "Am Ende sind die Photos die eigentliche Realität, das Resultat der Reise, in der Brillanz der Farben wirklicher als die Wirklichkeit."

Ohne Zweifel sind die Vorteile des Photographierens auch im Hinblick auf das Kennenlernen des Reiselandes nicht zu übersehen. Das Photo bietet die Möglichkeit, das Gesehene und Photographierte immer wieder im Album, beim Rahmen, beim Vorführen anzusehen. Dabei prägt sich das Objekt besser ein, bewirkt also einen Lerneffekt. Es ist aber ebensowenig zu leugnen, daß die bequeme Möglichkeit, ganze Straßenzüge, Landschaften und Städte mit nach Hause zu nehmen, ihre Erkundung am Ort zu einer sekundären Sache macht, vor allem aber, daß die Zeit, die man auf Motivjagd verbringt, die Zeit der ruhigen Betrachtung, des Hineinschauens und Hineinhörens in die Fremde verkürzt.

Die Realität weicht dem Klischee

Die Erfahrung der Fremde hängt nicht nur von der Bereitschaft des Touristen ab, sich auf das Land einzulassen, sondern in hohem Maße auch von der Bereitschaft des Landes, sich auf den Touristen einzulassen. Mit der zunehmenden Bedeutung des Tourismus für das Bruttosozialprodukt der Zielländer und ihren Versuchen, attraktiv zu werden und zu bleiben, stellt sich immer drängender eine andere Frage: Bietet das Land seinem Gast das ungeschminkte Gesicht oder zeigt es sich in Verkleidung? Will es sich überhaupt in seiner Eigenart zu erkennen geben oder bemüht es sich, ein Klischee zu bestätigen, eine bestimmte, auch politisch bedingte, Sicht-weise zu fördern und es so dem Fremden leicht zu machen, die Unterschiede zu seinem Zuhause zu übersehen?

Von der gleichförmigen Internationalität des Hotelgewerbes wurde bereits gesprochen. Es gibt aber auch eine Internationalität der Sehenswürdigkeiten, die die Geschichte und Eigenart eines Landes vernachlässigt, um nicht zu sagen: verrät, um der Erwartungshaltung der Touristen zu genügen. Ein gutes Beispiel bietet die Türkei. Die Türken sind in das heute von ihnen bewohnte Land im elften Jahrhundert n. Chr. eingewandert, zu einer Zeit also, als die griechisch-römische Kultur längst untergegangen war. Diese Kultur ist demnach in keiner Weise Teil der türkischen Geschichte.

Die natürliche Folge war, daß sich die Türken unter osmanischer Herrschaft um das griechische Erbe herzlich wenig kümmerten, wertvollste Kunstwerke in die Kalköfen steckten, und jedem, der es wollte, erlaubten, die Zeugen dieser Zeit in ganzen Schiffsladungen abzutransportieren. Erst vor etwa 35 Jahren begannen die Türken, zusammen mit den ersten Touristen den Wert dieser Relikte als attraktives devisenträchtiges Besichtigungspotential zu erkennen. Eine jahrhundertelang als fremd, fast feindlich empfundene Vergangenheit wurde nun zu einem Teil türkischer Geschichte.

Plötzlich begann eine fast fieberhafte Bautätigkeit auf den Ruinenfeldern der den Türken ganz fremden Vergangenheit: Griechische Tempelfassaden auf türkischem Boden wurden wieder aufgestellt, Ausgrabungen begonnen, ausländischen archäologischen Instituten Grabungslizenzen nur erteilt, wenn sie sich verpflichteten, auf eigene Kosten Restaurationen durchzuführen, um das Ausgegrabene möglichst eindrucksvoll zu gestalten. Gleichzeitig wurden lokale Museen gebaut, die Keller der älteren Museen ausgeräumt und ihr Inhalt in die Museumsgärten gestellt.

Der Sinn war klar: Die Türkei kleidete sich griechisch-römisch, weil die erwarteten Touristen genau das sehen sollten, was sie aus Italien und Griechenland, vor allem aber aus ihren heimatlichen Museen in Berlin, Paris, München, London, New York und Boston schon kannten. Doch die Türkei ging in ihren Verkleidungskünsten noch erheblich weiter: Eine Kultstandarte der Hethiter, inzwischen fast 4000 Jahre alt, wurde zu einer Art Staatssymbol und gleichzeitig wurde den türkischen Reiseleitern beigebracht, die Hethiter seien ein Voraustrupp der Turkvölker gewesen. Ein Volk schaffte sich ein Aushängeschild auf Kosten seiner eigenen Vergangenheit. Denn die Restauration der türkischen Moscheen und die Einrichtung von großen Museen für türkische Volkskunst erfolgte erst in einem zweiten Schritt.

In Griechenland war kurz zuvor ein ähnlicher Prozeß abgelaufen, nur eben in umgekehrter Richtung. Dort hatte man eine 400jährige türkische Geschichte, aus der ein großer Teil der Volkskultur einschließlich der Küche und der Musik der heutigen Griechen stammt, eliminiert und aus dem Gedächtnis verbannt. Eine schmale Oberschicht hatte ein griechisches Erbe wiederentdeckt, um das sich die in Griechenland wohnende Bevölkerung seit mehr als 1500 Jahren nie gekümmert hatte, und es den heutigen Griechen als verpflichtendes Erbe verschrieben, ein Erbe, zu dem der durchschnittliche Grieche niemals ein Verhältnis entwickelt hatte und kaum entwickeln wird.

Auch hier war der Zweck klar: Die Touristen aus den Ländern Westeuropas und der amerikanischen Ostküste, beide mit dem humanistischen Erbe des Philhellenismus beladen, sollten das Land ihrer Sehnsucht als ihr Land, als zweite Heimat wiederentdecken, und zwar im großen Stil. Die hartnäckige Rückforderung der Parthenon-Skulpturen aus London hat nichts mit der Trauer um den Verlust, sondern ausschließlich mit dem Tourismus zu tun. Das zeigt sich nirgends deutlicher, als in der Tatsache, daß von der gleichen Regierung der altgriechische Sprachunterricht an den Gymnasien abgeschafft und gleichzeitig eine Schriftreform durchgeführt wurde, die der Kontinuität zum alten Griechentum endgültig den Garaus machte.

Israel bietet ein weiteres Beispiel. Dort ist es gelungen, eine seit fast 1900 Jahren vollkommen abgerissene territoriale und politische Kontinuität nahtlos wieder zusammenzufügen und mithilfe einer zweifellos vorhandenen, starken geistigen und kulturellen Tradition des Judentums eine Lücke im nationalen Selbstverständnis von fast zweitausend Jahren zu schließen. Der Tourismus und die für ihn bereitgestellten Symbole, etwa Masada und Jericho, spielen dabei eine bedeutende Rolle in der Vermittlung eines Geschichtsbilds, das den Eindruck einer historischen, und damit auch einer Siedlungskontinuität, herstellen soll.

Bewußte Geschichtsklitterungen dieser Art sind keinesfalls selten und so lange zu verschmerzen, als sie abgelegene Geschehnisse betreffen, von denen wenig für das Verständnis von Land und Leuten abhängt. Schlimmer wird es, wenn es um neuzeitliche Ereignisse geht, die wichtig sind für die Einschätzung der Zustände in einem Land. Fast jedes Land dieser Erde hat sozusagen seine Leichen im Keller, über die es nichts hören möchte. Die örtlichen Reiseführer sind häufig indoktriniert und haben ein bestimmtes Bild oder gar nichts zu vermitteln. Manche befinden sich nicht nur nicht auf dem letzten Stand der Forschung, sondern nicht einmal auf dem letzten Stand des Irrtums über das Objekt, das sie den interessierten Reisenden vorstellen.

Der Reisende wird häufig bewußt für dumm verkauft, mit Anekdötchen abgespeist, jedenfalls wird ihm die Lust genommen, sich noch einmal bilden zu wollen. Angebliches Lokalkolorit wird als Folklore vorgespielt, die man als Tourist solange genießt, bis tatsächlich Landesübliches geboten wird. Hat man zum Beispiel beim obligatorischen Besuch einer Speicherburg in Marokko geduldig dem Volkstanz einer von zahllosen Wiederholungen völlig übermüdeten Tanzgruppe zugesehen, wird aber anschließend aufgefordert, den Kuskus nach echter Landessitte mit den Fingern zu essen, dann hört der Spaß auf. Man will sofort "nach Hause", ins Hotel, zu Messer und Gabel.

Die Flucht des Fremden vor der Fremde

Gerade diese letzte Episode macht die Paradoxie des modernen Tourismus deutlich: Der Gewinn, den der privilegierte Reisende der Vergangenheit aus der Konfrontation mit dem Ungewohnten für seine Persönlichkeitsbildung ziehen konnte, ja angesichts des Zwanges, in schwierigen Situationen standzuhalten, ziehen mußte, ist für den Reisenden der Gegenwart alles andere als selbstverständlich. Denn der Reisende von heute ist nicht mehr gezwungen, sich wie der Reisende von früher dem Land, das er besucht, auszuliefern. Das Risiko, durch neue Erkenntnisse sein Weltbild verändern zu müssen, ist minimal. Er kann eben das vermeiden, was den Wert des Reisens als Weg zu einer tieferen Selbstwahrnehmung ausmachte und die eigene Identität am tiefsten prägte, nämlich aus unausweichlichen und notwendigen Erfahrungen mit der Bevölkerung des Reiselandes zu lernen, seine mitgebrachten Überzeugungen und Werte zu überdenken und in der fremden und befremdlichen Umgebung gleichwohl das Vernünftige und Respektable zu erkennen und anzuerkennen.

Der moderne Tourismus und seine technische Basis erlaubt es, an jedem beliebigen Punkt und aus jeder Situation zu eskapieren, sich in der Fremde aus der Fremde zurückzuziehen, ohne dabei das fremde Land verlassen zu müssen. Die Leichtigkeit des Rückzugs in eine Exklave, sei es nun das Hotel, der Wohnwagen oder auch nur das Auto, hilft jede Situation vermeiden, in der sich der Tourist mit den Eigenheiten und Gewohnheiten des Gastlandes reflektierend auseinandersetzen, Entscheidungen fällen und sie durchstehen müßte. Die Technisierung des Tourismus, die den Aufenthalt in der Fremde für viele erschwinglich macht, ermöglicht zugleich auch den internen Rückzug aus der Fremde und fördert ihn sogar.

Die fruchtbare Spannung zwischen der Eigenart der Lebensform, aus der man kommt, und der Andersartigkeit der Welt, in die man geht, besteht nur noch für den, der sich ihr bewußt aussetzt. Das aber ist weder selbstverständlich noch einfach. Es setzt ein großes Maß an Eigeninitiative, Information und Planungswillen voraus, erfordert Sprachkenntnis und eine Art von Widerständigkeit gegen die eigene Bequemlichkeit, der man gerade im Urlaub nur allzu gern nachgibt. Und selbst wenn der Tourist der Versuchung widersteht, sich auf einem fertig gestanzten Pauschalausflug im modernen Reisebus wie in einem Diavortrag von

Schaukasten zu Schaukasten, von Panorama zu Panorama schaukeln zu lassen, und statt dessen energisch über seinen müden Schatten springt, kann er nicht sicher sein, auf seinen selbstgeplanten Erkundungstouren die Fremde wirklich unverfälscht zu erleben. In dieser Hinsicht hat es der Tourist trotz aller Erleichterungen beim Reisen heute schwerer als seine mutigen Vorfahren. Denn die Welt, die von der Tourismusindustrie für alle erschlossen werden sollte und wurde, verschließt nun zunehmend ihre Eigenart - nicht ohne Schuld derselben Industrie - vor den neugierigen Blicken der herbeiströmenden Touristen.

Die Vielfalt der Kulturen, die tausendfache Andersartigkeit der Fremde ist in der klein gewordenen Welt zu einer einzigen Form der Fremdheit zusammengeschrumpft. Die Reiseziele sind austauschbar geworden. Das zeigt sich nicht nur äußerlich an den gleichförmigen touristischen Zentren, sondern auch in der inneren Einstellung der Reisenden. Wie anders sollte man sich die wachsende Zahl der sogenannten Spontanbuchungen erklären, d.h. die zunehmende Verkürzung der Frist zwischen Buchung und Reise. Der Spontanbucher hat entweder gar kein festes Ziel oder nimmt bewußt in Kauf, nicht mehr dahin zu kommen, wohin er eigentlich wollte. "Weg von hier, das ist mein Ziel", weist bei Kafka der Reisende dem Kutscher die Richtung seiner Fahrt. Die Ziellosigkeit des modernen Tourismus ist verständlich; denn mit der Beseitigung der Vielfalt der Fremde durch die Vernachlässigung des Raumes, der Konzentration auf wenige uniforme Punkte und der immer vorhandenen Gelegenheit zur Flucht aus der Fremde ist auch ein Gutteil der Faszination der Fremde verlorengegangen - und mit der Faszination auch ihre Bedrohlichkeit.

Tourismus mit Einsicht oder Tourismus ohne Aussicht?

Wozu noch Reisen? Die Frage ist ganz falsch gestellt. Es mag so etwas wie "Alternatives Reisen" geben, es gibt jedoch keine Alternative zum Reisen. "Die Liebe zur Abwechslung oder die Neugier, andere Dinge zu sehen ... scheint mit jedem Adamssohne und jeder Evastochter innig verwoben zu sein... Diesem Ansporn, der uns immer nahe ist, verdanken wir den ungeduldigen Trieb nach neuen Ländern."[3] Lawrence Sternes Urteil über die tieferen Ursachen des menschlichen Reisetriebs, die er seinem Yorick in den Mund legt, darf sich weder auf fundierte psychologische Forschungen noch auf eine breite statistische Untersuchung der Befragung von Reisenden stützen - genausowenig übrigens wie jede der vollmundigen Analysen der Hintergründe des Touristenstroms, die bis zum heutigen Tag von den verschiedensten und nicht immer kompetentesten Seiten geliefert worden sind.

Reisen gehört ganz offensichtlich zu den natürlichen Bedürfnissen des Menschen. Es wäre ebenso elitär wie zynisch, den Menschen gerade dann vom Reisen abzuraten, wenn die Errungenschaften der Technik und Zivilisation, so zweifelhaft und bedrohlich sie uns heute auch scheinen mögen, die Schwelle der Angst vor dem Unbekannten, Ungewohnten so weit gesenkt haben, daß sich auch vorsichtige Naturen ins ferne Land ihrer Träume aufzumachen wagen. Die Reise ins Ungewisse hat ihre Schrecken verloren, weil sie in der Sicherheit einer vertrauten Hotelumgebung endet; und dennoch hat die Reise ihre Faszination in einem gewissen Umfang behalten, weil hinter den Gartenmauern des Hotels das Abenteuer beginnen kann - wenn der Reisende es nur will.

Will er es aber nicht, wer hat das Recht, es ihm zu verübeln? Hat er sich den Urlaub nicht verdient, wie ein Reiseveranstalter ihm anbiedernd versichert? Soll er sich nach elf Monaten Arbeit auch noch um seine Freizeit Sorgen machen? Der Slogan leistet einer übertriebenen Erwartungshaltung an Serviceleistung und leichtfertiger Selbstanmaßung geradezu Vorschub. Auf der anderen Seite sind die vielfältigen Schäden, die der massenhafte Tourismus mit sich bringt, nicht zu leugnen. Bezahlen die Bereisten nicht einen zu hohen Preis für das Vergnügen der Reisenden, die ohnehin weder ein echtes Interesse an den realen Lebensumständen ihrer Gastgeber noch an einer Bereicherung ihrer eigenen Erfahrungen zu haben scheinen?

Ich gebe zu, daß ich darauf keine Antwort weiß. Es scheint kein probates Mittel gegen die Schizophrenie des modernen Reisens, das sich selbst zugleich fördert und vernichtet, zu geben. Jedem Vorschlag, der etwa die Verminderung der Reiseintensität, eine totale Ghettoisierung der Touristen oder das "sanfte", umwelt- und sozialverträgliche Reisen propagiert, stehen ebenso gute Einwände gegenüber: Wenn 20 Millionen Deutsche sich entschließen, sanft in die Alpen zu reisen, dann wird das ganz schön hart.

Auf engem Raum errichtete Hotelburgen als Touristenghettos sind zweifellos vor dem Vorwurf gefeit, "Landschaftsfresser" zu sein, und haben den geringsten Umweltvernichtungsgrad. Dafür aber vernichten sie die traditionelle, angestammte soziale Infrastruktur vor Ort total und hinterlassen, sobald dieses Urlaubsgebiet durch Entscheidungen in den Chefetagen der Tourismusriesen aus der Mode kommt, nicht nur ökologisch, sondern auch ökonomisch eine Wüste. So entging die tunesische Fremdenverkehrswirtschaft Anfang der siebziger Jahre nur mit knapper Not einer Katastrophe, als sich die tunesische Fremdenverkehrsbehörde weigerte, die Preisvorstellungen eines großen deutschen Reiseveranstalters zu akzeptieren, und daraufhin der Touristenstrom um 80 Prozent im Vergleich zum Vorjahr sank.

Wer ein Heilmittel in der Beschränkung der Reisehäufigkeit sehen will, muß erst einmal auf die Frage antworten, wer denn nun als erster auf die Erfüllung seiner Sehnsüchte verzichten soll. Und Sehnsüchte sind es auch im Getriebe der dichten Touristenströme und trotz der desillusionierenden Wirkung der enttäuschenden Realität am Ziel der Sehnsucht, die unsere Reiselust wecken.

Die Lust zu reisen, wird die Last des Reisens immer wieder besiegen. Diese Last legt der Tourist jedoch nicht nur sich selbst, sondern auch denen auf, die er besucht. Hier aber gilt es, die Last weitmöglichst zu vermindern, wenn sie schon nicht gänzlich zu vermeiden ist. Bei dieser Aufgabe versagt jedoch die kalte Technik und Organisationskompetenz der Tourismusinstitutionen, die Millionen von Menschen die Scheu vor dem Reisen ins Unbekannte genommen hat, die Touristen aber allzu hart und direkt mit der Fremde konfrontiert, sie zum Rückzug aus der Fremde verleitet und damit die Begegnung mit dem Fremden und Überraschenden verhindert. Touristen sind keine Vandalen, aber sie sind häufig genug gedankenlos. Mit der Beseitigung der Gedankenlosigkeit ließe sich ein Großteil der Schäden, die der Tourismus anrichtet, ebenfalls vermeiden. Wenn daher der moderne, auf große Zahlen ausgerichtete Tourismus sich selbst nicht strangulieren will, braucht er einen Filter, einen Puffer zwischen Reisenden und Bereisten, der den bedrohlichen Konflikt mit den Menschen der Zielländer in einen fruchtbaren Kontakt mit den Trägern einer fremden Kultur umwandelt: den Reiseleiter.

Dieses bunte Völkchen mag gegenüber den massiven Auswirkungen des Massentourismus auf den ersten Blick recht hilflos wirken. Solange die führenden Touristikriesen in aller Welt die eminent wichtige Rolle des Reiseleiters bei der Verminderung des "Reibungswiderstands" nicht wirklich ernst nehmen und als zusätzlichen Service in Geschäftspolitik umsetzen, solange werden die Reiseleiter auch ein verlorener Haufen bei ihren Bemühungen bleiben, sich verständnisheischend und schützend zwischen die berechtigten Ansprüche der Reisenden und die ebenso berechtigten Ansprüche der Bereisten zu schieben: Die einen wollen für ihr gutes Geld das im Katalog Versprochene sehen und genießen, die anderen erwarten bei aller Gastfreundschaft doch bewußten Respekt vor ihren Traditionen und rücksichtsvolle Achtung ihrer persönlichen Sphäre.

Kein Buch, kein Faltblatt, kein Reiseknigge kann das unsichere und aus der Angst vor dem Fremden gespeiste kontaktscheue, abweisende Verhalten von Gästen und Gastgebern so wirkungsvoll und nachhaltig verändern wie das selbstverständlich vorgelebte Vorbild eines gut ausgebildeten und verantwortungsvollen Reiseleiters. Er kennt die Fremde ebenso wie das Zuhause derer, denen er diese Fremde nahe bringen will. Er kennt die Vorurteile, die Klischees und die Ängste der Touristen wie der Einheimischen. Er weiß von den Gefahren des oberflächlichen Vergleichs zwischen der fremden Kultur und scheinbaren Analogien im Heimatland der Gäste. Er weiß befremdliche Einzelzüge einer Gesellschaft in den historischen und kulturellen Gesamtzusammenhang zu stellen, ihnen einen Sinn zu geben, der nachdenklich macht.

Sicherlich ist es eine utopische Vorstellung, sich von den Reiseleitern die schlagartige Verminderung oder gar die Beseitigung der schlimmen Folgen moderner Völkerwanderungen zu erwarten. Bei näherem Zusehen aber zeigt sich angesichts der Nutzlosigkeit von Appellen und der Hilflosigkeit der Vorschläge zur Verbesserung der Situation, daß der verstärkte und gezielte Einsatz von Reiseleitern letztendlich die einzige Möglichkeit bieten wird, aktiv das Verhalten der Reisenden zu steuern, bewußtes Reisen zu fördern und den Reisenden wieder die

Türen zu ihren Erfahrungsräumen zu öffnen und offen zu halten, die der moderne Tourismusbetrieb zusammen mit der Vernachlässigung des geographischen Raumes zuzuschlagen droht. Vielleicht läßt sich dann auch ein Teil des Nutzens wiedergewinnen, den frühere Reisende aus der Fremde zogen, nämlich das Zuhause zu verbessern.

Anmerkungen

1) Brilli 1990, 9

2) ebenda, 132

3) ebenda, 56

Literatur

Brilli, Attilio: Reisen in Italien. 2.Aufl., Köln 1990

Günter, Wolfgang (Hrsg.): Handbuch für Studienreiseleiter. Starnberg 1982

Ludwig, Klemens/Has, Michael/Neuer, Martina (Hrsg.): Der neue Tourismus. Rücksicht auf Land und Leute. München 1990

Mit dem Auge des Touristen. Zur Geschichte des Reisebildes. (Ausstellungskataloge der Universität Tübingen Nr. 14), Tübingen 1981

Moynahan, Brian: The Tourist Trap. London/Sidney 1985

Niemeyer, Wolfgang: Zur Stellung des Reiseleiters in der interkulturellen Kommunikation. 2.Aufl., Basel 1987

Opaschowski, Horst W.: Tourismusforschung, Opladen 1989

Storbeck, Dietrich: Moderner Tourismus. Tendenzen und Aussichten. Trier 1988 (mit umfangreicher Literaturliste, S.655-688)

Sturm, Hermann u.a. (Hrsg.): Jahrbuch für Ästhetik. Bd.1: Das Fremde. Aachen 1985.

Urry, John: The Tourist Gaze. Leisure und Travel in Contemporary Societies. London 1990

Bild-Welten und Welt-Bilder

Über versuchte Nähe zur fremden Wirklichkeit

Rolf-Joachim Heger

> Eine größere Anzahl der gezeigten Aufnahmen sind auf jährlichen Ferienreisen im offenen Wagen entstanden... Ich wüßte nicht, was solche Fahrten mehr bereicherte und spannender machte als dies beständige Ausspähen nach Motiven (...). Aber nicht immer ist es leicht, dann auch wirklich den Fuß vom Gaspedal zu nehmen. Nur zu oft steht die Dämonie des Fahrens der Dämonie des Photographierens entgegen.
>
> Ein Leica-Amateur, 1935

Das Heimat-Fremde

Die Dämonie des Fahrens und des Photographierens - welch genaue Beobachtung all dessen, was wir gemeinhin unter Reisen verstehen: jenes Anrennen gegen die Vergeblichkeit, alles sehen oder irgendwie erfassen zu wollen. Unter dem auferlegten Diktat der Zeit wird nach einer Orientierung gesucht, dem räumlichen und chronometrischen Chaos der auf einen eindringenden Reise durch Markierungen von album- und diawürdiger Details zu entgehen. Gestatten sie doch - wie einst den Schreibern von Reisebriefen und -tagebüchern, nur sehr viel flüchtiger und punktueller - das Abenteuer zu domestizieren, sich am Ariadnefaden der Bilder, ihrer Motive und Numerierungen durchs Dickicht des Fremden zu bewegen. So wird das Terrain abgesteckt, das Labyrinthische überwunden und dem Unregelmäßigen, Zufälligen und Rätselhaften das genau Abgemessene, Karthographierte und Strukturierte entgegengestellt. Verschwunden sind die Rätsel und auch das Wagnis, sich Fremdem, Neuem, Ausländischem gar auszusetzen. Noch schwingt im Wortstamm "Ausland" das abgeleitete "Elend" mit, jedoch ein solcher Bezug auf Fuchterregendes, Unbekanntes, ja selbst auf Auslöschung und Tod wird schnell verdrängt durch die Umkehrung: Ausland wird zum Ferien"paradies", zum vertrauten Areal, scheinbar abseits der "Hölle" des Alltäglichen. Und tatsächlich, wo sich der Reisende des 20. Jahrhunderts auch immer hinbewegt, an die äußersten Küsten oder auf die höchsten Gipfel, er ist zu Hause. Sowohl gegen die Kälte des Nordens wie die Hitze des Südens ist er gewappnet, nichts bleibt dem Zufall überlassen. Die Flut der Reisehilfen gaukelt denn auch vor, er sei keiner dieser Unverständigen und hilflos Umherirrenden, die sich nur lächerlich machen in ihrem Ruch als "Kodak-Imperialisten". Nein, kein echter Reisender zeichnet sich noch dadurch aus, daß er sein Ziel nicht kennt und etwa glaubt, in Indien anzukommen, wenn er in Wirklichkeit an der amerikanischen Küste vor Anker geht. Denn alles ist längst berechnet, vorausgeplant und gesteuert. Aber schließlich hatte auch die Weltreise bereits beim ersten Mal ihre Unschuld verloren; daß die Exoten und Wilden Projektionen ihrer Mörder sind, das wußten irgendwie schon die Weltreisenden des 18. Jahrhunderts. Und wenn man die letzten Paradiese der Menschheit - so es sie im Zeichen des Massentourismus noch geben kann - besuchen will, glaubt man ernsthaft, daß man mit dem schlechten Gewissen eines Post-Kolonisators und -Parizipanten mehr gesehen hat als die Phantombilder aus diesen Gegenden, die das Fernsehen liefert? Wohl kaum.

Und genauso unrichtig ist es, ja geradezu naiv, dem Fremden in der Fremde zu begegnen. Denn, was als Fremdes genossen wird, muß verzehrt werden, und auch wenn der Hunger hinterher nicht gestillt ist, es wird als Genossenes vernichtet. Und ein solcher Vernichtungsprozeß beginnt bereits in den illustrierten Reportagen und Berichten der Agenten der Öffentlichkeit, die sich einem zu Hause geradezu aufdrängen: das Entlegenste und Entfernteste - die Mangrovenwälder und die Gletscher, das Grasland und die Ozeane - wird umfassend zugänglich gemacht, wie ein blinkender Luna-Park. Und diese Bilder sind tausendmal schöner als es eine Realität je sein kann. Aber auch diese Bilder täuschen. Claude Lévi-Strauss beginnt sein Buch über Brasilien mit der denkwürdigen Erkenntnis: "*Ich verabscheue Reisen und Forschungsreisende*". Denn was kann in dieser Welt noch gefunden werden? Die polynesischen Inseln ersticken in Zement, schreibt er, "*wie kann da eine Reise etwas anderes sein als die Begegnung mit den allerunglücklichsten Formen unseres eigenen historischen Daseins?*" Denn Reisen waren für ihn "Zaubertruhen voll traumhafter Versprechungen"1), und nun sieht er, wie sich diese Zaubertruhen zu leeren beginnen.

Oder sind sie nicht längst schon leer? Ist das Fremde nicht in einem irreversiblen Prozeß des Verschwindens verloren gegangen? Nicht so sehr des Verschwindens in der Vergangenheit, in der Geschichte also, sondern des Verschwindens in einem Konsens, der die Welt in einem immer dichter werdenden Netz umspannt. Es ist das Verschwinden der Welt in der Einheitlichkeit der Strukturen. Wie aber das Fremde suchen und dem Fremden begegnen, wenn Gegenstände und Natur nur die Bestätigung der heimlichen Kopf-Bilder sein können und die Welt in standardisierten Formen versinkt? Wenn also das Reisen, das Sich-Herauswagen am Ende die Blamage bitter fühlen läßt, da die Umstände nicht halten, was sie versprechen? Denn das Wunschbild der Fremde bleibt erhalten, dringt aber nicht mehr ins nüchtern Vorhandene ein. Denn dort ist diesem Fremden, Neuen und Unbekannten bereits der Garaus gemacht, das "Ausländische" in "Inländisches" verwandelt, es praktisch vernichtet, oder in üblichen Termini "heimgeholt" - in den Schoß der Kirche, ins Reich, in die eigene heimatliche Umgebung. So gerät das Reisen in den Zusammenfall des Nicht-Aufbrechens und des Nicht-Ankommens, in die Schaffung der eigenen Insel, außerhalb der reißenden Zeit des Augenblicks, die Reiseziele in illusionärer Selbstverständlichkeit sich setzend als heilige Orte, Landschaften, Geographien. Diese wortwörtliche Suche nach dem Paradies im überschaubaren Bekannten muß nun das Fremde neu konstituieren, es neu "erfinden".

Denn das Fremde ist "zum Objekt der Nostalgie geworden, zur Insel Utopie in einem Meer, das eigentlich kein Nirgendwo mehr bergen kann. Aus 'Elend' wurde Literatur und Nervenkitzel. Die Kunst sucht die Begegnung mit dem Anderen - und ist doch schließlich nur sein Fabrikant"[2]). Dieser Prozeß ist gemeint, wenn das Denken über das Fremde Erklärungsmustern folgt, die jede Form von Andersartigkeit den Gesetzen der eigenen Umwelt unterwirft, und damit letzlich die Existenz des Fremden überhaupt verleugnet. Jeder Fremd-Körper also, der die Normierung sprengt, das Eigene um seine Behaglichkeit bringt, wird zum Gegenstand der Unterwerfung und Domestizierung, in der Ferne genauso wie im lokalen Geviert. Aber zu diesem Akt der Vereinnahmung gehört das "fabrizieren" (v. Braun) diese Fremden - wiewohl es nicht verschwunden ist und auch die Begegnung mit dem Anderen fortwährend erfolgt - in der eindeutigen Festlegungsmacht auf diese Andersartigkeit hin.

Besonders in der Zeit der Romantik ist das Fremde plötzlich in aller Munde. Aber ein solches, das mehr erdacht, erfühlt, erfunden, erhofft wird durch schreibende Kraft und musikalische Intensität: "Mendelssohn-Bartholdy 'komponiert' die Hebriden, Robert Louis Stevenson erdichtet die abenteuerlichen Cevennen, bevor er sich mit der Schatzinsel der wirklichen Erfindung hingibt. Prosper Mérimée aber fabriziert mit seiner 'Carmen' die neue Frau, das 'Rätsel' (...). Auf der anderen Seite 'erfindet' Novalis aber auch den Tod. (...) Gleichsam als die Heimat, in der Dichtung, Geschichte und das Leben selbst ihre Erfüllung finden. Es breitet sich eine Todessucht aus, für die auch Goethes 'Werther' reichlich Stoff geliefert hatte"[3]). Die Fremdheit draußen korrespondiert nun eng mit der Fremdheit drinnen. Im eigenen Dunkel hofft man, dem Unbekannten zu begegnen, sehnsüchtig diese Andersartigkeit auch produzierend - als Privileg der Künstler (!) - und als geheime Stimulanz für Produktivität und Schöpfertum. Diese Reise zum fremden Inneren kultiviert Eigenschaften,die bisher dem Außen zugeschrieben - und dabei diskrediert wurden, wie bestimmte körperliche Konstitutionen, chaotische Handlungsmuster, geschlechtliche Überschreitungen, unmäßige Begierden. Im Inneren wird so der Tummelplatz für das Fremde im Ich geschaffen, das draußen in seiner Andersartigkeit verfolgt, unterworfen, ja sogar der Vernichtung preisgegeben wird. Dieses "Ent-Fremdete" - nicht im Sinne von Marx und Engels, "sondern im Sinne eines Entfremdungsprozesses, bei dem die Fremdheit im eigenen Ich hergestellt wird"[4]) - führt fast zwangsläufig in jene Endgültigkeit, die das Fremde in einem andauernden Prozeß gebiert und wieder zerstört. Ein solches Produzieren und Vereinnahmen wird seinerseits noch in ein sprachliches Korsett gebunden, das zentralisiert, ausmerzt, nivelliert. Denn wie anders ließe sich Fremdes, erfahrenes Ich auch ausdrücken als in der Sprache des Ich? So wird dann das Andere und Bedrohliche sogleich auf Vertrautes bezogen, heimisch gemacht, in seiner Distanz und Ferne gerade nicht mehr wahrnehmbar.

Und auch hierbei jene Doppel-deutigkeit: das Fremde, das sich der Sprachforn zu beugen hat und das eigene Bewußtsein, das Fremdes oft nur - sprachohnmächtig - im Gurgeln und Röcheln zuwegebringt, aber auch der normierten Sprache des Alltags letztlich unterwirft.

Das Leben draußen bietet so die Stichworte für innere Befindlichkeiten, und je routinisierter auch diese Wortfolgen wiederrum zur Konvention veräußerlicht werden, desto tiefer geht die Flucht ins Dunkle, desto geheimnisvoller, hermetischer werden die Wegmarken, welche die Auslegungsmöglichkeiten beinhalten. Es ist keine Exegese der beschriebenen Doppelbindung, sondern ein Schutzsuchen im eigenen Zuhause. So gerät die Sprache nicht zu einem feinen Gespinst, ausgespannt zwischen den Belegungen des Fremden und Unbekannten, um so "den Faden der Ariadne, wenigstens (den) der Rede, überall aufhängen und zu etwas verweben" zu können, wie es einem Vorschlag Jean Pauls im 'Siebenkäs' entspräche5), sondern sie verbleibt in der Sprachunangemessenheit ihres Gegenstandes.

Und der Fremde selbst, der die Schwelle zum nun fremden Fremden überschritten hat, wie erlebt er Vereinnahmung und Vergegenwärtigung, Stilisierung und Erdichtung der Andersartigkeit? Zunächst in Distanz und über alle "materiellen Güter" hinweg "neigt er zu der Einschätzung, daß allein er eine wirkliche Biographie besitzt, das heißt ein Leben, das aus Erfahrungen besteht (...), in dem Handlungen Ereignisse sind, weil sie Entscheidungen, Überraschungen, Brüche, Anpassungen oder Listen, niemals aber Routine oder Ruhe implizieren. In den Augen des Fremden haben die, die es nicht sind, kein Leben: sie exeitieren gerade nur, prachtvoll oder kümmerlich, aber außerhalb des Rennens und daher beinahe schon in Leblosigkeit erstarrt"6). Aber diese - fast monochrom zu nennende - Verhaltensweise rührt im Umgang mit dem Fremden von jener gestörten Logik her, dieses Bündel von Trieb und Sprache, von Natur und Symbol, welches das immer bereits durch den anderen geformte Innere ist, zu lenken, zu integrieren, unschädlich zu machen. Denn der Fremde wird in seinem Versuch, dies Schonungslose an den menschlichen Beziehungen, also das, was sich zeigt, wenn der Zauber der ersten Stunden verblaßt, das Freundliche, Zuvorkommende und Gefällige ein Ende hat und der gesellschaftliche Umgang dem Verdikt der Konfrontationen weicht, wirkungsvoll an seinen Status erinnert, offensiv in diesen gewiesen. Konfrontiert er doch allein - während die anderen "unter sich" sind - "paradoxerweise alle Welt mit einer Agnosie, die Höflichkeit und gesellschafrliche Umgangsformen verweigert und zu einer nackten Gewalttätigkeit zurückführt. Das Sich-gegenüber-Treten von Bestien"7). Diese Erfahrung des Abgrunds dem und den Fremden gegenüber gilt es zu leugnen, zu negieren, denn angesichts des Fremden, der abgelehnt und gleichzeitig Identifikation ist, beides zugleich, lösen sich festgefügte Grenzen, zerfließen Konturen, werden Haltungen und Vorstellungen überflutet. Die Varianten des Unheimlichen, der beunruhigenden Fremdheit sind vielfältig; aber alle wiederholen die Schwierigkeit, das Verhältnis zum anderen zu situieren, eröffnen so noch einmal den Weg der Identifikationsprojektion.

An diesem Punkt des Weges schließt sich der Kreis: mit der Sicht auf die Andersartigkeit, auf das fremde Innere, geht die "Fabrikation" des Fremden außen und - eng damit verbunden - dessen Statuierung, Vereinnahmung, ja teilweise auch Vernichtung einher. Sie mündet in der tristen Erkenntnis, die Lust an der Erfahrung des Fremden - und mit ihr auch die Lust am eigenen Sein - für immer versiegen zu lassen. Übrig bleiben konstruierte Versatzstücke, Projektionsräume voll eigener Inhalte, amorphe Visionen erfüllbarer Möglichkeiten. Sie vagabundieren umher, hungrig nach einem Exotismus, der janus-köpfig sich zeigt. Ganz wie in jenem schauspielerischen Amüsement: Drei vornehme chinesische Damen sitzen zusammen, trinken Tee und plaudern darüber, was sie sich zur gegenseitigen Unterhaltung rezitieren oder vorspielen könnten. Es soll etwas im "europäischen Geschmack" sein. Die eine schlägt eine Szene aus Racines Tragödie "Andomaque" vor, die zweite ist mehr für eine Pastorale, die dritte hält dagegen; "Ja, aber am wenigsten langweilt die Komödie". Die Damen, die in den Rollen der fachsimpelnden Chinesinnen auftreten, sind die spätere deutsche Kaiserin Maria Teresia, ihre Schwester Marianne und eine Hofdame. Ort des Geschehens ist ein Salon der kaiserlichen Hofburg in Wien. Der spielerische Umgang mit den fremden Motiven äußert sich hier in einem doppelten Rollentausch: um sich zu zerstreuen, mimen die kaiserlichen Hoheiten chinesische Damen, die sich ihrerseits die Zeit damit vertreiben, daß sie die Europäer nachahmen.[8)] So gerät das Fremde in den Sog versuchter Nähe zur Wirklichkeit, und diese Vorstellung schiebt sich wie eine Schutzschicht um die eigenen Imaginationen. Das Gedachte erzeugt so eine besondere Blindheit, die das Abbild als das Tatsächliche wahrnimmt. Chinesische Damen sprechen so ...

Das Bild-Fremde

Und die Kenntnisse über fremdes Terrain, fremdes Verhalten werden nicht nur über Berichte und nachgespielte Sequenzen vermittelt und eingegraben, sie überfluten als bildgewordene Wirklichkeit unseren Erfahrungs- und Wahrnehmungsraum. Das Bild als unverfälschter Zugang zur Wirklichkeit, als objektiv überprüfbare Form der Erinnerung?

Der hastende Leica-Amateur versucht denn auch diesem Anspruch gerecht zu werden, ja, ihn vielleicht sogar noch zu überbieten, indem er den Bildern eine neue Schau zu geben versucht, "eine Ansicht, die sich von den gewohnten unterscheidet, eigenartig und neu, aber dennoch wahr und gerade deshalb doppelt ergreifend, weil sie uns in Staunen versetzt, aus unserm alten Geleise wirft und uns gleichzeitig in uns selbst an einen erinnerten Eindruck gemahnt. Irgendeine dieser 'wundervollen' Photographien wird vielleicht ein Gesetz der Perspektive veranschaulichen, und eine Kathedrale, die wir gewöhnlich inmitten einer Stadt sehen, nun im Gegenteil von einem Blickpunkt aus zeigen, von dem aus sie dreißigmal höher wirkt als die Häuser und gleichsam unmittelbar über einem Flusse thront, vom dem sie in Wirklichkeit ein gutes Stück entfernt liegt" (Proust)[9]. Ist es aber angesichts heutiger Alltagsaufnahmen noch angemessen, von einer Perspektive als Erfahrung der Wirklichkeit zu sprechen? Ist es nicht eher so, daß die Perspektive als Technik der Sinnestäuschung dient? Denn in aller Regel erfassen die Photographen die Welt mit ihrer Kamera nach der Logik eines Weltbildes, das die Leseschablonen vorgibt, deren gebräuchlichste nichts anderes sind als die Regeln der Reproduktion der Wirklichkeit. Und so ruft ein Verstoß gegen die Normen " kanonischer Ästhetik" (Bourdieu) - etwa das Fehlen des Vordergrundes oder eines bedeutsamen Hintergrundes, wie Palmen oder zerfallene Hütten, die den Exotismus ausdrücken sollen - unmittelbar Abwehr hervor. Aber eher könnten diese Bilder der "plötzliche Schnitt in die sichtbare Welt (sein), die die solide und kompakte Wirklichkeit der alltägliche Wahrnehmung in eine unendliche Vielfalt flüchtiger Ansichten auflöst"[10], und nicht gesäuberte und von allen Zufällen und verwirrenden Impressionen gereinige Ansichten. Denn diese halten niemals etwas anderes fest als Momente, die ihrer Besonderheit wegen - der feierliche Ausdruck, das Fremde im Urlaubserleben - kurzfristig dem Zeitablauf entrissen werden und nur posierende, unbewegliche Personen oder Gegenstände mit stets derselben Kameraeinstellung aufnehmen, und so verlieren sie gerade jene Fähigkeit, Dinge aufzulösen, Konstellationen transparent zu machen. Diese Photos haben keine andere Ebene als die des direkt Sichtbaren, können den Mangel, das Vakuum hinter dem Sichtbaren nicht beschreiben. Es sind Abbildungen "ohne Scham" (v. Braun), nicht weil sie etwa schamlos wären, sondern weil sie keine Erinnerung transportieren an das Dahinterliegende, Unsichtbare, Unheimliche. Gerade dieses Ausblenden - der schwarze Fleck, das zu früh belichtete Filmmaterial - verweist auf das "Heimat - Fremde": auch hierbei geht es um das Verschwinden der Wirklichkeit in unserer Wahrnehmung, hinter dem sich das Verschwinden des Fremden, die Unterwerfung des Anderen, die Auslöschung der Unterschiede verbirgt. Es gibt keine Bilder mehr, die es ermöglichen, zwischen den Zeilen zu lesen, das Nicht-Sichtbare wahrzunehmen, und es gibt sie auch deshalb nicht mehr, weil sich die Spannung dem Fremden gegenüber verflüchtigt hat - oder besser: weil sie gewaltsam ausgefüllt, fabriziert wurde. Das Bedürfnis nach Unterscheidung ist mit dem Hereinholen des Fremden gewichen, aber auch als Bedürfnis nach Abgrenzung des Ichs vom Wir. So verwundert die Inflationierung der Bilder nicht; nach einer Bilderverehrung und einem Bildersturm ist es heute zu einer wahren Bilderwut gekommen, entfesselt, endlos und unaufhaltsam, weiter entfernt vom Wesen des Bildes als je zuvor. "Das Numen des Bildes ist davon zerstoben, an seine Stelle ist die rätselhafte Banalität der Fotografie getreten."[11] Es ist die "Kamerabeute" (Benjamin), die der Photograph - Trophäen gleich - nach Hause bringt, je mehr, desto erfolgreicher. Erfolgreich im Sinne der Bildungsreise: als ikonographisches Puzzle müssen die Ortsveränderung, das Fremdheitserleben, das Glückgefühl und die Genußfülle zusammenpassen, ablesbar an den "geschossenen" Bildern und deren Botschaft. Nur über diese wird vermittelt, wie alles auszusehen hat. Um es zu erreichen, sind Anstrengungen unterschiedlichster Art vonnöten: so unterwirft das Photographieren - und nicht erst das Photo - das fremde Umfeld einer vereinahmenden Prozedur, bevor es den einzelnen Reisenden überschwemmen kann. Es wird in technische Maßeinheiten - in 45° Bild-Segmente - gebannt, in Sucherbilder umgedeutet. So entstehen Bilder in isolierten Zusammenhängen, die höchstens ein Fenster in die äußere Vielfalt schneiden können, ein kleines Sandkorn des Ganzen, gehalten für die Fülle des Gesamten. Und ganz im Banne der Bilderwut gerät das Reisen zum isolierten Schauen und dies wiederum nur zum Aufsuchen und Ausspähen möglicher Motive. So gibt es kein Erleben mehr in der Fremde, im Dort-sein mit allen Sinnen, sondern nur die Unterordnung unter das Medium Photographieren. Und dieser Zwang zur Einengung und zum, normgerechten Verhalten reproduziert sich in den Photos: die Erlebnisfülle schrumpft zu gerahmten Banalitäten - der Sonnenuntergang, die pittoreske Bauernhochzeit - die nun im vorgegebenen Bildrahmen bleiben, gleichgültig, ob der Reisende sich nachträglich der aufgenommenen Situation erinnern kann oder nicht. Sein spezielles Erleben liegt außerhalb des Bildes - wenn überhaupt. Vor Ort muß er inszenieren, ins-Bild-Setzen, plazieren und zentrieren. Die photographierten Personen werden in eine Umgebung gestellt, der hoher Symbolwert zugemessen wird, wobei alle individuellen oder gar zufälligen Züge in den Hintergrund treten, also alles was Leben ausmacht auch aufgesogen und damit ausgeschlosen wird. "Dies ist der Garten der griechischen Familie, bei der wir so wunderschöne Tage verbracht haben...", lauten dann Geschichten zu solchen Aufnahmen, ein Bildzeichen, ohne alle zufälligen und zeitlichen Elemente, eine ereignislose Reproduktion. "Obgleich sich das Spektrum des Photographierbaren ständig erweitert, ist die photographische Praxis deswegen nicht freier, da man nur das photographieren darf, was man photographieren muß, und weil es Bilder gibt, die man unbedingt 'aufnehmen' muß, so wie es Naturschönheiten und Monumente gibt, die man 'mitnehmen' muß. Traditionellen Funktionen unterworfen, bleibt die Praxis deshalb auch in der Wahl der Objekte, der Augenblicke und sogar in ihrer Intention traditionell"12). So bleibt die übliche Praxis des Photographierens rituell und einer bestimmten Dramaturgie unterworfen. Es ist ein Mechanismus der Aneignung und des in-Besitz-nehmens, ohne daß Eigentümliches und Charakteristisches, Besonderes und Befremdliches wahrgenommen wird; stereotyp in der Wahl ihrer Objekte wie in ihren Ausdruckstechniken. Und diese orientieren sich streng an technischen Gesetzmäßigkeiten: das 'take your picture here' ordnet die Welt, markiert den Punkt, der durchlaufen sein will, den die Fremde durchlaufen muß, will sie angeeignet - oder genauer noch: abgefertigt werden. Das Klicken des Verschlusses beendet jede weitere Erfahrung, jede weitere Auseinandersetzung, noch bevor sie begonnen hat. Ein fast blinder Abfolgeritus, verstärkt noch durch eine immer weitergehende Ersetzung eigener Handhabung durch eine technomorphe Umwelt, die nicht nur die Bildinhalte außerhalb der Person festlegt, sondern auch ein Sehen jenseits des menschlichen Auges ermöglicht. Die Aura des Fremden angesichts jener ungeheuren Präzision der Apparaturen - wird durch die technische

Überwindung optischer Unschärfen und schwankender Statik der Bilder zur raum- körperlosen Nähe. Wie die in der Luft oszillierende Fata Morgana bedarf das Fremde einer gewissen Unschärfe, aber nicht der Blick trifft diese Unterscheidungen, sondern die apparativ verankerten Blenden und Brennweiten. Es schwindet dabei jede mögliche Entschlüsselung und Nähe, und die Erfahrung räumlicher Distanz geht ein in die Zeit der Belichtung; der authentische Augenschein gerät zum "synthetischen Sehen" (Virilio) und zur automatisierten Wahrnehmung. Damit wird aber der Blick nicht mehr an die Magie des Ortes gebunden, er sieht jetzt das ganze Erdenrund und zoomt dasjenige Detail heran, das von momentanem Interesse ist. So wird alles sichtbar ohne die jeweilige Information oder Legende, ohne das Wissen um das, was man sieht.

Aber darauf kommt es beim Photographieren der Fremde und in der Fremde auch gar nicht mehr an: nicht dort zu sein zählt, sondern dort gewesen zu sein. "Und das nicht nur deshalb, weil dort gewesen zu sein, (das) heimische Prestige hebt, sondern eben, weil nur Gewesenes einen sicheren Besitz darstellt. Während nähmlich Gegenwärtiges, auf Grund seiner Flüchtigkeit, nicht 'gehabt' werden kann; ein unhaltbares, unreelles, unrentables Gut bleibt, eben nicht bleibt, ist das Gewesene, da es als Bild zum Dinge und damit zum Eigentum geworden ist, das allein Wirkliche."13)

Solche Bilder des Fremden treten dann der Erinnerung selbst nur noch destruktiv gegenüber. Nach den Bildern sich zu vergewissern, heißt dann, nur noch dem An-Schein nach zu urteilen. Das Leben ist so von den Bildern, die es bestimmen, nicht mehr zu trennen.

> "Mann: *Das ist zum Beispiel, das hat mich da interessiert, da sind wir vorbeigefahren und das stand da so ganz raus, da hab ich das mal fotografiert. Das war an der Straße nach Cordoba runter.*
> Interviewer: *Ist das eine Festung da im Hintergrund?*
> Mann: *Nee, das - das - weiß ich nicht so genau.*
> Interviewer: *Und was ist das hier auf dem Bild?*
> Frau: *Das ist die Kuppel.*
> Mann: *Das ist, das war die Kuppel.*
> Frau: *Das hättest aber auch dazu schreiben müssen!*
> Mann: *Da sind wir durchgefahren, durch den Ort, das hat mir so gut gefallen, da hab ich das mal geknipst. Wie dieser Ort dort heißt, das weiß ich gar nicht mehr.*
> Frau: *Sevilla. Sevilla ist eine wunderschöne Stadt, wunderschön!*
> *(...)*
> *Frau: Das ist die, - die Bilder sind für uns und wir knipsen auch nur für uns. Das sind für uns Erinnerungen. (...) Das ist irgendwie für uns. Das ist nachher im Alter, wenn wir noch älter sind, wir sind ja schon alt, aber dann sind das doch sehr schöne Erinnerungen".*14)

Statt in der Photographie selbst das Bedeutende zu sehen, wird sie stets als Zeichen für irgend etwas befragt, was sie nicht ist. Die Lesbarkeit des Bildes selbst ist eine Funktion normierter Intentionen, möglichst per Titel oder Erläuterung noch vertieft. Aber in der ungeheuren Flut der Bilder versackt die einzelne Zuschreibung und bringt nichts als Schwierigkeiten hervor: sie werden zu unansehnlichen, labyrinthischen Haufen in Kartons verpackt oder in Alben archiviert, wo sie nur aufgeschlagen werden, nicht aber aufzusteigen haben - höchstens aus der Tiefe der Sammlung. "Es gibt nur ein Kolosseum oder Pantheon, aber wie viele Millionen möglicher Negative haben sie abgesondert, seitdem sie erbaut wurden - die Grundlage für Billionen von Bildern. Materie in großen Mengen ist immer immobil und kostspielig; Form ist billig und transportabel".[15] Die Spaltung, die Loslösung der Kopie vom Original und der latente Verlust des Ursprungs, ist so angelegt. Das Bild gewinnt eine rein selbstreferentielle Bedeutung. Und dies hat auch etwas mit der Bilderwut zu tun. In der Fabel von der Karte eines Reiches, die erst eine bestimmte Größe einahm, läßt sich das nachvollziehen. Denn "mit der Zeit befriedigten diese übermäßig großen Karten nicht länger, und die Kollegs der Kartographen erstellten eine Karte des Reichs, die genau die Größe des Reichs hatte und sich mit ihm in jedem Punkt deckte"[16]. Die alte Utopie der totalen Entschlüsselung und Transparenz der Welt wird hier beschrieben. Und die Photographie leistet heute ja Ähnliches: sie treibt in ihren Vielheiten die umfassende Sichtbarmachung der Welt voran. "Doch tut sie dies, zumindestens solange sie noch mit Filmen und Papieren arbeitet, mit Mitteln, die neuerlich Unsichtbarkeit verbreiten: allmählich wird die Welt von Ihren eigenen Bildern wieder zugedeckt; an einigen Stellen sind die Schichten bereits turmhoch, andere Landstriche sind erst mäßig bedeckt. Eines Tages aber wird die ganze Welt mit einer Fototapete überzogen sein"[17]. Aber diese Verpackungskunst geschieht schon längst nicht mehr in traditioneller Abfolge der linearen Ausbreitung der Bilder und Botschaften; nein, in sich überschlagender Geschwindigkeit rotieren und kreisen die Bilder um sich selbst, was bewirkt, daß es keine andere Bestimmung für das Bild mehr gibt als das Bild selbst. In diesem Taumel der Selbstreferenz wird das Bild realer als das Reale und setzt seine eigenen Spielregeln durch in der weiterführenden Perfektionierung seines eigenen Modells.[18]

In diesen Wirbel gerät auch das Fremde, oder genauer: das Ab-Bild davon. Denn obwohl das imaginierte Fremde mit dem tatsächlichen nichts mehr zu tun hat, so sehr dominiert doch das Bild dieses Scheins über das Reale. Und je mehr Bilder vom Schein existieren, desto mehr wird die Imagination des Fremden zum Vertrauten. Und der photographisch Reisende kann sich diesem Mechanismus überlassen, wird er doch vor dem Fremden geschützt, ja, erspart sich in der Fremde die Fremde.

Führt das dann aber nicht dazu, daß all die Ab-Bilder nur noch als Inplantate wirken und so die Wahrnehmung, das Denken und Fühlen immer mehr ausdünnen und einer zunehmenden Langeweile aussetzen? Wird das Aufbrechen nach Anderswo damit nicht auch überflüssig, weil eben Menschen und Dinge verschwinden und nur noch ihre Bilder übrig bleiben? Man könnte mutmaßen, daß der Reisende umso statischer bleiben kann, je entfesselter die Bilderwelt sich gibt. Eine Annäherung daran war jene Reise in der Transsibirischen Eisenbahn von Moskau nach Wladiwostok und zurück im Abteil mit verhängten Fenstern, die Füße auf täglich ausgewechselten Schieferplatten gestellt. Nichts blieb fixiert, was nicht im Inneren des Reisenden aufgehoben war. Aber wurde die Fahrt tatsächlich durchgeführt oder bloß imaginiert? Die Antwort weiß nur der Reisende selbst. "Den Raum habe ich weniger erfahren als den Kerker oder als ein Gefängnis oder im mittelalterlichen Sinne, daß man sich einschließt, nur einfach als einen Raum den man füllen kann mit sich selbst, ich hab mich selbst gespürt".[19] Noch reduzierter läßt sich reisen, wenn nur die Utensilien unterwegs sind: ein Künstler schickte nur mehr 2 Fahrkarten von Rio nach Sao Paulo. So wird das Reisen zur toten Strecke, zur Bewegung in einem leeren Raum. Er zählt nicht mehr, wenn alles befahren wird, wenn alle sich aus denselben Bildern speisen. Dies verweist auf das Reisen im Imaginären.

Und dabei läßt sich eine Koinzidenz von steigender Bildqualität und immer schneller vorgestellten Fort-Bewegungen ausmachen: "die technische Rede von der Verfeinerung der '*Bildauflösung*' läßt sich besser verstehen als die '*Auflösung im Bild*'"[20].

Beispiele gibt es viele, daß gerade das Bild anstelle der Welt zum eigentlichen Zuhause wird: Ein Maler, alt geworden und einsam, saß über der Arbeit an einem einzigen Bilde. Schließlich wurde er fertig. Er lud die verbliebenen Freunde ein. Sie umstanden das Bild: ein Park war darauf zu sehen, ein schmaler Weg zwischen Wiesen führte zu einem Haus auf der Anhöhe. Als die Freunde, fertig mit ihrem Urteil, sich dem Maler zuwenden wollen, ist er nicht mehr da. Sie blicken ins Bild: dort geht er auf dem Weg die sanfte Anhöhe hinauf, öffnet die Tür des Hauses, steht einen Augenblick still, dreht sich um, lächelt und verschwindet, sorgfältig die gemalte Tür hinter sich verschließend.[21] Es ist die Spurlosigkeit, die bei diesem Verschwinden erschreckt. Nichts bleibt als Umriß. Fast analog zu den fernen Welten in der Beinahe-Unendlichkeit, in denen Fremdes unhaltbar bleibt. Dort nämlich bewegt man sich in einer Beinahe-Welt, im Cyberspace, in der der reale Körper sich außerhalb eines Computers und sein digitales Double im Netzwerk des Computers befindet; in der also der tatsächliche Körper mit imaginären Objekten real interagieren kann. Eine solche Schnittstelle von Gehirn und Computer ermöglicht dann Allgegenwart und Zugang zu allen möglichen und unmöglichen Räumen. Elektronik als digitale Droge ermöglicht so kybernetische Geistreisen, auf denen erneut alles Fremde imaginiert und damit vernichtet wird.

Anmerkungen

1) Lévi-Strauss 1978, 32
2) v. Braun 1989, 18
3) ebenda, 30
4) ebenda, 32
5) Mattenklott 1983, 200
6) Kristeva 1990, 16f.
7) ebenda, 17f.
8) vgl. Kreidt 1987, 248
9) Proust 1967, 1001f.
10) Bourdieu 1983, 87
11) Raulff 1983, 191
12) Bourdieu 1983, 49
13) Anders 1983, 111
14) Mettner 1983, 172
15) Holmes 1980, 119
16) Borges 1961, 136
17) Raulff 1983, 191
18) vgl. Baudrillard 1986
19) Mattenklott 1983, 207
20) Lingau 1989/90, 65
21) vgl. Safranski 1990

Literatur

Anders, Günther: Ikonomanie. In: Wolfgang Kemp: Theorie der Fotografie III, 1945-1980. München 1983, 108-113

Baudrillard, Jean: Jenseits von Wahr und Falsch, oder Die Hinterlist des Bildes. In: Bildwelten - Denkbilder, hrsg. v. Hans Matthäus Bachmayer, Otto van de Loo, Florian Rötzer. München 1986, 265-268

Borges, Jorge Luis: Von der Strenge der Wissenschaft. In: ders.: Der schwarze Spiegel. München 1961, 136

Bourdieu, Pierre: Die gesellschaftliche Dimension der Photographie. In: Eine illegitime Kunst. Die sozialen Gebrauchsweisen der Photographie, von Pierre Bourdieu u.a.. Frankfurt 1983, 85-109

Braun, Christina von: Der Einbruch der Wohnstube in die Fremde. In: dies: Die schamlose Schönheit des Vergangenen. Zum Verhältnis von Geschlecht und Geschichte. Frankfurt 1989, 15-35

Holmes, Oliver Wendell: Das Stereoskop und der Stereograph. In: W. Kemp: Theorie der Fotografie I. 1893-1912. München 1980, 115-119

Kreidt, Dietrich: Kann uns zum Vaterland die Fremde werden? Exotismus im Schauspieltheater. In: Exotische Welten - Europäische Phantasien. Ausstellungskatalog des Instituts für Auslandsbeziehungen und des Württembergischen Kunstvereins. Stuttgart 1987, 248-255

Kristeva, Julia: Fremde sind wir uns selber. Frankfurt 1978

Lévi-Strauss, Claude: Traurige Tropen. Frankfurt 1978

Lingnau, Jochen J.: Die Entdeckung der Bilder als Lebensform. In: Bildmaschinen und Erfahrung. Hrsg.: BILDO-Akademie, Berlin 1989/90, 51-65

Mattenklott, Gert: Vorgestellte Reisen - REISEVORSTELLUNG. In: ders.: Der übersinnliche Leib. Beiträge zur Metaphysik des Körpers. Reinbek bei Hamburg 1982, 188-210

Mettner, Martina: Amateurphotographie. Reisen und Urlaub im Bild des Touristen. In: K. Pohl (Hrsg): Ansichten der Ferne. Reisephotographie 1850-heute. Giessen 1983, 151-184

Proust, Marcel: Auf der Suche nach der verlorenen Zeit. Bd.1. Frankfurt 1967

Raulff, Ulrich: Seh-Komfort. In: K. Pohl (Hrsg.): Ansichten der Ferne, a.a.O., 188-192

Safranski, Rüdiger: Wieviel Wahrheit braucht der Mensch? Über das Denkbare und das Lebbare. München 1990

IV.

DAS UNHEIMLICHE IM VERTRAUTEN

Paradoxes Oszillieren zwischen Innen und Außen

Lob der Fremde, Kritik der Heimat

Dietmar Kamper

Eine Erläuterung des Themas

Der Titel verkehrt ein romantisches Motto, demzufolge die Heimat zu loben und zur Fremde ein kritischer Abstand zu halten sei. Diese Verkehrung ist heute notwendig. Sie ist bitter, aber vielleicht gesund. Die Not, die zu wenden wäre, besteht in der Unhaltbarkeit abstrakter Räume, in denen die Menschen leben müssen. Deren Abstraktheit hat sich ergeben aus einer fehlgeschlagenen Beherrschung und Aneignung, wie sie im Programm der europäischen Aufklärung verzeichnet sind. Der über alle Ränder hinaus bis zum Ende beherrschte und angeeignete Raum ist tot. Die gängigen Muster seiner Ordnung: Rechts-Links; Oben-Unten; Innen-Außen sind ruiniert. Zwar werden noch Auswege in virtuelle Räume gesucht und mittels digitaler Techniken auch gefunden. Die Chance kommt jedoch zu spät. Die Virtualität der Zerstörung kann durch weitere Virtualisierung weder vergessen noch ungeschehen gemacht werden, jedenfalls solange nicht, wie Menschen Körper haben.

In der Dialektik von Aneignung und Fremdwerden hat sich - inmitten der angeeigneten und beherrschten Welt - eine neuartige Fremdheit ergeben, die schrecklicher ist als die alte, an den Rändern, die das Hinausschieben der Grenzen provozierte. Möglicherweise läßt sich diese Fremdheit besänftigen, durch mimetischen Umgang. Worauf es - auch wegen der Heimat - ankäme, wäre ein spezifisches "Leisten" der Fremde: ein Erkennen, Aushalten, Erfahren, das sich nicht dumm machen läßt. Kritik der Heimat heißt hier nicht Ablehnung, sondern Prüfung eines Verhältnisses. Wenn das Eigenste fremd werden kann, stimmt etwas nicht in der Beziehung der Menschen zu sich selbst und zur Umwelt. Die von Anthropologen seit jeher vermutete Kluft im menschlichen Wesen scheint tiefer und dunkler geworden zu sein. Wahrscheinlich ist eine solche Unstimmigkeit Ursache aller angstbesetzten Ausbrüche nach außen. Weil die Menschen teilhaben müssen an der schrecklichen inneren Fremdheit, laden sie in der entgegengesetzten Richtung Aggressionen ab und besetzen alles, was von außen kommt, mit bösen Masken. Es lohnt sich also eine neue Aufklärung jener Kluft, die in ihrer Tiefe und Dunkelheit Resultat der alten Aufklärung ist. Durch eine Inversion der Gewohnheit, die Heimat zu loben, die Fremde zu kritisieren, könnte zumindest das Problem deutlich werden, daß die Menschen in ihrer Geschichte etwas herstellen können, was sie sich nicht vorstellen können: eine im Realen wuchernde Monstrosität ihres eigenen Wesens.

Zwei Zitate von weither

"Von zartem Gemüt ist,
wer seine Heimat süß findet,
stark dagegen jener,
dem jeder Boden Heimat ist,
doch nur der ist vollkommen,
dem die ganze Welt ein fremdes Land ist."

(Tzvetan Todorov [1]) zitiert Edward Said,
der Erich Auberbach zitiert,
der Hugo von Sankt Viktor zitiert)

"Der fremde Gott ...
ruft uns nicht aus der Fremde,
in der wir uns verirrt,
in die Heimat,
sondern aus der grauenvollen Heimat,
zu der wir gehören,
in eine selige Fremde."

(Norbert Bolz [2]) zitiert Jacob Taubes,
der Friedrich Nietzsche zitiert,
der Marcion zitiert)

Beide Zitate entstammen der gnostischen Tradition. Wenn man die Prämisse der Gnosis streicht, derzufolge die Menschheit nicht auf Erden zu Hause ist, sondern anderswo, und die Sätze als innerweltliche versteht oder zu verstehen versucht, dann gelangt man in die inverse Spur, die heute vom Verhängnis des Raumes in die Zeitgenossenschaft führen könnte. Das erste Zitat hat Steigerungsform: Zartheit, Stärke, Vollkommenheit. Das zweite Zitat forciert eine Entgegensetzung: die Gewohnheit des Dazugehörens, die grauenvoll ist, auf der einen, auf der anderen Seite eine fremde Seligkeit, die erst im Hören auf die Stimme des Anderen sich ergibt. Beide konstatieren das menschliche Glück als Zufall, als unwahrscheinliches Geschenk, als Datum, das nicht in eine instrumentelle Selbstbeziehung paßt. Die Logik solcher Erfahrung lautet: wer Angst vor der Fremde hat, soll in die Fremde gehen, wer Heimat will, darf Heimat nicht wollen.

Drei Grundsätze über globale Tendenzen

Weil die traditionelle Raumbeziehung, die mit Unterwerfen, Besetzen, Ausmessen einherging, gegenwärtig sich auflöst, muß das "Fremde" im Verhältnis zum "Eigenen" neu bestimmt werden. Das mag nur mit fremden Stimmen gelingen oder mit fremdgewordenen Stimmen. Diesen entgegen arbeiten globale Tendenzen, von denen hier drei näher beschrieben werden sollen: der Wechsel von der Raum- zur Zeiterfahrung, die Identität von Aneignung und Vernichtung, das Absterben der Sprache in der Gewohnheit. Daß solche Tendenzen entgegenarbeiten, besagt nicht nur, daß sie die Versuche einer neuen Bestimmung behindern, sondern auch, daß sie ihnen Vorschub leisten. Fast alle historisch relevanten Prozesse sind heute paradoxal. Sie haben ein Doppelantlitz. Ihre Komplexität steigt und mit ihr die Ambivalenz der Tendenzen.

a) Nach den beiden Weltkriegen dieses Jahrhunderts besteht die Notwendigkeit, die Raumordnung als verbindliche Orientierung zu verlassen und in eine neue Zeitordnung einzutreten. Da an der Zeit die Schrecken des Todes haften, gibt es viel Gegenwehr. Es herrschen deshalb Rückfälle und Fluchtbewegungen nach vorne. Selten, wegen der Panik, die mitspielt, kommt es zu einem wirklichen Standhalten im Offenen. Denn das raumbezogene Muster von Rand und Mitte versagt seinen Dienst.
b) Die Gleichzeitigkeit des Ungleichzeitigen auf dem Planeten Erde ist ein Effekt der bisherigen Weltgeschichte. Heterogene Strategien der Notüberwindung haben jene Not homogenisiert, in Todesräumen leben zu müssen. Die Raumbeherrschung seit fünfhundert Jahren geschah in der Weise der erschöpfenden Aneignung, die sich nun als tendenzielle Vernichtung herausstellt. Das Ausweichen in imaginäre Welten hilft nicht mehr. Die Erde ist ein Müllplatz, ein Endlager, dessen Rückwirkungen auf die bewohnte Welt in vollem Gange sind.
c) Die neue Bestimmung von Fremde und Heimat hat es mit einer toten Sprache zu tun, die sich als Immer-Schon-Verstanden-Haben manifestiert. Das funktioniert wie eine Verteidigungsanlage, die ummauert ist. Gewohnheit, auch sprachliche, ist Raumform der Zeit, die aufgesprengt werden muß, wenn Leben weiterhin möglich sein soll. Die über räumliche Grenzen hergestellte Einheit der Welt ist nur dann nicht tödlich, wenn eine kulturelle Vielfalt aufgrund unterschiedlicher Zeiten gelingt. Räume erzwingen Identität. Zeitgenossenschaft erlaubt Differenzen.

Vier Gedichte von Joseph von Eichendorff

"Eichendorffs Größe ist nicht dort zu suchen, wo er gesichert ist, sondern wo die Schutzlosigkeit seines Gestus im Äußersten sich exponiert."[3] Theodor W. Adorno, der den romantischen Dichter gegen seine Anhänger verteidigte, konzedierte ihm zugleich, daß er wie kein Anderer jene Metaphern erfunden und verwendet habe, die auch heute noch (oder wieder) zur Bezeichnung der Heimat und der unheimlichen Fremde benutzt werden. Eichendorff sei schon auf dem Wege des Verlustes gewesen. "Eichendorff war kein Dichter der Heimat, sondern des

Heimwehs, im Sinne des Novalis, dem er sich nahe wußte." 4)
Dieser hatte geschrieben: *"Die Philosophie ist eigentlich Heimweh - Trieb, überall zu Hause zu sein.* "5) und zitierte damit nolens volens wiederum die Gnostiker.

HEIMWEH

Wer in die Fremde will wandern
Der muß mit der Liebsten gehn,
Es jubeln und lassen die andern
Den Fremden alleine stehn.

Was wisset ihr, dunkele Wipfel,
Von der alten, schönen Zeit?
Ach, die Heimat hinter den Gipfeln,
Wie liegt sie von hier so weit.

Am liebsten betracht ich die Sterne
Die schienen, wie ich ging zu ihr,
Die Nachtigall hör ich so gerne,
Sie sang vor der Liebsten Tür.

Der Morgen, das ist meine Freude!
Da steig ich in stiller Stund
Auf den höchsten Berg in die Weite,
Grüß dich, Deutschland, aus Herzensgrund!

DIE HEIMAT
(An meinen Bruder)

Denkst du des Schlosses noch auf stiller Höh?
Das Horn lockt nächtlich dort, als ob's dich riefe,
Am Abgrund grast das Reh,
Es rauscht der Wald verwirrend aus der Tiefe -
O stille, wecke nicht, es war als schliefe
Da drunten ein unnennbar Weh.

Kennst du den Garten? - Wenn sich Lenz erneut,
Geht dort ein Mädchen auf den kühlen Gängen
Still durch die Einsamkeit,
Und weckt den leisen Strom von Zauberklängen,
Als ob die Blumen und die Bäume sängen
Rings von der alten schönen Zeit.

Ihr Wipfel und ihr Bronnen rauscht nur zu!
Wohin du auch in wilder Lust magst dringen,
Du findest nirgends Ruh,
Erreichen wird dich das geheime Singen -
Ach, dieses Bannes zauberischen Ringen
Entfliehn wir nimmer, ich und du!

ERINNERUNG

Lindes Rauschen in den Wipfeln,
Vöglein, die ihr fernab fliegt,
Bronnen von den stillen Gipfeln,
Sagt, wo meine Heimat liegt?

Heut im Traum sah ich sie wieder,
Und von allen Bergen ging
Solches Grüßen zu mir nieder,
Daß ich an zu weinen fing.

Ach, hier auf den fremden Gipfeln:
Menschen, Quellen, Fels und Baum,
Wirres Rauschen in den Wipfeln -
Alles ist mir wie ein Traum.

SCHÖNE FREMDE

Es rauschen die Wipfel und schauern,
Als machten zu dieser Stund
Um die halbversunkenen Mauern
Die alten Götter die Rund.

Hinter den Myrtenbäumen
In heimlich dämmernder Pracht,
Was sprichst du wirr wie in Träumen
Zu mir, phantastische Nacht?

Es funkeln auf mich alle Sterne
Mit glühendem Liebesblick,
Es redet trunken die Ferne
Wie von künftigem, großem Glück!

Der Schwarm der Metaphern kommt einem derart bekannt vor, daß das Originäre Eichendorffs daran kaum noch auffällt. Aber das Romantische ist nur scheinbar vertraut. Das Sprechen von Heimat hat einen Hang ins Unheimliche. Keineswegs nämlich ist es Natur, was hier vorschwebt. Die Lyrik Eichendorffs ist kunstvoll bis künstlich, sprachlich bis ins Detail inszeniert, gelegentlich gewollt, aber oft auch gelungen. Der Ursprung seiner Poesie der Heimat liegt buchstäblich im Verlust derselben. Von daher stammt ihr beschwörender Grundzug, der sich selbst verlieren kann an eine Sprachform, die das Vertraute substituiert, die anstelle der Heimat Trost gibt. Das 19. und 20. Jh. haben dieser Tendenz nicht widerstanden, Sprache statt Heimat, Metaphern auf Kosten der Welt und der Dinge zu wählen. Das verfiel dann bald der puren Ideologie. Bei Eichendorff jedoch bleibt die Spannung, derzufolge etwas fehlt in der Sprache und dieses Fehlen einen vollendeten Ausdruck finden kann.
"Eichendorffs Bewahrendes ist weit genug, sein eigenes Gegenteil mit zu umfassen."[6] Adorno spielt auf jenes Vermögen der Wandlung an, daß die Kraft, sich zu verändern und sich gleichzubleiben eine einzige ist. Wird sie aufgespalten, gelingt weder die Reform noch die Konservierung. Wenn etwas seit der europäischen Romantik herausgekommen ist, dann dies: daß seitdem sowohl der gesellschaftliche Fortschritt als auch die Verwahrung des "alten Wahren" Verlusthandlungen allergrößten Stils gewesen sind. Das liegt wohl am falschen Gehorsam gegenüber der linearen Zeit. Zukunft, Gegenwart, Vergangenheit sind nicht gereiht wie Perlen auf einer Kette, sondern Bruchstücke ohne einen gemeinsamen Nenner, deren Gleichzeitigkeit unwahrscheinlich und immer ein Geschenk ist. "... erst die Trauer um den verlorenen Augenblick hat errettet, was der lebendige bis heute stets wieder versäumte."[7]

Kritik der Heimat nach den drei Grundsätzen

"Schöne Fremde" ist wie "ferne Nähe" eine Verlegenheitsformel für den Umstand, daß die Heimat ohne das Unheimliche nicht zu haben ist. Im "wirren Rauschen" Eichendorffs lauert die Sinnlosigkeit. Wer das Geheimnis lüftet, gerät in die Gefahr der inkommensurablen Fremdheit. Die Forcierung eines instrumentell-herrschaftlichen Verhältnisses der Menschen zu dem, was sie umgibt und was ihnen vorausgeht, hat Wirkungen im Gefolge, denen niemand mehr gewachsen ist. Man darf annehmen, daß die zitierte Romantik dafür ein genaues Gespür gehabt hat, ohne sich doch erfolgreich zur Wehr setzen zu können. Die Nachgeborenen sind deshalb in der enormen Schwierigkeit, ein dreifach forciertes Verhängnis kritisieren zu müssen.

a) Kritik des toten Raumes

Es beginnt alles mit der Suche nach dem verlorenen Paradies. Das hat die Schlußform von "Schoß", "Wiege", "Wohnung", "Haus", "Hof", "Schloß". Spätestens beim Schloß aber wird das menschliche Anwesen durch einen Dracula-Effekt bedroht. Erst recht kann dann die Neuzeit die Entheiligung der Räume durch militärische Eroberung vorantreiben. Die Hochrüstung bedeutet heute für jeden Quadratkilometer der Erde virtuelle Zerstörung. Neuartige verseuchende Ungeheuer haben die alten Landschaften fest in der Hand. Die also beherrschten Territorien sind ausnahmslos Orte des Terrors, des blinden, tauben, wütend-unsinnlichen Schreckens. Wenn überhaupt, dann vermag sich dagegen nur eine Strategie zu halten, die des Anderen und der Zeit bedürftig ist und eine Peripherie ohne Zentrum als transitorische Lebensform gewählt hat.

b) Kritik der totalen Aneignung

Zu Beginn des Jahrhunderts, um 1911, schrieb der Graf Keyserling in sein "Reisetagebuch eines Philosophen" folgendes Motto: "Der kürzeste Weg zu sich selbst führt um die Welt herum."[8)] Damit scheint ein Eurozentrismus besonderer Art befestigt bzw. begründet: sein Selbst so zu erweitern, daß alles andere darin Platz hat. Die dem mittelalterlichen Gott vorbehaltene Doppelfigur: "Unendliche Sphäre und Allmittelpunkt" wird verbindlich gemacht für ein Modell der totalen Aneignung. Die Grenzen der Welt werden bis zum Horizont des Universums hinausgeschoben. Dort irgendwo, in der Galaxis, endet die Identität von Aneignung und Vernichtung, weil hinter dem Rücken des Raumfahrers Mensch eine maßlose Fremdheit der Zeit aufgetaucht ist. Heute heißt es längst: je mehr Eigenes, desto mehr Fremdes. Im Herzen der Menschen wächst die Monstrosität.

c) Kritik des totalitären Verstehens

Nur unter der Bedingung der Gegenrichtung, also der Kontraktion (statt der Ausweitung) kann es ein Denken des Anderen geben, das kein Denken des Selben ist. Ein Verstehen, das die Immanenz des Imaginären erweitert, ist zuletzt ein todbringendes Verstehen. Begriffe, die alles, was zählt, auf einen Nenner bringen, sind Särge der materiellen Dinge, Kasten und Kisten für das Zeitliche der Welt. Der Horizont einer Hermeneutik, die immer schon verstanden hat, ist fest geschlossen. Dieser Rahmen muß um des gefährdeten Anderen willen aufgebrochen werden. Ein Denken, das solche Frakturen fertig bringt, könnte "fraktales Denken" genannt werden. Es zerbricht auch sich selbst. Man kann nämlich die Spitze der Gedanken gegen die stumpfe Gewohnheit des Verstehens richten. Jedenfalls öffnet sich dann der befestigte Raum des Bewußtseins für ein zeitliches Erfahren nach dem Muster des unbewußten Körpers.

Anmerkungen

1) Tzvetan Todorov: Die Eroberung Amerikas. Das Problem des Anderen. Frankfurt/M. 1985, 294

2) Norbert Bolz: Auszug aus der entzauberten Welt. Philosophischer Extremismus zwischen den Weltkriegen, München 1989, S. 183

3) Theodor W. Adorno: Dem Gedächtnis Eichendorffs. In: ders.: Noten zur Literatur, Frankfurt/M. 1975, 84

4) a.a.O., 73

5) Novalis, Friedrich von Hardenberg: Fragmente Nr. 131. In: ders,: Werke/Briefe/Dokumente. 2. Band. Heidelberg 1957

6) Adorno, a.a.O., 75

7) a.a.O., 87

8) Hermann Graf Keyserling: Reisetagebuch eines Philosophen. München/Leipzig 1919

Die Gedichte Eichendorffs sind zitiert nach "Dichtung der Romantik", hrsg. von Karl Balser, Hamburg 1961, Band IX, 255 ff

Im Spiegel des Grauens

Zum Verhältnis von Projektion und Reflexion im erzählerischen Werk Edgar Allan Poes

Ulrike Brunotte

Mitten in stürmischer Nacht der weiten Leere des Meeres ausgeliefert; in den Folterkammern einer abstrakten Macht gefangen, den eigenen nervösen Wahngebilden ebenso ein Opfer wie jedem beliebigem Alltagsding, der Fliege am Fenster, dem Staubkorn auf dem Tisch, dem Auge des alten Mannes oder dem blinkenden Lächeln der Braut; von furchterregender Vernichtung bedroht und vom Zwang zu Mord und Selbstzerstörung verfolgt zu sein, das ist die Realität, das ist das Grauen, dem die Helden Poes wieder und wieder ausgesetzt sind.

Von unsichtbaren und unhörbaren Gefahren getrieben, versuchen sie durch Mimesis an den Tod oder in seiner Exekution im Verbrechen ihrem Grauen zu entfliehen. Doch dieses hat eine neue, abstrakte Qualität gewonnen, die sich von keinem Bild, von keiner mythischen Figur und sei diese auch noch so erschrekkend, in eine begrenzte Form fassen läßt. Seine Formlosigkeit und Universalität rückt es in die Nähe des Geistes, nicht des lebendigen Geistes freilich, dessen Allgegenwart und Potenz jede besondere Gestalt sowohl zu erfüllen als zu transzendieren vermochte, sondern eines Geistes, der in seiner Totalisierung die Realität verloren und nun als Schattenwesen sein letztes Refugium im Grauenssog gefunden hat. Mit der Auflösung der Verkörperungsmacht der Vernunft und des auf ihr basierenden bürgerlichen Repräsentationssystem tritt an die Stelle der Vermittlung ein soziales Vakuum. E.A. Poe thematisiert als einer der ersten Autoren der Moderne die Drohung und die Faszination der Gestaltlosigkeit, die von dieser Leere ausgeht.

Auflösung von Innen und Außen

Nicht zufällig ist daher die heute zu beobachtende Renaissance des Poeschen Werkes und das wieder aufkommende Interesse an seiner Person. Die postmoderne Kultur hat eine neue Faszination am Phantastischen, eine nie vorher dagewesene Mythenschwemme und Bildersucht mit sich gebracht. Aus den USA kommend, füllen insbesondere moderne Horror- und Katastrophenmythen, deren bevorzugte Orte samt blutigen Monsterbekämpfungen nun der Weltraum oder die unergründlichen Tiefen der Meere sind, die Kinos und die privaten Videoabende. Eine Beschwörung mythischer Ursprünge, verbunden mit der Absage an die Tradition der Aufklärung hat es schon vorher in der Geschichte der Moderne gege-

ben, zuletzt als staatlich organisierte Großveranstaltung im NS-Staat. Die Remythologisierung, die sich in den letzten Jahren auf der Basis des privaten Konsumvergnügens vor dem häuslichen Bildschirm, in den Kinos und Ausstellungen, den Markt- und Mode-Idolen, den Lebens- und Musikstilen, abspielt, impliziert etwas Neues: "Heute beobachten wir, daß das Inventar (der Mythen, U.B.) total freigegeben ist, daß man mit mythischen Versatzstücken wie im Warenhaus verfahren kann, daß die Symbole keine provozierende Macht mehr haben, daß man in absolut wildem Denken beliebig über sie gebieten kann, ohne daß man damit jemandes Protest hervorruft. (...) Und in dieser Situation ist plötzlich der Rückgriff auf Mythen etwas, was die öffentliche Sphäre (...) überspringt oder unterläuft; sie sind zur Privatsache geworden, aber sie drücken trotzdem ein mehr als nur privates Sich-bedroht-Fühlen aus."[1)]
Wenn man sich die vielen Filme heute anschaut, in denen mit Katastrophenfaszination gelockt wird, dann fällt das Moment des Zwangs und der Wiederholung auf. An die Stelle einer sich entwickelnden Geschichte tritt oft eine lose verknüpfte Kette von (Schreckens-) Ereignissen, deren gemeinsame Qualität mit dem Begriff des Schocks treffend charakterisiert werden kann. Der so inszenierten und eingeübten Dissoziation der Wahrnehmung korrespondiert die offensichtliche Entleerung des Figürlichen und der Formen des konkret Schrecklichen. Es scheint zwischen dem Regisseur und der Masse der Zuschauer die unausgesprochene Übereinkunft zu bestehen, daß es eigentlich gar nicht um die konkrete Tötung dieses oder jenes Monsters, dieses oder jenes Unterwelt-Feindes geht, sondern um "...die Auseinandersetzung mit einem nicht lokalisierbaren Grauen, die Auseinandersetzung mit nicht mehr in Gestaltzusammenhängen faßbaren und abhandelbaren Konflikten."[2)] Damit treffen diese Filme unsere Realität. Eine Realität, die durch den Abstraktions- und Entsinnlichungsprozeß der Rationalisierung hindurchgegangen und die mit dem endgültigen Zerbrechen des Vernunftglaubens und der damit verbundenen Gattungsutopie, als eine bunte Vielfalt beliebiger, unverbundener Dingwelten entlassen ist, deren Konsumierbarkeit nur die andere Seite ihrer Leere meint. Eine neuaufgelegte Kritik der oberflächlichen Erscheinungswelt, des Betriebs und des bloßen "Man", deren altes Ziel auch heute die Vernichtung von Götzen ist, übersieht im Eifer der Verdinglichungskritik die Drohung der Gestaltlosigkeit hinter den Dingen, die die Angst vor Sinnlosigkeit in eine Sehnsucht nach Entformung verwandeln kann.

In seinem Film "Alien - Das unheimliche Wesen aus der fremden Welt", trifft Ridley Scott die besondere Qualität der aktuellen Grauensfaszination recht gut. Der Film präsentiert sich als eine verschachtelte Außenwelt der Innenwelt. Ein formloses Wesen aus dem All - oder stammt es aus dem eigenen Innern des Menschen? - bricht durch das Innere eines Menschen, in das Innere des Raumschiffs genannt "Mother". Dort haust das schleimig wabernde, formlose Etwas, sich permanent vergrößernd, in den Gedärmwindungen des riesigen Schiffleibes, wo es, dem Moloch gleich, sich von Menschen ernährt. Es ist nicht faßbar, nicht vorstellbar und nicht zu vernichten. Am Ende steht die Selbstzerstörung des

Raumschiffes in einer gigantischen Explosion und die unendliche abstrakte Leere des Weltalls, in die sich die einzig Überlebende, in einer Glaskapsel eingefroren, selbst katapultiert.

E.A.Poe war der erste Autor der Moderne, der dieses neue Grauen und seine Faszination zum Thema von Literatur gemacht und es als Sogerfahrung beschrieben hat, eine Erfahrung, der hingegeben, das Individuum sich in Subjektlosigkeit fallen läßt. In der saugenden Kreiselbewegung des Maelströms - zugleich Metapher für äußeres und inneres Geschehen - hat Poe das klassische Bild des Sogs geschaffen. Welche Konflikte, die das Individuum zu zerreißen drohen, und welche inneren und äußeren Spannungen es in dieser Totalregression[3)] zu fliehen sucht, das sind Fragen, denen Poe dort nachgeht, wo ihm die Angst-Aufklärung gelingt. Was treibt das Subjekt in die Selbstaufgabe? Was fasziniert am Selbstopfer? Jeder kennt die Angst vor Identitätsverlust; jede Vereinigung birgt in sich die Gefahr der Auflösung von Ichgrenzen. Andererseits ist Identität selbst nur in der Spannung von Getrenntsein und Vereinigung, Selbst-Sein und Partizipation, als eine lebendige zu erhalten. Wie ist es möglich, daß sich die Angst vor Identitätsverlust in Angstlust, ja in Sog verwandelt?

Reflexion der Angst als Selbstbehauptungsversuch

Die Faszination, die von der Selbstauflösung ausgeht, wird gespeist von einem Versprechen, dem fatalen Versprechen einer totalen Entlastung von der Notwendigkeit Spannungen auszuhalten, Konflikte zu balancieren und Enttäuschungen standzuhalten, die die Basis entwickelter Subjektivität und gelingender Vereinigung ausmacht. Poes Helden ringen um Selbstbehauptung. Es geht um die Krise des principium individuationis, die Krise des autonomen, auf Partizipation an einer allgemeinen, den Zusammenhalt der Welt verbürgenden Vernunft gegründeten Subjekts, wie es triumphierend am Beginn des bürgerlichen Zeitalters gestanden hatte.

Thema seiner Erzählungen ist daher die Dialektik dieses Rationalismus: Wie ein roter Faden durchzieht sein Ouevre die Angst vor dem Verfallensein an das eigene Grauen, vor der Übermacht der triebhaften Wünsche und dem Beherrschtwerden durch Obsessionen. Noch der Blick, der dem Grauen standzuhalten sucht, schwankt zwischen der von der Aufklärung mitgesetzten Tendenz zur Ästhetisierung des Schreckens - schon bei Kant geht dem Blick auf das Erhabene die autistische Lust am reibungslosen Funktionieren der Verstandeskräfte voraus - und dem Versuch einer Angstinterpretation.

So macht Poe durch den Mund des jugendlichen Abenteurers Arthur Gordon Pym Katastrophenlust zum Thema eines Romans, dessen Sehnsucht auf das Fremde zielt: "Für die lichtere Seite des Gemäldes (vom Seemannsleben, U.B.) hatte ich nur begrenzte Sympathie. Meine Gedankenspiele waren von Schiffbruch und Hungersnot; von Tod oder Gefangenschaft inmitten barbarischer Horden;

von Lebenslänglichkeiten, dahingeschleppt unter Kummer und Thränen auf irgendeinem grauen und verzweifeltisoliertem Geklipp in Ozeanen, unbekannt und unschiffbar."[4] So läßt er andererseits seine Erzählung "Du bist der Mann"[5] mit den programmatischen Worten beginnen: "Ich will nun den Ödipus spielen für das Rätsel von Schwetzersburg."[6] Der Autor der ersten Detektivgeschichte und der Erfinder einer Detektivfigur, die als Alter Ego des modernen Schriftstellers den tödlichen Geheimnissen der großen Städte und seiner Bewohner nachging, sie aufzuklären, "war Rätsellöser wie Sigmund Freud und wie - Ödipus".[7] Die Suche nach der verschütteten Geschichte und den Bedürfnissen, die von der Faszination des Grauens aufgesaugt und betrogen werden, kann freilich nur im Bündnis mit der Angst und ihrer Reflexion gelingen. Die Angst selbst, einmal anerkannt, wird zum besten Statthalter der Wünsche, die sich als bedrohte in ihr zeigen. In den meisten Erzählungen Poes können die Protagonisten der gräßlichen Vernichtungsdrohung, der sie ausgesetzt sind, allein durch innere Distanz und genaue Beobachtungsgabe entrinnen: "Eine Überlebenschance eröffnet sich ihnen nur dann, wenn es ihnen gelingt, das «Geheimnis» der Situation, deren Gefangene sie sind, zu entschlüsseln."[8]

Werkgeschichtlicher Hintergrund

In die Literaturgeschichte eingeführt wurde E.A. Poe von Charles Baudelaire, der in ihm einen Geistesverwandten erkannte. Marie Bonaparte, eine Schülerin Freuds, hat 1933 eine dreibändige psychoanalytische Studie zu Leben und Werk E.A.Poes verfaßt. Das große Interesse der Psychoanalyse für das Werk Poes und anderer Autoren der literarischen Moderne wie E.T.A. Hoffmann, Gautier, Baudelaire, Flaubert und Mallarmé erklärt Oskar Sahlberg durch ihr gemeinsames Projekt: "Die Werke dieser Autoren, die sich als «modern» verstanden, sind gekennzeichnet durch die Entfaltung des Phantastischen und durch den Kult der Form ... Es ist die Spannung zwischen Wunsch und Abwehr, in der sich das Unbewußte seinen Weg zum Bewußtsein bahnt. In diesen Schriftstellern begann das Unbewußte ans Licht zu steigen - ein historischer Vorgang, der dann im Werk Freuds zum Durchbruch kam und wissenschaftlich erfaßt wurde."[9]

Eine bis ins zwanzigste Jahrhundert reichende, stark von Affekten geprägte Ablehnung des Schriftstellers in seinem Heimatland, den USA, wirft ein Licht darauf, wie realistisch und treffend E.A. Poe in seinen Erzählungen - durch gotische Kulissen und groteske Masken hindurch - die Schattenseiten der spezifisch amerikanischen Variante des bürgerlich-autonomen Subjekt- und Gesellschaftsmodells beschrieben hat. Noch heute wird Poe häufig in der Tradition der gothic novel als reiner Kolportageliterat oder Jugendautor rezipiert. Darin äußert sich eine Abwehr gegen die Bearbeitung von Angst und Selbstzerstörungstendenzen, deren Inszenierung und Reflexion das Poesche Werk bestimmt. In der Zeit des großen nationalen Aufbruchs in den USA um 1830 verband sich frühkapitalistische Euphorie mit einem Fortschrittsoptimismus, der den Marsch gen Westen in religiösen Bildern von Schöpfung und Landnahme verklärte. Die Gewalt der Industrialisierung an der Ostküste und die Brutalität des Eingriffs in die im Westen eroberte Natur, samt der Ausrottung der Indianer, wurde überdeckt durch eine nationale romantische Mythologie, in der der Westen des Kontinents als Paradiesgarten und der weiße Amerikaner als neuer Adam auftraten. Die agrarische Utopie, ein Konglomerat von Siedleridylle und einsamem Waldleben, wurde besonders von Emerson zu einem Theologumenon überhöht, das zugleich gegen Vernunft, städtische Zivilisation und Industrialisierung gerichtet war und mit der Beschwörung eines organischen Modells von Gesellschaft deren Konflikte überdeckte.

Das, wovon Poe in grauenerregenden Bildern und verzweifelt ausweglosen Situationen sprach, thematisierte die überwältigenden Ängste, die von dem nationalen Going West ausgelöst wurden. Ebenso - und dieses Nebeneinander zeichnet den bis heute charakteristischen Riß in der amerikanischen Kultur nach - formuliert er die Erschütterungen, die die radikalen Umwandlungen des städtischen Lebens an der Ostküste durch die Industrialisierung, die Entstehung von Arbeitermassen, die Kapitalisierung der Öffentlichkeit durch erste Massenpresse etc. für die junge Demokratie bedeuteten. Die erste große Wirtschaftskrise in den späten dreißiger Jahren hatte dem Harmonie- und Expansionsglauben einen schweren Stoß versetzt; die sich verstärkenden Spannungen mit den sklavenhaltenden "Brüdern" im Süden verstärkten diese Unsicherheit.

E.A.Poe transformierte in seinen Geschichten vor der allgemein bekannten Matrix des wilden Westens auch die Alpträume der zivilisierten, östlichen und südlichen Teile Nordamerikas in literarische Bilder und Formen. Als Gespenster und blutige Larven des roten Todes kehrten die gemetzelten Indianer wieder und bedrohten mit ihrem universalen Gericht, dessen Schrecken in Grauensbildern der Pest und des gelben Fiebers allein noch faßbar war, nun die Städte der Ostküste.

Ein weiteres öffentliches Tabu - das gilt insbesondere für die Heimat Poes, die Südstaaten - wurde von ihm durchbrochen, indem er den Ängsten und Phantasien Ausdruck verlieh, die mit dem Skandal der Sklaverei verknüpft waren: In seinen Geschichten erhebt sich zum ersten Mal in der amerikanischen Literatur der dämonische Schwarze und übt Rache. Insbesondere seit dem Sklavenaufstand vom August 1831, der mächtigsten und blutigsten Negerrebellion in der Geschichte der USA, waren die weißen Südstaatler derart von Panik erfüllt, daß sich die (erfundenen) Nachrichten von mörderischen Taten der Sklaven in den Jahren danach häuften. Dem Zirkel von Projektion und Vernichtung folgend, führte die Dämonisierung der Schwarzen zu ihrer um so brutaleren Unterdrückung. Das Grauensbild des frauenmordenden Affenmenschen in der Erzählung "Der Doppelmord in der Rue Morgue" oder der ebenso bestialischen wie listigen Revolte der Schwarzen auf der Insel Tsalal am südlichsten Punkt der entdeckten Erde in dem Roman "Die Abenteuer des Arthur Gordon Pym", reflektiert noch eine weitere, nun besonders die puritanische Ostküste treffende gesellschaftliche Aporie. Der Meisterdetektiv Auguste Dupin steht in der Erzählung, "Der Doppelmord in der Rue Morgue" einem Verbrechen gegenüber, dessen bestialische Grausamkeit eine Angst zum Vorschein bringt, die Triebwunsch und Protest gleichermaßen verteufelt und verzerrt. So ist es kein Zufall und weist auf die europäische, schwarze Romantik und den gesellschaftlichen Geschlechterkonflikt voraus, auf den sie in Grauensbildern reagiert, wenn als dritte Figur des Fremden neben Indianer und Schwarzem, die dämonische Frau erscheint. Mitten in einem seit der Zeit der frühen, puritanischen Siedlerfamilien mit strengster Macht regierenden Patriarchat, schafft sich die unterdrückte Weiblichkeit in gesellschaftlichen Emanzipationsbewegungen ebenso neuen Raum, wie in mythischer Gestalt als Medusa und Sphinx in der Literatur Poes. Opfer und Opferpriesterin zugleich, Tote und Herrscherin des Totenreichs, kehrt sie aus der Unterwelt zurück und übt Rache. Als Dämonin verteufelt und als Rätselwesen unerkannt holt sie sich den Mann oder Bruder und reißt ihn mit sich in den Untergang.

Katastrophisch ist die Wiederkehr, das Erscheinen des Fremden immer dann, wenn es den Protagonisten nicht gelingt, in der Maske des Grauens das gräßliche Produkt der Projektion eigener Angst zu erkennen.

Fremdartige Vertrautheit

In seiner durch Interpretationen von Lacan und Derrida berühmt gewordenen Detektivgeschichte "Der stibitzte Brief" entwirft Poe den Konflikt und das analytische Modell, aus dessen Spannung seine Erzählungen leben. Es ist das Offensichtliche, das Ganz-Nahe, nach dem mit höchster Akribie gesucht wird, und erst seine Verschiebung in die Ferne oder die Tiefe lassen es zum Rätsel, ja zum Dämonischen werden. In verblüffender Weise stellt sich Poe damit in die Nähe zu der von Sigmund Freud entwickelten Theorie des Unheimlichen. Allerdings kommt Freud bei seinen Ausführungen nicht ohne das Wissen von Schriftstellern - wie etwa E.T.A. Hoffmann - aus. Die erste Annäherung an eine Beschreibung des Unheimlichen übernimmt Freud von Schelling; sie wird sich im Verlauf seiner Studien bestätigen. Nachdem er, durch die Etymologie unterstützt, feststellen konnte, daß das Wort 'heimlich' sich von seiner ältesten Bedeutung 'vertraut', über die des 'im Geheimen, Versteckten bleiben', zu einer Ambivalenz hin entwickelt hat, bis es endlich mit dem Gegensatz unheimlich zusammenfällt, zitiert er Schelling wie folgt: "Unheimlich nennt man alles, was im Verborgenen bleiben sollte und (was) hervorgetreten ist."[10] Mit Poe übereinstimmend formuliert Freud jetzt die überraschende Hypothese, daß es nicht das völlig Fremde ist, wovor wir uns fürchten, sondern das Vertraute, welches wir verdrängt hatten und das wiederkehrt. Wie sehr E.A.Poe die Versuche der Angstaufklärung als ein verzweifeltes Ringen um Selbstreflexion beschreibt und wie genau er die Spiegelwelten ausleuchtet, in denen seine Helden gefangen sind und die sie in mörderischen Taten zu zerbrechen suchen, soll anhand der kurzen Erzählung "The Tell-Tale Heart" vorgeführt werden, deren Reduktion auf die psychische Realität als Schauplatz des Geschehens zugleich ihre Dichte und Konzentration ausmacht.

The "Tell-Tale Heart"

Die 1843 geschriebene short story "The Tell-Tale Heart", die Poe selbst zu seinen besten zählte, kreist um die Begegnung zweier, in äußerster Unbestimmtheit belassener Männer: der Alte und der Junge. Anlage und Konstellation weisen auf ein Allgmeines, das sich darin verdichtet. Die Erzählung steht zudem nicht singulär in Poes Werk. Sie gehört in den engsten, thematischen Zusammenhang zu mindestens drei anderen short stories: "The Black Cat", "Berenice" und "The Imp of the Perverse". Die äußere Handlung ist schnell erzählt: In einer nicht näher bestimmten Wohnung leben ein junger und ein alter Mann zusammen, mehr erfährt der Leser nicht über ihr Verhältnis. Obwohl er den alten Mann mag und auch sonst keinen Grund hat, ihm nach dem Leben zu trachten, ermordet der junge Mann diesen nach einem genau durchdachten Plan. Als Auslöser der Tat wird einzig das verunstaltete Auge des alten Mannes genannt, dessen Blick der junge Mann nicht ertragen kann. Als nach vollbrachter Tat Polizisten in der Wohnung erscheinen, führt sie der Mörder im Hochgefühl seines Triumphes genau zu der Stelle, wo er die Leiche versteckt hat. Um sich vor dem Trommelwirbel des Herzschlags, den er aus dem Versteck zu hören vermeint, zu befreien, gesteht der junge Mann am Ende seine Tat.

Die Erzählung kann allein bezogen auf ihre Konstruktion als eines der gelungensten Beispiele der Poe'schen Theorie der Kurzgeschichte gelten, sie erfüllt ihre wichtigsten Bedingungen: den Primat des Bewußtseins bei der Komposition der Erzählung, die Notwendigkeit, sie in einem Zuge lesen zu können, um dem Anspruch der "Einheit des Effekts" zu genügen, und das Mitdichten einer fast unmerklichen, jedoch um so sicherer wirkenden "Unterströmung von Bedeutung". Poe schreibt: "Nehmen wir an, ein erfahrener literarischer Künstler hat eine Erzählung entworfen. Ist er weise, so hat er seine Gedanken nicht von vornherein auf die einzelnen Begebnisse zugeschnitten sondern wird, nachdem er durch reifliche Überlegung erkannt hat, auf welchen besonderen Effekt ers anlegen muß, jene Geschehnisse erfinden, die der Erzielung des ihm vorschwebenden Effekts am besten dienlich sein mögen. Zielt jedoch nicht schon der allererste Satz seiner Geschichte auf die Hervorrufung solcher Wirkung, so ist damit solch erster Schritt ein vergeblicher gewesen."[11)]

Genau dieses gelingt E.A. Poe mit dem ersten Satz des "Tell-Tale Heart".

"Wahrhaftig! - reizbar - sehr, fürchterlich reizbar waren meine Nerven gewesen und sie sind es noch; doch warum meinen Sie, ich sei verrückt? (...) Geben Sie acht! und merken Sie auf, wie grundgesund - wie ruhig ich Ihnen die ganze Geschichte erzählen kann. Wie der Gedanke zum erstenmal in mein Hirn drang, läßt sich unmöglich sagen; doch nachdem ich ihn einmal gefaßt, verfolgte er mich ständig Tag und Nacht. Ein Zweck war nicht dabei. Auch keine Leidenschaft. Ich mochte den alten Mann gern..."[12)]

In kaum einer anderen Erzählung wird das Thema so explizit gleich zu Beginn benannt: Selbstreflexion. Durch die vorgeführte Selbstreflexion versucht der Erzähler zu beweisen, daß er nicht wahnsinnig ist, denn:

*"Verrückte sind Wirrköpfe. Nun, da hätten Sie aber einmal mich sehen sollen, wie klug ich vorging - (...) - mit welch weiser Voraussicht - ...!"*13)

In der Geschichte stellt Poe die Frage nach dem Verhältnis von totalisierter Vernunft und Wahnsinn. Die Erzählung exponiert das Thema sowohl auf der Ebene der Reflexion als auch des Handelns. Beide sind verbunden durch das gemeinsame Projekt: Auch der reale Wahnsinn, der in dem Mord am alten Mann kulminiert, kreist um den Versuch der Selbstreflexion. Nun wird jedoch deutlich, worin gelingende Selbstreflexion gründet: in gelingender Selbstbehauptung dem Anderen gegenüber *und* in glückender Partizipation am Anderen. Sich erkennen und sich im Anderen erkennen ist ein dialektischer Prozeß gegenseitiger Anerkennung. Nicht umsonst ist es das Auge des Mannes, in das der Protagonist blicken und das er vernichten muß. Das Auge ist in der abendländischen Geistesgeschichte das einzige Sinnesorgan, welches sowohl am Lichtreich der Vernunft als auch an göttlicher Geistesmacht partizipiert; ebenso verweist die Metapher des Blicks auf Spannungen zwischenmenschlicher Realität.

Wie in den meisten Erzählungen Poes erfährt der Leser gleich zu Beginn aus dem Munde des Protagonisten selbst einige Einzelheiten über dessen körperlichen und geistigen Zustand. Eine überreizte Nervosität und die Überschärfe des Gehörsinns bilden die Details des kurzen Berichts. Sie gehören neben dem Ideal affektloser Rationalität zu den Bedingungen der Möglichkeit für die nachfolgende Mordtat. Hatte der Erzähler im Streben, sich der stoischen Seelenruhe anzugleichen, die Affekte aus seinem Denken und Handeln ausgeschlossen, so war ihm zugleich die Realität abhanden gekommen. Die Aporie der allein in sich kreisenden Rationalität spiegelt sich im Zustand der Nervosität. Wovor sie schützen sollte, dem liefert sie sich völlig aus.

Spiegelungen: Eye - I

*"Das Leiden hat meine Sinne geschärft - und keineswegs zerrüttet oder abgestumpft. Schier unvergleichlich scharf war mein Gehörssinn. Ich hörte alle Dinge im Himmel und auf Erden. Ich hörte viele Dinge in der Hölle."*14)

Es ist jedoch kein Geräusch, das ihm zur Obsession wird und ihn derart bedroht, daß er "es" vernichten muß, sondern der Blick in das Auge des alten Mannes:

"Ich denke, es war sein Auge! ja, das war's! Er hatte das Auge eines Geiers - ein blaßblaues Auge mit einem Häutchen darüber. Sooft dessen Blick auf mich fiel, überlief es mich kalt; und so kam ich denn nach und nach - ganz langsam und allmählich - zu dem Entschlusse, dem alten Mann das Leben zu nehmen und somit des Auges auf immer ledig zu werden." 15)

Neben dem Hören ist es das Sehen oder besser das "Angesehen werden", dem der Protagonist völlig ausgeliefert ist. Er kann dem Auge des alten Mannes, mit dem er zusammenlebt, nichts entgegensetzen. Der Blick, den er jedoch immer wieder sucht, löst panische Angst aus. Er dringt in ihn ein, hat die Macht, ihn zu vernichten. Von dem alten Mann erfahren wir sonst nichts, weder von seinem Aussehen noch von seinem Charakter. Auch die näheren Bedingungen des Zusammenlebens, sei es aus ökonomischem Zwang oder etwa aus verwandtschaftlichen Gründen oder gar aus Sympathie, werden verschwiegen. Nur das verunstaltete Auge und seine tödliche Kraft stehen zur Debatte. Der alte Mann als Person verschwindet hinter oder in der Magie seines Auges. Einerseits ist diese Substitution des Subjekts durch ein Körperteil Ausdruck des Wahnsinns, andererseits bedeutet die Konzentration auf das Auge die zweite, jetzt auf der Ebene des Geschehens ausgeführte Expostition des Themas: Selbstreflexion. Der lautliche Gleichklang in der englischen Sprache, mit dem der Sprach- und Rätselkünstler Poe hier spielt, eröffnet eine neue Dimension der Erzählung: Was repräsentiert das Auge, wenn es lautlich nicht vom Ich zu unterscheiden ist, denn "I" und "eye" sind ununterscheidbar? In ihrer Indifferenz drückt sich umso schärfer die Gefahr des Identitätsverlustes aus, vor der der Protagonist steht. Gleichzeitig radikalisiert sich darin das imaginierte Gegeneinander der beiden Personen: "Ich bin Ich" oder "Ich denke, also bin ich" waren Beschwörungsformeln von Autonomie; zur Begründung seiner Mordabsichten diente am Beginn der rätselhafte Satz: "Ich glaube es war sein Auge". Setzen wir an die Stelle von Auge, "Ich" ein, dann steht als Grund der Drohung das andere zentrierte "Ich" und damit der Konflikt der Selbstbewußtseine, wie ihn auf klassische Weise Hegel im Herr-Knecht Kapitel der Phänomenologie beschrieben hat. Das Problem von Identität und Identitätsverlust in der Poeschen Erzählung beginnt jedoch vor der Differenzierung in Subjekt und Objekt. Die Erzählung ist in der Ichform geschrieben, und der alte Mann tritt an keiner Stelle als das andere Subjekt der Begegnung auf, alle Bedrohungen sind Imaginationen des Erzählers. Lesen wir nun das "I" als das Ich des Erzählers, das er im Spiegel des Auges sieht, so sind die Grenzen von Ich und Du verschwunden, und es sind die Projektionsgebilde des eigenen Ich, die ihn ängstigen und zur Vernichtung treiben. Ein Versuch von Selbstreflexion - wenn auch in extremster Form verzerrt - bleibt der immer aufs neue gesuchte Blick in das Auge dennoch. Qua Selbstreflexion versucht der Protagonist dem Zuhörer wie sich selbst von seiner Gesundheit zu überzeugen. Er will sich dabei seiner Identität versichern: ich bin nicht gespalten in viele Teile, sondern ich bin mit mir identisch. Im Verlauf der Erzählung wird er immer deutlicher als Gefangener seiner eigenen Spiegelwelt vorgeführt, die Spiegelwelt ist jedoch nicht von Anfang an geschlossen. E.A. Poe präsentiert dem Leser vor einem leeren, mal weißen (hellen), mal schwarzen (dunklen) Hintergrund einen Menschen, der, im Prozeß der Selbstauflösung stehend, um seine Identität ringt. Mit dem alten Mann stellt sich für dieses isolierte Ich das Problem des Anderen, es verdichtet sich als ein Bedrohliches im Blick. Identität des Ich gibt es nur in Beziehung zum Du. "Andererseits ist der Andere nicht nur ein Gegenüber, das mir zu mir verhilft, sondern eine zweideutige Macht, nicht minder dunkel und nicht minder gefährlich als ich. Ich stoße mich von ihm ab und suche ihn zugleich".[16)]

Der entfremdete Blick

Jean Paul Sartre beschreibt in dem berühmten Blickkapitel von "Das Sein und das Nichts" in seiner phänomenologischen Analyse des vergegenständlichenden Blicks den Choque des Erblicktwerdens als den Choque der Verdinglichung: "In dem plötzlichen Stoß, der mich erschüttert, wenn ich den Blick des Anderen gewahr werde, ist enthalten, daß ich mit einem Male eine durchgreifende Entfremdung aller meiner Möglichkeiten erlebe, die weit weg von mir inmitten der Welt mit den Dingen der Welt zusammengeordnet werden."17) Den Blicksituationen, die Sartre beschreibt, ist Entfremdung immer schon vorausgesetzt. Er schildert Subjekte, die im Blicken um Unterwerfung und Selbstbehauptung ringen. "Denn die Leute, die ich sehe, lasse ich zu Objekten erstarren, ich bin in Bezug auf sie wie ein Anderer in Bezug auf mich; indem ich sie ansehe, ermesse ich meine Macht."18)

Jean-Paul Sartre schildert den entfremdeten Blick. Auch E.A. Poe schildert den entfremdeten Blick, doch er beschreibt zugleich das Irrewerden daran und verläßt damit den phänomenologischen Rahmen der Sartreschen Analyse. Geht es im Sartreschen Modell um das Ringen zweier Selbstbewußtseine, so stehen sich in der vorliegenden Erzählung ein Mensch und ein ins Dämonische verzerrtes Körperteil gegenüber. Es ist das verunstaltete Auge des alten Mannes, das die Macht hat, den jungen Mann vor Angst erstarren zu lassen. Die Zweideutigkeit des englischen Textes läßt die Frage aufkommen, ob es sich überhaupt um ein sehendes Blicken oder um ein blindes bzw. bloß spiegelndes Starren handelt. Es heißt dort: "He had the eye of a vulture ..." und schließt dann mit folgendem Satz an "*Whenever it fell upon me, my blood ran cold ...*" Die Zweideutigkeit ergibt sich aus der Kombination des Verbes "to fall" mit dem "it", also dem Auge. So ist es genaugenommen nicht der Blick, sondern das Auge, das auf den jungen Mann "fällt". Es ist keine Frage, daß die Erzählung Poes das Problem der Entfremdung behandelt, und zwar in radikaler Form. In dem Moment, in dem das Auge und nicht mehr der Blick des alten Mannes ins Zentrum der Geschichte rückt, verbindet Poe die reflexionslogische Ebene mit der dämonologischen. Das Auge tritt dabei, ganz der Logik des Fetischismus, des Pars pro toto und Quid pro Quo folgend, an die Stelle des Subjekts. Es hat die Macht, das Ich in seiner Souveränität zu bedrohen. Es trägt die Qualität des Dämonischen, weil es eine paradoxe Subjektivität besitzt, die Subjektivität des Teils. Subjektivität gilt seit Kant als die synthetische und Fragmente synthetisierende Instanz schlechthin. Nun wird ein Teil mit dieser Qualität aufgeladen und schlägt das hilflose Ich in seinen Bann.

Das dämonische Auge

Die Dynamik, die den Fetisch mit seiner magischen Macht auflädt, ist gespeist aus der Angstsituation, die er, wenn auch nur illusorisch und mit Hilfe von Realitätsverleugnung, unter die Kontrolle des Subjekts zu bringen vermag. Als Produkt primitiver Naturbeherschung stellt sich das künstlich geschaffene Objekt zwischen das Subjekt und die Realität und versperrt ihm, zum Verdinglichungsinstrument geworden, mit dem Zugang zu seiner Angst auch die zu seinen Bedürfnissen. Der phantasmagorische Schein der Waren und der Bann, in den der Sexualfetisch schlägt, haben eines gemeinsam, sie entfremden von Erfahrung und Geschichte. Die realen Arbeitsverhältnisse verschwinden ebenso hinter magischen Ding-Verhältnissen, wie ein Geschlechterverhältnis im Grunde erfahrungslos bleibt, das auf die Verdrängung der Geschlechterdifferenz und damit der Weiblichkeit gegründet ist.

Weit komplizierter scheint in der vorliegenden Erzählung die Problematik des Realitätsverlustes an die des Fetischismus geknüpft zu sein. Zum einen beleuchtet E.A. Poe gerade den Moment des Prozesses - der junge Mann muß das magisch aufgeladene Objekt seiner Obsession vernichten -, in dem die Schutzfunktion des Fetischs, die ihn zum Schild gegen Angst werden ließ, zusammenbricht. Was bedeutet es zudem, wenn in der Erzählung das Sinnesorgan, welches den Fetisch durch Anschauen erst auflädt, das Auge, selbst zu einem übermächtig-dämonischen Fetisch wird?

Jean Paul Sartre eröffnet an einer Stelle des schon zitierten Blickkapitels in "Das Sein und das Nichts" den Reflexionszusammenhang, der auf eine mögliche Antwort weisen kann. Seine Ausführungen bewegen sich um die Frage, wann das Auge zum Objekt der Wahrnehmung wird und wann der Blick das Auge verschwinden läßt: "weit davon entfernt, den Blick an jenen Objekten, die ihn offenbaren, wahrzunehmen, erscheint meine Auffassung eines auf mich gerichteten Blickes auf dem Grunde einer Zerstörung der Augen, die «mich erblicken»: wenn ich den Blick erfasse, nehme ich die Augen nicht wahr: sie sind (...) neutralisiert, nicht mit im Spiele, (...) Niemals kann man Augen, die einen ansehen, schön oder häßlich finden, kann man ihre Farbe feststellen. Der Blick des anderen verbirgt seine Augen, er scheint vor ihnen zu stehen."[19)]

Wenn also das Sinnesorgan, das Fetische hervorbringt, das Auge, selbst zum Fetisch wird, dann soll eine Dimension des Blicks vermieden werden, die sich gegen Verdinglichung sträubt. Nicht der entfremdete Blick, der Blick, von dem Sartre in seiner Darstellung des Machtkampfes der Subjekte schreibt, sondern der Blick, der menschliche Nähe schafft. Es ist die Erfahrung der Vereinigung in einem Blick, "der in einem Zeitvorbei, Raumvorbei"[20)] den Mut hat, sich in den Augen des anderen zu verlieren, die mit der Fetischisierung des Auges ängstlich geflohen wird. Um das Wagnis eines derartigen Blickens einzugehen, braucht es aber zwei Individuen, die sich im Blicken «halten» können und die konzentrierte Subjektivität des anderen als eigenes Anderssein annehmen können. Vor diesem Hintergrund bleibt zu fragen, ob das Grauen, das der junge Mann immer dann empfindet, wenn der Blick des alten Mannes auf ihn fällt, nicht das Produkt einer Enttäuschung ist: "das der Enttäuschung des am Auge des anderen zurückprallenden Blicks, das Auge des anderen als den das eigene Bild zurückgebenden Spiegel, ..."[21)]

Der einäugige Blick des alten Mannes erhält im Verlauf der Erzählung den göttlichen Aspekt einer universalen Kontrollinstanz. Könnte die Dämonisierung des Auges durch den jungen Mann nicht auch ein verzerrter Ausdruck des Protestes gegen ein entsinnlichtes, kaltes Sehen sein, dessen einzige Funktion darin besteht, auf die visuellen Beherrschung der erfaßten Objekte zu zielen?

Der junge Mann wird den alten Mann töten, jedoch ohne zu wissen, gegen welches imaginäre oder reale Zwangssystem, dessen Macht bis in die zwischenmenschlichen Beziehungen reicht, er ankämpft. Ganz im Gegenteil, er wird versuchen im Prozeß der Tat sich eben den Maßstäben, eben der Herrschaft anzugleichen, die ihn bedroht. Mimesis an Affektlosigkeit und reines, dabei zwanghaftes Denken. Allein der obsessive Wahnsinn, der den Mord auslöst, und die dämonische Phantasmagorie des Auges sind Symptome dafür, daß der Triumph reinen Denkens gleichzeitig der des reinen Wahnsinns ist. Mit dem ersten Auftreten der Angst - repräsentiert durch das titelgebende Herzklopfen - beherrschen die Affekte ebenso total und zerstörerisch das Handeln des Erzählers wie vorher die Rationalität. Der völlige Bruch zwischen Bewußtsein und Trieb läßt einer zwanghaften Vernunft ein ebenso zwanghaftes Anderes gegenübertreten. In anfallartigem Rasen und Toben bricht es sich Bahn.

Innerer Abgrund

Schon die sichtbare Gestalt des Auges gewann ihre Dämonie aus der Ambivalenz von Form und Formlosigkeit: es ist verunstaltet durch ein dünnes, durchsichtiges Häutchen. Seine Farbe wird als blaßblau und wässrig beschrieben. Abgründiges Wasserreich und Weibliches sind in ihm auf grauenerregende Weise gemischt. Über die Geierassoziation berührt es zudem die Sphäre des Verwesenden und des Todes. Die Drohung der Selbstauflösung öffnet sich schon im dämonisierten Abgrund des Auges, sie wird zur beherrschenden Realität im Sog der Herztöne, denen der Held völlig ausgeliefert ist.

Das eigentlich Katastrophische der Erzählung liegt in dem Grad der Entfremdung begründet, den E.A. Poe hier beschreibt. In der achten Nacht, als der Held das Auge des alten Mannes endlich geöffnet vorfindet und damit die Bedingung der Möglichkeit zur Mordtat, meint er das leise ängstliche Herzklopfen seines Opfers zu vernehmen:

"Es war offen - weit, weit offen - und Wut überkam mich, da ich darauf starrte (...) - jetzt sag ich, drang mir zu Ohr ein leiser, dumpfer, hastiger Pochlaut, wie eine Uhr ihn hören läßt, wenn man sie in Kattun gewickelt hat."[22)]

Obwohl er nicht in der Lage ist, darin sein eigenes, vor Angsterregung bis zum Halse schlagendes Herz zu erkennen, gelingt es ihm in diesem Moment zumindest, sich an seine schlaflosen Nächte und seine Angst zu erinnern. Doch schon dieses Minimum an Empathie und Angstreflexion löst Panik aus und führt direkt zu der anfallartig durchgeführten Mordtat. Nicht das Auge steht dabei im Zentrum, sondern das schlagende Herz selbst, dessen verräterisches "Tell-Tale" der Mordende zum Verstummen bringen will:

" Und nun, um die Mittstunde der Nacht, von der furchtbaren Stille jenes alten Hauses umlauert, erregte mich dies sonderbare Geräusch bis zu unbezähmlichen Entsetzen.(...) das Schlagen ward lauter, lauter! Ich dachte, das Herz müßte mir zerspringen. Und nun packte mich eine neue Sorge - ein Nachbar könnte das laute Pochen hören! Die Stunde des alten Mannes war gekommen!" 23)

Der Sprachkünstler E.A. Poe hat den tragischen Zusammenhang von Zerstörung und Selbstzerstörung durch die Wahl des Titels selbst zum Thema gemacht. Tell-Tale wird ein Mensch genannt, der private Dinge von anderen ausplaudert, die besser ungesagt blieben (Tattler). Tell-Tale ist aber auch ein Instrument, durch das man unwillentlich Informationen ans Tageslicht fördert, ein Zeichen oder Symptom (Indicator). Manchmal werden Seismographen Tell-Tale genannt.[24)]

Es ist das ganz Vertraute, das ganz Nahe, nämlich die eigene Angst und die eigenen Wünsche, die dem jungen Mann als bedrohliche, fremde Mächte entgegentreten. Besonderes Charakteristikum der neuen, durch die Herztöne repräsentierten Gefahr jedoch ist ihre Gestaltlosigkeit. Ein übermächtiger Angstaffekt schwemmt mit seinem ersten Auftreten alle Formen und Rituale hinweg und treibt den Helden in die Selbstzerstörung. Nach der Vernichtung des Auges gibt es keinen Widerstand mehr, und er wird von den ihn umgebenen Räumen aufgesaugt. E.A. Poe betont die räumliche Qualität der Herztöne, die nicht allein das gesamte reale Intérieur zu erfüllen scheinen, sondern zugleich die Ichgrenzen des Erzählers auflösen. Am Beginn der Geschichte versprach der schwarze Raum noch Höhlen-Geborgenheit; das Versinken im Raum der Herztöne wird hingegen zur Katastrophe. Dennoch sind der halluzinierte Geräuschraum des Doppelherzschlags und der Höhlenraum über eine Erfahrungsqualität miteinander verbunden, die eines intrauterinen Erlebens. Ob als genüßliches Zurücksinken in den mütterlichen Schutzraum oder als katastrophische Ichauflösung, E.A. Poe beschreibt als Triebkraft des gerade von dieser Ambivalenz lebenden Sogs die Totalregression ins Vorgeburtliche.

Diese jedoch - das zeigt die Erzählung mit aller Deutlichkeit - ist Produkt von Enttäuschung und Mißlingen. Das sich über Herrschaft und Zwang vermittelnde Mann-männliche Verhältnis - Basis des patriarchal organisierten puritanischen Bürgertums - war gescheitert an einer Rationalität, die sich als reine im Jenseits von Geschlechter- Rassen- Generationen- und Klassenkonflikten zu etablieren suchte[25)] und die damit die Qualität, eine tragende gesellschaftliche Balance zu ermöglichen, verlor. Unbewußtes Fundament dieser Rationalität, auch darin entpuppt sie sich als Erbin des Puritanismus, war die mit der Verinnerlichung des Opfers verdrängte Angst-Wunschspannung, die in jedem Opfer dargestellt ist. Mit der Erschütterung des Vernunftglaubens und der Macht der Väter durch die Krisen der auf sie bauenden gesellschaftlichen Realität, kehrten die Ängste mit aller Macht wieder. Das scheinbar Objektlose und Abgründige der Angst, die sich hinter dem Objekt der Obsession, dem Auge, auftut, kann als Symptom für die Absolutheit der Verdrängung gelten. Dort, wo die Anerkennung der eigenen Angst mißlingt, wird sie als Gefährlichkeit des Anderen projektiv abgewehrt. Die Vernichtung des Fremden schützt jedoch nicht vor der Selbstvernichtung, sondern treibt um so stärker in sie hinein. Wie sehr dieser Mechanismus von blinder Projektion, Vernichtung und Selbstvernichtung kollektive gesellschaftliche Zerstörungsprozesse steuern kann, deutet auf das Maß der Angst, von dem er getrieben wird:" So ist die größte Angst des sich als autonom verstehenden Individuums die vor dem eigenen Anderssein, weil ihm darin das Angstobjekt als eigenständiges Subjekt entgegentritt. Es sind die Juden (die Schwarzen für die USA, U.B.) als andere Rasse, die Proletarier als andere Klasse und die Frauen als anderes Geschlecht, die die eigene Identität bedrohen, eine Identität, die als die herrschende in einem trotz Aufklärung nicht zureichend problematisierten historischen Kontext steht: eben dem des patriarchalischen, christlichen und bourgoisen Individuums."[26)]

Der Prozeß des Grauenssogs selbst tritt uns in der vorliegenden Erzählung als ein Fallen in die Subjektlosigkeit entgegen, dessen Charakteristika aus Versatzstükken der klassischen Geschlechtermythologie zusammengesetzt sind. Der Sog des Formlosen wird eins mit dämonischer Weiblichkeit. War sie aus dem Repräsentationssystem der gesellschaftlichen Vernunft ausgeschlossen, und waren ihr somit Bilder und Formen verwehrt, so:"...sprengt die wiederkehrende Angst vor dem Weiblichen alle Symbolisierungen und damit die Beziehung des Individuums zur Gesellschaft."[27)] Wie sehr jedoch noch die Katastrophenfaszination mit den enttäuschten Wünschen nach Vereinigung arbeitet und diese zugleich überdeckt und funktionalisiert, zeigen die Metaphern des Sogs: "...die Metaphern, die ihn (den Sog, U.B.) chrakterisieren, (sind, U.B.), durch die Geschichte der Gattung hindurch, immer wieder mit Ursprungsmäulern verküpft worden..., die die weibliche Seite der Geschlechterspannung zu einem großen verschlingenden, faszinierenden und bedrohlichen Schoß stilisiert haben."[28)] Im rasend kreisenden Maelström, dessen verschlingend saugender Abgrund mit Verlöschen lockt, hat E.A. Poe das klassische Bild des Sogs in der Moderne geschaffen. In der bewegungslosen Bewegung des Maelströms ist das Pochen des Tell-Tale Heart und mit ihm die Angst zum Verstummen gebracht. Die Schwierigkeit des Helden ist dort: "nicht zu vergessen, daß er das Opfer ist."[29)]

Die Bilder des Sogs bei E.A. Poe stellen die Faszination des sich verlierenden Subjekts an seinem Selbstverlust selbst dort, wo sie in Triumphieren mündet, nie dar, ohne die darin unterschlagene Katastrophe präsent zu halten. Dort, wo ihnen das existentielle Bündnis mit den Ängsten gelingt, erheben Poes Geschichten Einspruch gegen Katastrophenlust. Darin sind sie gerade heute aktuell.

Anmerkungen

1) Heinrich, Klaus: Zur aktuellen Mythenfaszination - Sog. Interview von H. Kurnitzky. In: Niemandsland Heft 3, 1987, 88
2) ebenda
3) Vgl. Heinrich, Klaus: "... in diesen Sogphantasien (wird) eine unendlich hilflose Rückkehr (angestrebt), so etwas wie eine *Totalregression* (...) - ein Rücktauchen in einen Zustand (...), wo nicht einmal mehr die Mühe des Saugens erforderlich ist, sondern das Gesogen-Werden sie sozusagen als ihre Umkehrung ersetzt: eine hilflose große Kinderphantasie." ebenda, 91
4) Edgar Allan Poe: Gesammelte Werke. Deutsch von Arno Schmidt und Hans Wollschläger, Herrsching 1980. Bd.III. Arthur Gordon Pym, 131
5) 'Du bist der Mann'. E. A. Poe zitiert den Ausspruch des Propheten Nathan, mit dem dieser die Anklage an König David beginnt, der um die Frau eines seiner Untertanen ganz zu besitzen, diesen in den Tod schickt. Nachdem ihm durch den Propheten Nathan sein eigenes Verbrechen in Form einer Parabel geschildert wurde, rief er, ähnlich dem "Detektiv" Ödipus, aus, "So wahr der Herr lebt: der Mann, der das getan hat, ist ein Kind des Todes!" (2 Samuel, 12,5)
6) Edgar Allan Poe: Gesammelte Werke. Deutsch von Arno Schmidt und Hans Wollschläger. Bd.I. Herrsching 1980, 403
7) Dahmer, Helmut: Edgar Allan Poe, Detektiv und Poetik (mit Blick auf Marie Bonaparte). In: Psyche, 42. Jahrgang, Nr. 5, Stuttgart, 1988, 420
8) ebenda, 419
9) Sahlberg, Oskar: Marie Bonapartes Poestudie aus heutiger Sicht. Die psychische Entwicklung und ihre gesellschaftlichen Ursachen. Nachwort in: Bonaparte, Marie: Edgar Poe. Eine psychoanalytische Studie. Dt. Fassung, Frankfurt/M. 1934, 332/333
10) Freud, Sigmund: Das Unheimliche. In: Ges. Werke. Bd. XII. Frankfurt/M. 1947 235
11) E.A.Poe: Hawthorne: Zweimal erzählte Geschichten, a.a.O., Bd.7, 461
12) E.A.Poe, a.a.O., Bd. 4, 746
13) ebenda
14) ebenda
15) ebenda
16) Heinrich, Klaus: "Versuch über die Schwierigkeit nein zu sagen". Frankfurt a.M. 1985
17) Sartre, Jean-Paul: "Das Sein und das Nichts". Hamburg 1952
18) Sartre, a.a.O., 211.
19) Sartre, a.a.O., 200
20) Bloch, Ernst: Spuren. Berlin und Frankfurt/M. 1959, 106
21) Heinrich, Klaus: "Versuch über die Schwierigkeit nein zu sagen". Frankfurt/M. 1982, 68
22) E.A.Poe, a.a.O., Bd. 4, 750
23) ebenda, 751
24) vgl. Funk & Wagnalis: New Standard Dictionary of English Language. New York 1963
25) Da E.A.Poe diese Katastrophe über die Blick- und Spiegelmetaphern ausdrücklich in den Zusammenhang des Narzißmus, diesen jedoch als Ausflucht und Folge einer mißlingenden Subjekt-Objektvermittlung setzt, kann er als ein früher, literarischer Kritiker eines narzißtischen Konzepts von Autonomie, wie es in unserem Jahrhundert gerne als "Lösung" der Ver-

strickungsprobleme beschworen wird, gelten. Die frühen "objektlosen Paradiese" "anfänglicher Allmacht" und Integrität entlarvt er als ins ganz subjektive gewandte, ursprungsmythische Konstruktionen, die das katastrophische Mißlingen von Objektbeziehungen und Vereinigungswunsch voraussetzen. Vgl. dazu: Sigrun Anselm: Vom Ende der Melancholie zur Selbstinszenierung des Subjekts. Pfaffenweiler 1990, 12

26) Anselm, Sigrun: Angst und Solidarität. München 1979, 23

27) ebenda, 183

28) Heinrich, a.a.O., 91

29) ders.: Versuch über die Schwierigkeit nein zu sagen. Frankfurt/M. 1985, 137

Erschrecken und Befremden

Francisco Goyas *"Los Disparates"*

Susanne Dittberner

Die *Disparates* gelten allgemein als Höhepunkt des Geheimnisvollen, Numinosen, Abseitigen in Goyas Oevre. Wie vielleicht nur noch die *Pinturas Negras*, die 'Schwarzen Gemälde', und einige Zeichnungen Goyas, verschließt sich diese Radierungsserie dem Verständnis des Betrachters. Wie weit man sich ihnen auch interpretatorisch nähert, die Radierungen der *Disparates* bleiben fremd und bezaubernd. Diskursiv nicht auflösbar, bleibt jener Rest, den Adorno als Rätselcharakter von Kunst bezeichnete.1) So sind die *Disparates*, obwohl, wie zu zeigen bleibt, Resultat einer künstlerischen Auseinandersetzung mit sehr genau bestimmbaren, gesellschaftlichen Konflikten, doch mehr als deren Abbild. In einer Fremdheit, die sie dem unmittelbaren Verständnis entzieht, sind sie Kunst. Werfen wir einen Blick auf vier Blätter:

Abb.1
Disparate Femino (Weibliche Torheit)

Disparate Femenino

(Weibliche Torheit/Blatt 1/Abb.1)

Ein niedriggezogener Horizont. Eine Gesellschaft von Mädchen prellt zwei Figuren - sind es ein Zwerg und ein Äffchen? - mit einer Decke. Auf deren Oberfläche, nur schwach zu erkennen, die Rückenansicht eines Mannes, halb verdeckt von einem Esel. Liegen diese beiden Gestalten auf der Decke, dem Tamburin-Teppich? Sind sie vielleicht nur aufgemalt oder eingewebt? Und drohen die beiden Figuren in der Luft nicht ins Leere zu fallen? Was spielen die seltsam lächelnden Mädchen in dieser von Gott und den Menschen verlassenen Gegend?

Disparate Alegre

(Fröhliche Torheit/Blatt 12/Abb.2))

Auch hier der gleiche, niedriggezogene Horizont - auf der rechten Bildhälfte merkwürdig gesenkt. Wieder sind sechs menschliche Figuren in einem unwirtlichen, gänzlich entleerten Ambiente von einer selbstgenügsamen Belustigung völlig in Anspruch genommen - ihrer Kostümierung und den Kastagnetten nach zu urteilen, ein spanischer Tanz.

Abb. 2

Disparate Alegre (Fröhliche Torheit)

Los Ensacados

(Die Menschen in Säcken/Blatt 8/Abb.3)

Eine nächtliche Szenerie. Eine wie von Scheinwerferlicht angestrahlte Reihe von bis zum Hals in Säcken verschnürten, bewegungsunfähigen Gestalten - sie können sich offenbar nurmehr hüpfend fortbewegen - verliert sich in der Unendlichkeit der schwarzen Weiten.

Abb. 3

Los Ensacados (Die Menschen in Säcken)

Disparate Ridículo

(Lächerliche Torheit/Blatt 3/Abb.4)

Die Orientierungslinie des Horizonts ist uns genommen. Lediglich ein abgestorbener Ast, dessen Anfang und Ende nicht auszumachen sind, ragt in einen unbestimmbaren Raum. Auf ihm hocken, zusammengekauert, befremdlich anmutende, menschliche und halbtierische Wesen; bis auf die mit einem orientalischen Tuch vermummte und offenbar sprechende Gestalt in ihren Bewegungen erstarrt. Eine eisige, eine menschenfeindliche Welt.

Abb.4
Disparate Ridículo (Lächerliche Torheit)

Werkgeschichtlicher Hintergrund

Wir benutzten zur Charakterisierung dieser vier Blätter aus Goyas Radierungserie *Los Disparates* Begriffe wie 'merkwürdig', 'seltsam', 'befremdlich'. Doch nicht allein das Sujet, ihre Bedeutung - alles an den *Disparates* ist ungewiß: ihr Umfang, ihre Reihenfolge, das genaue Datum ihrer Entstehung, die Titel der einzelnen Blätter und der Titel der Serie als ganzer. Versuchen wir also zunächst festzuhalten, welche ihrer Rätsel der Überlieferung geschuldet sind.

Die in Umfang und Reihenfolge meistverbreitete Auflage der *Disparates* wurde zum ersten Mal 1864 von der Madrider Akademie der schönen Künste herausgegeben.[2] Es gibt wenigstens ein Indiz dafür, daß Goya die Serie vermutlich umfangreicher angelegt hat - einen seiner Probedrucke versah er mit der handschriftlichen Ziffer 25.

Ebenso ungewiß wie der Umfang der Serie ist die Reihenfolge der Blätter. Es ist bekannt, welche Sorgfalt Goya auf die stimmige Abfolge seiner Druck-, ja sogar Zeichenserien verwandt hat, und oftmals gestattet gerade der Kontext, die Bedeutung eines Blattes zu erfassen. Diese Interpretationsbrücke entfällt bei den *Disparates*.

Auch was die Entstehungszeit der Blätter angeht, stützt man sich auf Vermutungen. Die Mehrzahl der Kunstwissenschaftler hat sich dahingehend verständigt, die meisten *Disparates* seien um 1819 entstanden[3] - unter dem Eindruck der fernandistischen Restauration und unmittelbar nach Goyas schwerer, fast tödlicher Krankheit, etwa zur gleichen Zeit wie die *Schwarzen Gemälde*. Doch während letztere als Wanddekoration seiner Villa und damit Zwiespache des Malers mit sich selbst einen privaten Charakter haben, zielen die Radierungen, in ihrer Eigenschaft reproduzierbarer Kunstwerke, auf eine Öffentlichkeit.

Bleibt die Frage des Titels. Veröffentlicht wurden die *Disparates* 1864 unter dem Titel *Proverbios* (Sprichwörter). Obgleich diese Bezeichnung der Serie nirgends verbürgt ist, versuchte der Kunsthistoriker Tomás Harris sie zu retten.[4] Sein Unternehmen nimmt sich allerdings ziemlich hilflos aus. Die Eindeutigkeit der von Harris aus dem reichen Fundus spanischer Küchenweisheiten ausgewählten Sprüche verfehlt die Differenziertheit von Goyas Formerfindungen. Die *Disparates* sind zu idiosynkratisch und zugleich zu universell, um sich auf populäre Lebensweisheiten beziehen zu lassen. Sie halten es, um innerhalb der spanischen Tradition zu bleiben, eher mit Don Quijote und dem Traum, denn mit dem derben Realitätsbezug eines Sancho Pansa.

Wenn man Goyas erstem Biographen, Valentín Carderera, Glauben schenken darf, sprach Goya von den *Disparates* als von seinen *sueños* (Träumen). Der von Goya auch in anderen Zusammenhängen oft benutzte Terminus *sueños* erhebt, selbst wenn er sich nicht durchgesetzt hat, berechtigterweise Anwartschaft auf die Titelgebung. Mit ihm wären die *Disparates* als Fortsetzung bzw. Neuauflage der *Caprichos* charakterisiert, die Goya ja zunächst als eine Serie von *Sueños*, 'Träumen', herausgeben wollte.[5] Überdies hat der Begriff *sueño* im Spanischen eine über die Bezeichnung der nächtlichen Imaginationen hinausgehende, allegorische Bedeutung.

Doch diese, auf das Barock und auf den Konflikt zwischen illusionistischer Täuschung (engaño) und Desillusion (desengaño) zurückgehende Verwendung des Begriffs *sueño* im Sinne der Vanitas, identifiziert den Traum, *el sueño*, in gewisser Weise mit dem *Disparate,* der Torheit[6]. Damit stehen die *Disparates* in jener Tradition, die vom mittelalterlichen Karneval über Sebastian Brants *Narrenschiff*, von den pikaresken Helden der spanischen Literatur bis zu Gracians *Criticon* reicht - nicht zu vergessen die Werke des von Philipp II. posthum so hochverehrten und folglich in den spanischen Sammlungen zahlreich repräsentierten Hieronymus Bosch.

Läuft es also letztlich auf das Gleiche hinaus, ob wir Goyas kryptische Radierungen nun *Sueños* nennen oder *Disparates*? Psychoanalysegeschult wissen wir, daß sich beide Bezeichnungen nicht ausschließen, zeichnet sich doch der Traum Freud zufolge strukturell durch seine Alogik oder Gegenlogik vor dem wachen Denken aus, durch seine auf den ersten Blick unsinnige, widersprüchliche Erscheinung - kurz dadurch, daß er ein *Disparate* ist. Fraenger hob in seiner Interpretation der *Disparates* - er nannte sie "Träume" - den unheimlichen Geschmack des Schon-Gesehenen hervor. Das Déjà-Vu aber ist nach Freud Stigma des Verdrängten, des wiederkehrenden Heimlichen, Allzubekannten. Da wir jedoch als Außenstehende, als Betrachter und Interpreten, nicht Subjekt dieser "Träume" sind, ist uns der Weg erinnernder Deutung und Aneignung versperrt. Unsere "Traumdeutung" muß den Umweg einer Analyse der sozialhistorischen, biographischen und ikonographischen Quellen der *Disparates* nehmen. Dies wird uns erlauben, einige der Bedingungen für den fremdartigen Zauber dieser Blätter zu begreifen - nicht dagegen, ihre Fremdheit, ihren Bann zu lösen.

Die Maskerade der politischen Realität

Wenden wir uns also der historischen Situation zu, auf die sie eine künstlerische Antwort geben. Mit den *Disparates* zieht Goya das Fazit seiner Auseinandersetzung mit jener antikonstitutionellen Restauration, die gesamteuropäisch durch den Wiener Kongress, in Spanien durch die Herrschaft Ferdinands VII. und seiner Camarilla gekennzeichnet ist. Diese durch die Stabilisierung überkommener sozialer Privilegien, Korruption, durch grausame politische Unterdrückung und das Gegeneinander rivalisierender Geheimgesellschaften charakterisierte Epoche (1814-20) ist die letzte der traurige Folgen jenes Krieges gegen den "Tyrannen Europas", der Tausenden von Spaniern das Leben gekostet hatte (1808-14). Vor den "Ungeheuern der Unterdrückung"[7], die sich im Inneren der enthusiastischen Massen eingenistet hatten, die Ferdinand VII. als den "Ersehnten" (*El Deseado*) willkommen geheißen, die den Sturz der demokratischen Verfassung sowie die sich nach dem neuerlichen Triumph der klerialen und feudalen Reaktion über die Gesellschaft legende Totenstarre frenetisch beklatscht hatten, versagt der Realismus, mit dem Goya die "Verheerungen des Krieges" auf den ersten 65 Blättern der *Desastres de la Guerra* auf eine zugleich exemplarische wie allgemeingültige Weise festgehalten hatte. Goya sucht nach einer Ausdrucksform, und er greift noch einmal auf die Bilderfindungen der *Caprichos* zurück.

Nur monumentalisiert er die Neufassung, die *Disparates*-Version der *Caprichos*, als suche er nach einer formalen Entsprechung, um der Steigerung der Maskerade auf der Bühne der sozialen Wirklichkeit zum Ausdruck zu verhelfen; einer Maskerade vergleichbar jener Realsatire, die ihn erstmals vor mehr als 20 Jahren zur Radiernadel hatte greifen lassen. Schauen wir uns genauer an, was zur Gleichsetzung der *Disparates* mit den *Caprichos* berechtigt.

Ilustrado-Kultur

Die *Caprichos* entstehen in den Jahren zwischen 1794 und 1799. Veröffentlicht werden sie zum ersten Mal 1799. Doch *Caprichos* - wörtlich Launen, Einfälle - sind schon einige der letzten Entwürfe Goyas für die Madrider Teppichmanufaktur (das Blindekuhspiel, die Strohpuppe, die Hochzeit) und die sogenannten "Kabinettbilder", kleine Ölskizzen auf Weißblech.[8] Zu der Zeit, da Goya diese "Launen" und erst recht, als er die *Caprichos* entwirft, hat er die "Unschuld" des in den Tag Hineinlebens (*a la buena de dios*) gegen die Last der Erkenntnis, gegen ein distanziertes Verhältnis zu sich selbst und zu seinen früheren Ambitionen und Intentionen, gegen ein gebrochenes Verhältnis zu jenem Majismo, dem Lebensstil der Madrider Unterklassen, mit dem er einmal kokettiert und dem er mit vielen seiner Teppichentwürfen Bildwürde verliehen hatte,[9] eingetauscht. Aus dem Liebhaber, dem *aficionado* der Stierkämpfe und *seguedillas* ist ein Freund der *ilustrados*, der spanischen Aufklärer - ist m.a.W. selbst ein *ilustrado* geworden.[10] Und mit dem Blick der *ilustrado*s erfaßt Goya die spanische Gesellschaft, welche die Herausforderung der Französischen Revolution mit zynischer Ignoranz pariert.

Die *ilustrados*, wenn man so will, die *ilustrado*-Kultur war ebenso ein Produkt des aufgeklärten Absolutismus wie dessen treibende Kraft. Die Minister der bourbonischen Könige und aufgeklärten Monarchen, an die der spanische Thron nach dem Erbfolgekrieg (1700-1714) gefallen war, waren *ilustrados*. Sie versuchten, einerseits an die Politik ihrer französischen Vorfahren zur Zeit Richelieus und Colberts anzuknüpfen; sie waren andererseits bemüht, den Zug der Zeit nicht zu verpassen und die neuen physiokratischen Theorien, die ökonomischen und pädagogischen Ideen zur Verbesserung des Ganzen und zur Beglückung des Einzelnen in die Praxis umzusetzen. Die ministeriellen Reformer und die reformfreudigen Könige befruchteten einander - solange nicht die absolutistische Staatsform als solche in Frage gestellt wurde. Der aufgeklärte Absolutismus schuf letzlich die Infrastruktur der bürgerlichen Gesellschaft, zu der der Bau von Straßen und Kanälen ebenso zählte wie die Modellierung der Körper und Seelen der Menschen durch neue pädagogische, disziplinarische und kulturelle Institutionen. Neue Potenzen wurden geschaffen, aber auch neue Begrenzungen. Voraussetzung aller Neuerungen war die weitgehende Abschaffung der die mittelalterliche Gesellschaftsordnung begründenden Privilegien - ein Projekt, das die absolute Monarchie nicht bis in die letzte Konsequenz durchführen konnte, verdankte sie doch selbst einem Privileg, dem der obersten Gewalt in allen Angelegenheiten, ihre Existenz. Den Reformministern der spanischen Könige gelang im 18. Jahrhundert, das durch die Mißwirtschaft der Habsburger ruinierte Land dem Niveau seiner europäischen Nachbarn anzugleichen, was sich nicht zuletzt in wachsenden Bevölkerungszahlen niederschlug.

Die spanische Aufklärung, so formulierte es Richard Herr, war vor allem ein praktisches Projekt.[11] Goya lernte die *ilustrados*, die brillantesten Köpfe des Landes, zur Zeit ihres größten Erfolges, in den 80er Jahren des 18. Jahrhunderts kennen. Brachliegende Ländereien waren besiedelt worden - u.a. mit deutschen Bauern - Manufakturen und eine Staatsbank gegründet. Innovationsfreudige Unternehmer fanden sich zu sogenannten ökonomischen Verbesserungsgesellschaften zusammen. Man pflegte bei den *tertulias* - der spanischen Variante der Salons - die herrschaftsfreie Kommunikation. Es gab Akademien der Sprache,

Geschichte und Kunst und eine kritische Presse. Die ungeteilte Macht der Kirche über die Universitäten war gebrochen worden, die Jesuiten vertrieben und damit die Bastion der Ultramontanen gefallen, und wenn die Inquisition auch nicht abgeschafft worden war, hatte man zumindest einen liberalen Großinquisitor eingesetzt. Dennoch, die eigentliche Machtgrundlage von Adel und Klerus - das Recht auf die Unteilbarkeit und Nichtveräußerbarkeit des Landbesitzes - hatte man nicht angetastet.

Politische Umwälzungen

Es waren ironischerweise zwei historisch zusammenfallende Ereignisse, die nicht nur den Erfolg des bisher Erreichten in Frage stellten, sondern auch deutlich machten, daß Absolutismus als eine Form despotischer Herrschaft und Aufklärung nicht miteinander vereinbar sind. 1789 fiel in Frankreich die Bastille, 1793 fielen die Köpfe des Königs und der Königin, mit denen die spanischen Bourbonen durch Familienpakte verbunden waren, unter der Guillotine. Zur gleichen Zeit starb Carlos III., den man wie Friedrich II. von Preußen den Philosophen auf dem Königsthron nannte und dessen Unterstützung Spanien die meisten der genannten Reformen verdankte. Floridablanca, der erste Minister des verstorbenen Königs und bislang einer der Exekutoren der obrigkeitsstaatlichen und bürokratischen Aufklärung, schnitt sofort alle Informations- und Verbindungswege zu der nördlichen Ketzerrepublik ab.

Doch diese Überreaktion des ersten Ministers ist nur eine schwache Vorwegnahme jenes despotischen Regimes, das Carlos IV., der Nachfolger des alten Königs, seine Frau, Maria Luisa von Parma, und deren Liebhaber, Manuel Godoy, in den folgenden knapp 20 Jahren etablieren sollten. Der aufgeklärte Absolutismus degeneriert zu einem Willkürregime, welches das Attribut "aufgeklärt" der politischen Opportunität entsprechend an- und wieder ablegt, wobei das Primat der Politik in der Bereicherung und Nobilitierung des Günstlings Godoy besteht. Godoy legt sich Granden- und Adelstitel zu, streicht Pfründen ein, erhält die Verfügungsgewalt über ganze Provinzen, militärische Orden und Auszeichnungen, den Oberbefehl über Truppen und Marine usw. Die obersten Ränge von Armee und Verwaltung werden mit Günstlingen des Günstlings gefüllt, die phantastische Gehälter einstreichen, während die kleinen Beamten und Soldaten monatelang auf ihren Lohn oder Sold warten müssen. Verwaltung regrediert zur Korruption.

Ausdruck einer historischen Groteske

Es ist eben diese historische Groteske, die Goya zum Entwurf seiner *Caprichos* anregt. 1799, zehn Jahre nach dem Tod Carlos III., werden sie zum ersten Mal veröffentlicht. Und nicht erst die *Disparates*, schon dieses Werk überschreitet seinen Anlaß. Die *Caprichos*, so der Untertitel des schon erwähnten *Sueño* 1 -

später *Capricho* 43 -, sprechen eine "universale Sprache" (*idioma universal*). Sie sind nicht bloße Widerspiegelung der gesellschaftlichen Konflikte[12], sondern ihr Ausdruck.[13] Die künstlerische Verdichtungsarbeit macht es möglich, im Besonderen - man denke an die Darstellungen der vielen verführerischen Mädchen, gewiß eine Anspielung auf die florierenden sexuellen Tauschgeschäfte der Zeit - das Allgemeine, das Leiden an den geschlechtlichen Verstrickungen, festzuhalten. Nur deshalb vermochten die Romantiker ein halbes Jahrhundert nach dem Erscheinen der Radierungen die *Caprichos* neuzuentdecken. Sie erkannten in diesen Blättern die *idioma universal* und gaben ihnen damit ihre Fremdheit zurück.[14]

Aufstand der Massen

Kommen wir zurück zum Anlaß der *Caprichos*, den gesellschaftlichen Konflikten der Epoche und zu Godoy. Auch die Außenpolitik wird den Privatinteressen Godoys untergeordnet. So opfert dieser nicht nur die spanische Seemacht seiner offenkundigen Wahnvorstellung, sich mit Napoleon Europa teilen zu können. Es ist der Geheimvertrag von Fontainebleu mit Bonaparte über die Aufteilung Portugals, in dem sich Godoy die zukünftige Herrschaft über die Algarve, Napoleon über den Norden des portugiesischen Territoriums sichert, welcher letztlich den Bonapartistischen Truppen den Vorwand liefert, in Spanien einzumarschieren - angeblich um nach Portugal vorzurücken - und sich dann in den Nordprovinzen Spaniens festzusetzen... und damit den Auftakt zum Unabhängigkeitskrieg gibt.

Aber zunächst richtet sich der "Aufstand der Massen" nicht gegen die Franzosen, sondern gegen den Günstling Godoy selbst, dessen Villa in der Nacht zum 18. März 1808 geplündert wird, und der der Wut einer aufgebrachten Menge nur deshalb entgeht, weil König Carlos zugunsten seines Sohnes Ferdinand VII. abdankt. Dieser, der Ferdinand der Restauration, von dem weiter oben bereits die Rede war, ist für die Masse des spanischen *pueblo*[15] *Der Ersehnte*, der legitime Thronerbe, der den unverschämten Okkupanten des Landes und der Königin vertreiben soll. Napoleon hat seine imperialistischen Pläne allerdings nicht aufgegeben. Um sie gegen den *Deseado* durchzusetzen, greift er zu einer List, lädt die Königsfamilie samt Thronfolger nach Bayonne, auf französischen Boden ein, bringt Ferdinand mittels Schmeichelei und Bestechung zur Rückgabe der Krone an seinen Vater, und dieser verschachert sie gegen eine Pension an den Kaiser der Franzosen. Der setzt sie seinem Bruder Josef auf den Kopf - ein Eckstein für eine europäische Dynastie der Bonapartes. Und die spanischen Granden folgen Ihren Königen nach Bayonne und unterzeichnen die Josefinische Verfassung. Auch viele *ilustrados* sind angetan von diesem Gesetzeswerk, übertrifft es doch die kühnsten Projekte der karolinischen Aufklärung, und konvertieren zu *afrancesados*[16].

Doch Napoleon hat nicht mit dem Widerstand der spanischen Bevölkerung gerechnet. Im sicheren Bewußtsein, Bonaparte wolle ihnen ihren legitimen König wegnehmen - es ist paradox, wie schnell die Bourbonen hispanisiert worden waren - verhinderten die plebeijischen Massen Madrids den Abtransport der letzten, noch im Palast befindlichen Prinzen nach Bayonne. Mit Messern und Stöcken stürzten sie sich auf die Mamelucken unter dem Befehl Murats, der grausam auf die Attacke antwortete. Dem Gemetzel auf der *Puerta del Sol* folgte die nächtliche Hinrichtung der Aufständischen durch die französischen Erschießungskommandos. Goya hat die Ereignisse des 2. und 3. Mai sechs Jahre später mit seinen beiden berühmten gleichnamigen Gemälden zur Anklage eines säkularen Golgatha umgestaltet. Der Bericht vom Aufstand in Madrid und dem Massaker Murats,[17] war der eigentliche Auftakt zu dem sechsjährigen Unabhängkeitskrieg (1808-14), dem ersten modernen Guerillakrieg der Geschichte. Er endete mit dem Sieg der Guerilla.[18]

Bei ihrem Abzug (1813) hinterließen die französischen Truppen ein zerstörtes Land und eine demoralisierte Gesellschaft. Dabei hatte es während des Krieges Ansätze zu politischer Selbstbestimmung gegeben, die auf traditionelle, vom habsburgischen und bourbonischen Zentralismus unterdrückte Formen gesellschaftlicher Partizipation zurückgriffen. So erweckten die *Guerillas*[19] die Widerstandstradition der *Comuneros*[20] zu neuem Leben. Die zivile Entsprechung der *Guerilla*, die lokalen und provinzialen *Juntas*, welche während des Krieges die fehlende politischen Zentrale ersetzten, knüpften an die Tradition der mittelalterlichen *Fueros*[21] an: Tigersprünge in die Arena vergangener Politik. Außerdem gelang es den Spaniern während des Unabhängigkeitskrieges und gewiß nicht zuletzt in Konkurrenz zur Josefinischen Verfassung, in Cadiz, auf den "letzten Quadratmetern nichtbesetzten spanischen Bodens"[22], eine verfassungsgebende Versammlung, die *Cortes*[23], einzuberufen (1812) und, sieht man vom Verzicht auf das Prinzip religiöser Toleranz einmal ab[24], eine Konstitution zu verabschieden, die bis zum Ende der Franco-Ära den Gipfelpunkt der spanischen Demokratie bilden sollte. Ergänzt wurde sie durch eine Anzahl von Dekreten, mit denen die Träume der *ilustrados* unmittelbar verwirklicht wurden. Doch die Kluft zwischen den Ideen ohne Taten in Cadiz und den Taten ohne Ideen auf dem besetzten Territorium der Halbinsel[25] ließ sich nicht überbrücken. Es war dem Verfassungstext nicht gegeben, sich an der Wirklichkeit zu bewähren, und es gelang nicht, die Ansätze politischer Selbstbestimmung (*Juntas*) in stabile demokratische Institutionen zu überführen. Noch bevor Ferdinand VII., als künftiger konstitutioneller Monarch mit der Exekutivgewalt betraut, wieder in Madrid einzog (13.Mai 1814), machte er klar, daß er die Herrschaftsgewalt nicht zu teilen gewillt war, und schaffte das Gesetzeswerk kurzerhand ab (4.Mai 1814), sekundiert vom spanischen Plebs, der seine eigene Entmächtigung bejubelte: Schon in den folgenden Wochen wurden alle von den *Cortes* verfügten Reformen wieder rückgängig gemacht, die Inquisiton wiederbelebt, die Jesuiten zurückgerufen.

Restauration und Revolte

Die Liberalen wurden aus ihren Betten heraus verhaftet, mit ihren Schriften und dem Verfassungstext wurdeein Autodafé veranstaltet. Und die Lettern des Wortes "Freiheit" (*Libertad*) über dem Eingang zum Saal der Madrider Cortes wurden mit der Spitzhacke entfernt - ein Ereignis, das Goya unter dem Titel *Denn sie wissen nicht, was sie tun* festgehalten hat.[26] Es war eine Rückkehr zu den Tagen des Godoy-Regimes - es war schlimmer. Viele hatten während des Unabhängigkeitskriegs einen Begriff von gesellschaftlicher Partizipation, vom Schutz der Rechte des Individuums, schlicht von jenen Menschenrechten gewonnen, die nun mit Füßen getreten wurden. Sofern nicht ins Gefängnis geworfen oder, wie der mit Goya befreundete Schauspieler Isidoro Maiquez, schlicht wahnsinnig geworden, folgten die *Liberales* den *Afrancescados* ins französische Exil. Spanien verlor das Gros seiner Intellektuellen, Goya verlor seine Freunde. Und in Spanien befehdeten sich, wie ehedem unter Godoy, Camarilla und Gegencamarilla, als habe nicht der Krieg als Protest gegen Godoys Politik der Kabale begonnen - nur gaben sich die Kreaturen Ferdinands nicht einmal mehr den aufgeklärten Anstrich des Günstlings. Diese düsteren Jahre der feudal- und klerikalabsolutistischen Restauration bilden den Erfahrungshintergrund der *Schwarzen Gemälde* und der *Disparates*. Die schwere Krankheit aber, von der Goya 1819, im Alter von 73 Jahren, heimgesucht wurde, und die Ahnung des drohenden Endes, verleihen diesen Visionen ihre existentielle Färbung und apokalyptische Gewalt.

Der politische Widerstand mußte sich in diesen Jahren in Geheimgesellschaften organisieren. Allerdings geben die vielen Putschversuche von den liberalen Neigungen großer Teile der Armee Kenntnis. Sie scheiterten alle - bis auf einen, den sogenannten Riego-Aufstand, der sich zu einer Revolution auswuchs, die Ferdinand neuerlich zwang, auf die Verfassung zu schwören (1820). Allerdings war die folgende demokratische Phase der spanischen Geschichte nur von kurzer Dauer. Die Anziehungskraft des spanischen Konstitutionalismus auf andere Staaten Südeuropas alarmierte die zur heiligen Allianz zusammengeschlossenen Kräfte der europäischen Reaktion. Diese autorisierten auf ihrem Kongreß zu Verona und durch das Sprachrohr Chateaubriands die sogenannten 100.000 Söhne des heiligen Ludwigs (Louis XIII.), in Spanien einzumarschieren, um dort eine ihnen gemäße Ordnung zu etablieren.

Noch einmal erhielt Ferdinand seine Vollmachten zurück, und zum wiederholten Male senkte sich der Vorhang über Spanien - jener Vorhang, den die Figuren im Hintergrund des *Disparate Claro* verzweifelt emporzuhalten versuchen. - Beginnen wir also die Interpretation der Folge mit diesem Blatt.

Helle, deutliche Torheit

(Blatt 15 / Abb.5)

Im Hintergrund des *Disparate Claro*[27] sind einige auf dem Rücken ihrer Partner balancierende Figuren darum bemüht, den Vorhang über der von einem Prediger dominierten und vom Radius seiner ausgebreiteten Arme[28] zusammengehaltenden Menschenmenge emporzurollen. Das Gesicht des Predigers wirkt haßerfüllt, aber die Kletterer versuchen, dem Licht zum Durchbruch zu verhelfen: *claro* bedeutet zunächst, im Sinn der traditionellen Aufklärungsmetaphorik, "hell". - Legt man den Akzent auf "Torheit" und übersetzt *claro* mit "eindeutig", so läßt sich die im linken Bildvordergrund gezeigte Höllenfahrt des Soldaten als ein *Disparate claro*, eine eindeutige Torheit, bestimmen. Der Soldat stürzt[29] oder fällt als Repräsentant der liberalen Armee, während der Mönch, der den Soldaten zu seinem Sturz verurteilt, zusammen mit den beiden vor ihm knieenden Figuren und der im Schatten zusammengedrängten Gesellschaft zu den Stützen der Restauration gehört. Das *Disparate* ist also nicht zuletzt eine Visualisierung der vom Klerus geschürten Angst vor Hölle und ewiger Verdammnis.

Abb.5
Helle, deutliche Torheit

Torheit der Furcht

(Blatt 2/Abb.6)

Vergleichbar problemlos läßt sich der Bezug des *Disparate de miedo* zur gesellschaftlichen Wirklichkeit rekonstruieren. Man sieht Soldaten in panischer Flucht vor einer monumentalen Kapuzengestalt davoneilen. Mit dieser Figur, die sich erst auf den zweiten Blick als Attrappe erweist - denn ihr Auftritt wird offenbar von jener grinsenden Figur, die aus einer Kleiderfalte hervorlugt, inszeniert - zitiert sich Goya selbst: Als Einspruch gegen die Methoden der schwarzen Pädagogik erscheint auf *Capricho* 3 der Vermummte als Kinderschreck; *Capricho* 52 demonstriert die magische Gewalt eines ins Priestergewand gehüllten Baumstamms. Die Attrappe des *Disparate de miedo* treibt eine Gruppe von Soldaten in die Flucht: sie, die für die Freiheit gekämpft haben, müssen nun vor der überdimensionalen Figur, Verkörperung der fernandistischen Reaktion, die Flucht ergreifen; im Hintergrund abziehende Truppeneinheiten (Franzosen?). Aber natürlich geht der Gehalt des Blattes nicht in zeithistorischen Anspielungen auf.

Abb. 6
Torheit der Furcht

Traumhafte Gewalt gewinnt das *Disparate* durch seine formale Zuspitzung: durch den Kontrast zwischen dem gleichförmig schwarzgekörnten Aquatintagrund und der in gleißendes Licht getauchten Schreckgestalt, die, wie es Fraenger sprachlich kongenial nachzeichnet, "mit tückisch langsam schleichenden Bewegungn vorwärtssschlurft".[30] Kontrapunktiert vom Baum im Hintergrund erstreckt sie sich vom unteren Bildrand vertikal in die Höhe, als sei sie soeben unverhofft aufgetaucht. Dabei lastet das Gewicht des massiven Buckels über der sich nach unten hin verjüngenden Gestalt mit geradezu physisch spürbaren Druck auf dem Betrachter. Ihre hieratische Ruhe bildet den Gegensatz zum chaotischen Übereinander der teils fliehenden, teils zurückblickenden Soldaten.

Torheit des Dummkopfs

(Blatt 4/Abb. 7)

Auf der Monumentalität der zentralen Figur beruht auch die alptraumhafte Wirkung des *Disparate de Bobo*[31] Der niedriggezogene Horizont als einzige Orientierungslinie evoziert das Gefühl eines zugleich unbestimmten wie unendlichen Raumes. Tanzend und kastagnettenklappernd ist der *Bobo* eine Inkarnation jener Massen, welche die Rückkehr des Absolutismus und das Ende ihrer Freiheit so frenetisch beklatscht hatten und sich, wie es einer der *ilustrados* ausdrückte, abspeisen ließen mit Brot und Stieren (*pan y toros*). Aber dieses gutmütig grinsende *Bobo-Pueblo*, das sich ganz offensichtlich seiner eigenen Stärke nicht bewußt ist und den Tanz vor dem goldenen Kalb der ihm von einem Mann[32] als Schutz und Abwehr entgegengehaltenen Jungfrauenstatue[33] vollführt, existiert auch in zwei wilden, schrecklichen Versionen - den beiden Köpfen zu den Lenden des Tanzenden.[34] Das zweite Gesicht oder das Fundament der Dummheit ist die Gewalt und umgekehrt.

Die *Disparates* sind Träume und doch mehr als Träume: Kompromisse zwischen der traumhaften Imagination und jener konstruktiven Kraft, ohne die das Phantasma nicht zum Werk gerinnen könnte. Zur Kunsttheorie wurde das Formprinzip der *Disparates* in den "Vorarbeiten" des Novalis zum Prozeß des Romantisierens von 1798, auch wenn hier der Akzent auf dem konstruktiven Moment liegt. "Indem ich", schreibt der Dichter und Zeitgenosse Goyas, "dem Gewöhnlichen ein geheimnisvolles Aussehen, dem Bekannten die Würde des Unbekannten, dem Endlichen einen unendlichen Schein gebe so romantisiere ich es".[35] Und diese romantische Kunsttheorie, die, folgt man Benjamin, Kritik als Methode der Vollendung eines Werkes begreift,[36] klingt überraschenderweise in der mit materialistischer Plumpheit kokettierenden Kunstauffassung Brechts nach. In seinen Reflexionen zum "Epischen Theater, Entfremdung" forderte Brecht von der Bühnen-Kunst eine "Art der Darstellung, durch die das Geläufige auffällig, das Gewöhnliche erstaunlich wurde. Das allgemein Anzutreffende sollte eigentümlich wirken können, und vieles, was natürlich schien, sollte als künstlich erkannt werden."[37] Erst eine solche Darstellungsweise sei "kritisch und Kritik ermöglichend gegenüber den Vorgängen unter den Menschen."[38] Darin steht die "Metaphysik", mit der Goya seine Epoche überblendet, Brecht näher als Novalis:

sie ist nicht göttlichen, sondern mephistophelischen Charakters.

In diesem "metaphysisch-kritischen" Sinn sind auch das *Disparate General* (Die allgemeine Torheit, Blatt 9) und das *Disparate de Quieto* (Stille Torheit, Blatt 17) Variationen auf das Thema der fernandistischen Restauration. Mit ihrem dunklen Aquatintagrund und dem tiefgezogenen Horizont gehören das *Disparate General* und das *Disparate Quieto* zu den nächtlichen, alptraumhaften Visionen der *Disparates*.

Abb. 7
Torheit des Dummkopfs

Allgemeine Torheit

(Blatt 9/ Abb.8)

Die Formerfindung des *Disparate General* ist ein aus menschlichen, tierischen und halbtierischen Gestalten aufgeschichteter Klumpen. Zu einer ähnlichen Masse ist die Pilgergruppe im Vordergrund der *Romería de San Isidro*, einem *Schwarzen Gemälde*, zusammengepreßt. Wie Goya die Idee des *Disparate General* ausgehend von dem mit lockeren Pinselstrichen hingeworfenen, die Einzelfiguren zusammenschließenden Gesamtumriß entwickelt, zeigt ein Blick auf die Vorzeichnung.[39] Dieser Figurenberg steht für die prinzipiell miteinander unvereinbaren, sich nur in ihrem Opportunismus gleichenden und zu einem Zwangsgebilde zusammengebackenen Kreaturen - für die allgemeine Torheit: das unwahre Ganze.

Inmitten des Gewühls von *Disparate General* findet sich der hell leuchtende Kopf eines tief in seine Lektüre versunkenen alten Mannes. Eine positive Figur. Ein Eremit? Ein *ilustrado*?

Stille Torheit

(Blatt 17/Abb.9)

Das *Disparate Quieto* zeigt gleichfalls eine selbstvergessene Gestalt inmitten der mit grotesken Bewegungen um sie herumtanzenden, sich mit obzön wirkenden Gesten nähernden Figuren. Wieder ist der Vergleich mit der Vorzeichnung aufschlußreich: Wo auf der Radierung eine abstoßende Figur mit bigott gefalteten Händen zu sehen ist, auf einem Schemel hockend und von einem kläffenden Hündchen bewacht, zeigt die Vorzeichnung eine stehende junge Frau mit schüchtern gesenktem Kopf und zusammengezogenen Schultern - als wolle sie sich auf diese Weise vor den Schmähungen der sie belagernden Gestalten schützen. Aus der zarten Figur der Zeichnung wurde ein selbstgefällig raumgreifender Komplice - umtanzt von Seinesgleichen: Eine Anspielung auf Ferdinand (oder Godoy) und die Camarilla[40] und, die zeitgeschichtliche Bedeutung tranzendierend, eine Allegorie des Opportunistismus. Aber wer ist der Caballero im Hintergrund? Die Weltseele zu Pferde?

Abb. 8
Allgemeine Torheit

Abb.9
Stille Torheit

Unentschlossenheit

(Blatt 16/Abb.10)

Eines der Ausdrucksmittel für die Welt als Maskerade[41] ist die Mehrköpfig- oder Mehrgliedrigkeit. Goya greift bei *Indecision* (Unentschlossenheit), dem *Disparate Pobre* (Arme Torheit, Blatt 11) und dem *Disparate Desordenado* (Ungeordnete Torheit, Blatt 7) auf dieses Stilmittel zurück. Unheimlich erscheint die dreifache Bearmung des Mannes im Vordergrund von Blatt 16. Eine Hand reicht er der angsterfüllt blickenden Frau, mit der anderen rückt er sich die Mütze zurecht, eine dritte ist uns - hilfesuchend, abwehrend? - entgegengestreckt. Und der flüsternde Kapuziner verbirgt sein zweites grinsendes Gesicht am Ellenbogen - als solle die Unaufrichtigkeit körperliche Form annehmen. Doppel- und dreiköpfig sind auch die beiden Kerle, die den Schluß dieser Menschenkette bilden. Wieder entlehnt Goya seine Bilderfindungen dem Reich der nächtlichen Phantasmen, der Traumproduktion, der Freud die Fähigkeit zur Mischpersonenbildung zusprach.

Abb. 10
Unentschlossenheit

Abb.11
Arme Torheit

Arme Torheit

(Blatt 11/Abb.11)

Die zwei Köpfe charakterisieren auch die fliehende junge Frau des *Disparate Pobre*[42] als ein dem Reich der Träume entsprungenes Wesen. Das Blatt gehört zu jenen *Disparates*, mit denen Goya das *Capricho*-Thema der Geschlechterpolitik und der sexuellen Verwicklungen neuformuliert. *Disparate 11* nimmt neben der Doppelköpfigkeit der Frau - Stilmittel sowohl von *Capricho 2* wie des wegen seiner unverkennbaren Anspielungen auf Goyas unglückliche Liebesbeziehung zur Herzogin von Alba unveröffentlicht gebliebenen *Capricho*s "Der Traum von Lüge und Wankelmut" - das Thema der von abstoßenden Gestalten verfolgten

Schönen von *Capricho 72* wieder auf. Der Raum des *Disparate Pobre* ist in zwei Sphären geschieden. In der dunklen, der rechten Bildhälfte sieht man eine Vesammlung von Mönchen, von Greisen und Kupplern beiderlei Geschlechts, den Nachtgeschöpfen der Gesellschaft. Die junge Frau mit den zwei Köpfen bewegt sich zwar in der hellen Bildzone, wendet aber eines ihrer Häupter den Dunkelmännern und -frauen zu. Unterhalb dieses Kopfes im Hintergrund, doch gleichfalls in der hellen Zone, die aufgelösten Gesichtszüge und Haare eines besessen dahinstürmenden Mannes. Der andere Kopf der Frau, jener, den man auf den ersten Blick allein wahrnimmt, wendet sich zu einem hübschen jungen Mann zurück, und es scheint, als winkten die Beiden einander zu. Es liegt nahe, in der zerzausten Männergestalt die zweite Verkörperung, das in Leidenschaft entgrenzte Alter Ego des zärtlich blickenden jungen Verehrers zu sehen, zumal die Schraffuren ihrer Umrisse einander entsprechen. Auch der Dummkopf des *Disparate de Bobo* hatte neben seinem gutmütigen zwei grausame Gesichter.

Abb. 12

Ungeordnete oder Ehetorheit

Ungeordnete oder Ehetorheit

(Blatt 7/Abb.12)

Eine die Doppelköpfigkeit in ihrer diabolischen Zuspitzung noch übertreffende Formerfindung ist die Überfigur[43] des miteinander verwachsenen Paares auf dem *Disparate Desordenado* oder *Matrimonial.* Wiederum zitiert Goya ein Blatt seiner früheren Radierungsserie: Allerdings läßt das seinerzeit als Protest gegen die spanischen Scheidungsgesetze gemalte *Capricho* 75 wenigstens die Chance einer Befreiung der mit Stricken aneinander und an einen Baumstamm gebundenen Ehepartner zu.[44] Die Hände der unglücklichen Gatten sind frei - es müßte nur gelingen, sich der Eule[45], der die Gefesselten bewachenden Repräsentantin des Klerus zu entledigen. Dem Paar des *Disparate Matrimonial* ist eine solche Selbstbefreiung nicht möglich. Mann und Frau sind untrennbar miteinander verbunden und haben ihre menschlichen Züge verloren. Die Verdopplung der Füße, die in beide Richtungen zugleich weisen und zu Wurzeln geworden sind, immobilisiert dieses viergliedrige Monstrum. Das Nicht-von-der-Stelle-Können ist eine typische, aus den Träumen bekannte Angsterfahrung. Die Eule/Kirche wurde durch eine Ansammlung bösartig blickender Tiermenschen, Repräsentanten der schlechten Gesellschaft ersetzt.[46] Da hocken sie im Halbkreis, lauernd auf eine eine Widersetzlichkeit, als sei es dieser Figur, einer Karikatur der Platonschen Utopie des Androgyn, gegeben, sich je aus dieser Lage zu befreien.

Das Pferd als Räuber

(Blatt 10/Abb.13)

Geschlechtliche Verstrickung und Gewalt sind ferner Thema des *Disparate Cruel* (Grausame Torheit, Blatt 6) und des *Disparate Volante* (Fliegende Torheit, Blatt 5), auf die ich an dieser Stelle nicht eingehe. Das am Frauenraub beteiligte Pferd des *Disparate Volante* wird auf dem Blatt *El Caballo Raptor* (Das Pferd als Räuber, Blatt 10) zum Hauptakteur. Eine ungeheure Dynamik geht von dem sich aufbäumenden Tier und der von ihm gepackten Frau mit ihrem weitausgebreiteten Armen, ihren wehenden Haaren und Kleidern aus, betont zumal durch den Kontrast zum Hintergrund, dem flachen Horizont mit seinen "animalischen Wucherungen, die in träger Gefräßigkeit ihr Unwesen treiben".[47] Mag sein, daß eine populäre literarische Quelle die Vorlage für diese Radierung abgegeben hat, derzufolge ein in eine verheiratete Frau verliebter Mann verhext und in ein Pferd verwandelt wird, um dann die Geliebte zu rauben und deren Ehemann zu töten.[48] Die Vorzeichnung, auf der links im Vordergrund ein toter Mann zu sehen ist, rechtfertigt diese Annahme. Dennoch verbietet der surrealistische Eindruck der Radierung - der tote Mann der Vorzeichnug wurde gegen die trägen Bestien am Horizont ausgetauscht - die Reduktion des Blattes auf die Illustration einer Legende. Den Traumcharakter, den das Blatt mit den anderen *Disparates* teilt, überschreitend, gehören die symbolisch verdichteten sexuellen Anspielungen zum genuin surrealistischen Bildrepertoire: Die ausgebreiteten Arme und das wollüstig-entrückte Lächeln der Frau, die Bereitwilligkeit einer Anderen, die sich im Hintergrund ohne Widerstreben von einem Untier verschlingen läßt, und nicht zuletzt die symbolische Bedeutung des Pferdes, seit Homer und Platon Inkarnation der Triebe und Leidenschaften, mit denen es einerseits die Zivilisierbarkeit teilt, andererseits die latente Bereitschaft, in ungezähmte Animalität zurückzufallen.[49)]

Abb. 13
Das Pferd als Räuber

Kommen wir zu jenen Blättern zurück, die wir zum Ausgangspunkt unserer Überlegungen genommen hatten, dem *Disparate Alegre*, dem *Disparate Femenino*, dem *Disparate Ridículo* und den *Ensacados*, den in ihrer (inhaltlichen) Abstraktion und formalen Dichte gewagtesten und damit zugleich dunkelsten der ganzen Serie.

Sowohl mit dem *Disparate Alegre* wie mit dem *Disparate Femenino* (der fröhlichen und der weiblichen Torheit) greift Goya auf den Fundus eigener Bildentwürfe zurück. Beide Radierungen zitieren Motive der Teppichkartons - jener späten Kartons, die ich oben als versteckte *Caprichos* interpretierte und mit denen die unbeschwerte Heiterkeit der gefälligen Genre- und Majoszenen durch "urbanen schwarzen Humor"[50] ersetzt worden ist, den Unterton der *Caprichos*.

Fröhliche Torheit

(Blatt 12/Abb.2)

Das *Disparate Alegre*[51] ist eine Wiederaufnahme des 1792 gemalten *Blindekuhspiels*. War dieses seinerzeit schon eine unglaubhaft gewordene Variation eines frühen Teppichkartons, des *Tanzes am Ufer des Manzanares*, so steigert das *Disparate Alegre* den irrealen Zug des späten Kartons ins Unerträgliche: Der frühe Teppichentwurf zeigte Majos und Majas in bunten Kostümen, mit ihren Kastagnetten, singend und klatschend bei Tanz und Gitarrespiel. Sehr irdische, derbe Figuren; in leuchtenden, ungebrochenen Farben gemalt. Der späte Karton ersetzt die *Seguedilla*, einen der Tänze der spanischen Unterklassen, durch das in Adelskreisen gepflegte Blindekuhspiel. Beschäftigungen wie Blindekuhspiel und Schaukeln, Zeitvertreib der Aristokratie des 18. Jahrhunderts, sind uns vor allem durch die Gemälde Watteaus, Fragonards und Lancrets überliefert worden. Doch im Gegensatz zu Goyas *Blindkuhspiel* atmen die galanten Darstellungen der Franzosen mit ihren erotischen Anspielungen die heitere, befreite Atmosphäre der frühen Majokartons Goyas.

Die Atmosphäre des *Blindekuhspiels* dagegen ist drückend. Die Figuren wirken steif und puppenhaft, zugleich durchscheinend und unwirklich, ihre Blicke starr, die karge Landschaft mit ihrem verlorenen Horizont unwirtlich und dem galanten Sujet denkbar unangemessen. Die kräftigen Farben der frühen Kartons sind hinter einen milchigen Schleier zurückgenommen. In der Maske des *Blindekuhspiels* wurde sowohl die aristokratische Welt wie die der Majos[52] auf eine dezente Weise demaskiert - die Kartons waren schließlich Vorlagen für den Wandschmuck der königlichen Residenzen. Weniger steif und durchsichtig als von einer geradezu unheimlichen Bewegtheit besessen wirken die Tanzenden des *Disparate Alegre*. Einige der Tänzer sind an ihrer Kleidung, den kurzen Westen und den Kniehosen als Majos zu erkennen. Ihre Ausgelassenheit wirkt paroxysmal, zugleich zwanghaft wie der Blick der aus dem Bild schauenden Frau.[53] Hier schütteln sich entseelte Körper, und was sie schüttelt ist offenbar eine losgelassene sexuelle Besessenheit.[54] Warum verleiht Goya der Sexualität ein so abschreckendes, negatives Anlitz? Warum zeigt er uns diese abgetakelten Majos bei ihren leeren Vergnügungen? Der entleerte Raum mit dem rechtsseitig absackenden Horizont unterstreicht den Eindruck von Absurdität. Man sieht die Tanzenden schon abstürzen - eine weitere Variante des bekannten Goyamotivs *Alle werden fallen*. Der junge Goya hatte einmal im Majismo eine gegen die bürokratischen Reglements protestierende Kraft des spanischen *pueblo* gesehen. Der Erfolg der Godoyschen Befriedungspolitik von Brot und Stieren ließ ihn ebenso wie die Abschaffung der demokratischen Verfassung unter dem Jubel der Bevölkerungsmassen - darunter die Protagonisten des Majismo - die Nachtseite dieses

Lebensstils erkennen: Die hier tanzen, sind Relikte einer überkommenen Gesellschaftsform. Sie werden sich ewig so weiterdrehen. Eine der furchtbarsten Anklagen Goyas gegen eine Lebensweise, mit der er sich einmal identifiziert hatte und zugleich eine universale, eine grausame Allegorie der in sinnlos mechanischer Aktivität erstarrten Welt - einer Beckettschen Welt nach der Katastrophe.

Weibliche Torheit/Die Menschen in Säcken

(Blatt 1/Abb.1)

Das *Disparate Femenino* ist die genaue Entsprechung dieses Blattes. Auch hier wird einer der späten, sarkastisch-caprichiösen Teppichkartons zitiert, *Die Strohpuppe*[55]. Sadistisch grinsende Mädchen; das Opfer geprellt wie Sancho vor der Schenke. Auf beiden Entwürfen Mädchen, die einem anderen - dort der Hampelmann, auf dem *Disparate* mehrere Figuren, unter ihnen die alten Bekannten der *Caprichos* Esel und Affe - nur deshalb so übel mitspielen, weil er ohnehin schon das Opfer ist. Nur versetzt das *Disparate* das Sujet des Kartons aus der pittoresken Umgebung in eine nächtlich-apokalyptische Szenerie. (Abb.3)

Noch weltloser als diese ist die Szenerie der *Ensacados* (der Eingesackten) und des *Disparate Ridículo* (der lächerlichen Torheit). Es sind die kompositorisch sparsamsten und befremdlichsten dieser Höllenvisionen. Die sich in der Nacht des Hintergrundes von Blatt 8 verlierende, scheinbar unendliche Reihe in Säcken gefangener Menschen ist zunächst wieder die Visualisierung einer Freud zufolge typischen Traumerfahrung, des Gehemmtseins. Darüber hinaus wirken die *Eingesackten* wie in einem *disparate ridículo*, einer lächerlichen Torheit oder Dummheit befangen. Ihrer Koketterie, mit der sie sich wechselseitig in ihren Eitelkeiten komplimentieren und dabei ihre objektive Gefangenschaft übersehen, macht auch diese Opfer zu Komplicen. So droht die Nacht der Verblendung unendlich lange, ewig zu dauern.[56]

Lächerliche Torheit

(Blatt 3/Abb.4)

Bleibt das *Disparate Ridículo*. In der gesichtslosen Figur mit dem orientalischen Umhang hat man einen sogenannten Perser entdecken wollen, einen jener Abgeordneten der *Cortes*, die es dem Plebs gleichtaten und die Verfassung von 1812 durch den Kniefall vor Ferdinand verrieten. Der Umhang ist überdies Attribut des Betrügers (*Capricho* 3) bzw. seiner Attrappe (*Capricho* 52, *Disparate* 2). Doch was bedeutet jene zusammengedrängte Gruppe von Menschen und halbmenschlichen Geschöpfen auf diesem im Leeren, außerhalb des Blattes beginnenden und sich ins Unendliche fortsetzenden Ast? Wo befinden wir uns? Der gleichmäßig gekörnte Aquatintagrund bietet keinen räumlichen Halt, selbst auf die Horizontlinie der nächtlichen *sueño*-Szenen hat Goya diesmal verzichtet. Es ist, als gefrören wir in einem Vakuum, denn kein Lüftchen regt sich. Die Figuren sitzen auf einem blattlosen, abgestorbenen Ast. Sie wirken ihrerseits abgestorben, *Disparates*-Zitate darunter, wie das lasziv lächelnde Mädchen, eine Zwillingschwester der Geraubten von Blatt 10. Einzig redend: Die Hand des Verhüllten...

Brechen wir die Interpretation hier ab. Das *Disparate Ridículo* gehört gewiß zu den großartigsten Bildschöpfungen Goyas - nicht zuletzt, weil es die Fremdheit, jenes Gefühl und zugleich Bewußtsein des aus der Tradition herausgesetzten modernen Menschen, das Georg Lukács einmal als tranzendentale Heimatlosigkeit bezeichnete, geradezu körperlich spürbar macht.

Anmerkungen

1) Adorno geht es dabei um die geschichtsphilosophische Begründung der Kunst als Statthalterin des Nichtidentischen in einer von Wertabstraktion und Identitätsprinzip, d.h. vom Fluch des Immergleichen, stigmatisierten Gesellschaft.

2) Eine um 4 Blätter erweiterte Auflage wurde 1877 in der französischen Zeitschrift *L'Art* veröffentlicht.

3) Die Kontroverse um die Datierung ist nachzulesen bei Lafuente Ferrari 1961.

4) Harris 1964.

5) Frontispitz dieser Serie sollte das Blatt *El sueño(!) de la razon produce monstruos* (Der Schlaf/Traum der Vernunft erzeugt Ungeheuer) werden, das schließlich als Nummer 43 der *Caprichos* berühmt geworden ist. Da das spanische *Sueño* gleichermaßen mit "Schlaf" und mit "Traum" übersetzt werden kann, gab es in den letzten Jahren eine erregte Kontroverse darum, ob man das *sueño de la razon* des Untertitels in Fortsetzung der Tradition der europäischen Aufklärung als "Schlaf der Vernunft" oder, aufklärungskritisch bzw. -skeptisch, als "Traum der Vernunft" begreifen soll. Aus der Perspektive der Aufklärungskritik und mit Insistieren auf der Bezeichnung als "Traum der Vernunft" zusammengefaßt, findet sich diese Debatte in Werner Hofmanns Essay über "Goyas negative Morphologie", in Hofmann/Helman/Warnke 1981. An anderer Stelle werde ich gegen diese Interpretation(en) ausführen, daß *Capricho* 43 als Blatt 1 der urspünglich geplanten *Sueño*- d.h. "Traum"-Serie den schrecklichen *Traum vom Schlaf der Vernunft* darstellt.

6) Solch eine pejorativ gefärbte Gleichsetzung abstrahiert allerdings von den produktiven Implikationen des Begriffs *sueño*, auf die ich an dieser Stelle nicht eingehen kann.

7) Kapitelüberschrift Klingenders in Klingender 1948.

8) Letztere bezeichnet Goya in einem Brief selbst als *caprichos*.

9) Goya arbeitete nahezu 20 Jahre seines Lebens (1774-91) für die Madrider Teppichmanufaktur Santa Barbara. In dieser Zeit entwarf er eine große Anzahl sogenannter "Kartons", d.h. Leinwände mit Genreszenen, die den Wirkern der Manufaktur als Vorlagen dienten (vgl. Held 1971). Während seiner Arbeit für dieses Unternehmen hat Goya den *Majismo* bildfähig gemacht - den Lebenstil und Habitus der Madrider Unterklassen, zu dem ein großsprecherisches Auf-

treten, eine entsprechende Mimik, Gestik und die Vorliebe für pittoreske Kleidung (die *Capa*, den breitkrempigen Hut, die *Mantilla*) ebenso gehörte wie die Schöpfung der berühmten spanischen Tänze - *Seguedilla, Bolero, Fandango* - und des modernen Stierkampfes. Ich habe an anderer Stelle (Dittberner 1989) zu zeigen versucht, daß der *Majismo* einen Protest gegen die diziplinarischen Maßnahmen der zeitgenössischen Obrigkeit und Bürokratie darstellt und sich dabei auf die Reaktivierung eines feudalaristokratischen Souveränitätsanspruchs stützt. Goya ist z.Z. seiner frühen Teppichentwürfe offensichtlich von dieser Lebensform fasziniert. Mit den drei erwähnten späten Kartons distanziert er sich vom Majismo; ich werde weiter unten darauf zurückkommen.

10) vgl. dazu Ortega y Gasset 1950, der mit der Interpretation der Goya-Biographie auf der Folie des Gegensatzes von Unschuld und Erkenntnis Ortega das Schema der biblischen Genesis säkularisiert.

11) vgl. Herr 1958.

12) Als solche kann man sie auch auffassen und haben sie die Autoren der nicht durch Goya authentisierten Kommentare (Kommentar A, Majuskel des Namens seiner ehemaligen Besitzer, der Familie Ayala und BN, Kommentarmanuskript der Biblioteca Nacional) aufgefaßt. Hier finden sich zahlreiche Anspielungen auf die zeitgenössischen Mißstände und deren vermeintliche und wirkliche "Drahtzieher". Allerdings verkürzt der unmittelbare Gegenstandbezug der Kommentare die Kunstwerke zu Dokumenten.

13) Ich beziehe mich dabei auf Benjamins Begriff des Ausdrucks, den er der Widerspiegelungstheorie entgegenhält.

14) In den *Caprichos* und den ihnen vorangehenden Zeichenalben und Kabinettbildern manifestiert sich zum erstem Mal jene neue Expressivität der Gestik, Mimik etc., die gewiß nicht zuletzt durch Goyas Taubheit - Folge seines persönlichen Zusammenbruchs im Jahre 1791 - begründet ist. Der Verlust des Gehörssinns erzwingt geradezu eine gesteigerte visuelle Sensibilität, die Goya künstlerisch umzusetzen versteht.

15) Der Begriff *pueblo* ist sowenig mit dem Begriff Volk zu übersetzen, wie der deutsche Begriff Wald mit dem spanischen *bosque* (vgl. Ortega y Gasset 1977, 16/17).

16) Ein pejorativ gefärbter Begriff, in etwa "Französlinge".

17) sowie dem Verrat der 91 Würdenträger, die die Josefinische Verfassung in Bayonne unterzeichnet hatten.

18) Unterstützt durch die englischen Truppen unter dem Befehl Wellingtons.

19) Realität und Begriff der Guerilla sind ebenso Schöpfung dieses Krieges wie Realität und Begriff der Liberales.

20) Der Communero-Aufstand 1520-1521 richtete sich gegen die Folgen der Günstlingwirtschaft unter Carlos I. alias Kaiser Karl V.. vgl. Klingender 1948, 28/29.

21) Privilegien und Körperschaften der lokalen Selbstverwaltung im mittelalterlichen Spanien.

22) vgl. Marx 1854 (1961), 464.

23) Auch hier in Namen und Selbstverständnis wieder ein bewußter Rückgriff auf demokratische Institutionen der Vergangenheit. vgl. Marx, ebd. 469ff.

24) Der Katholizismus blieb Staatsreligion.

25) sinngem. zit. nach Marx, ebd. 458.

26) Auf dem 19. Blatt des Zeichenalbums E, heute im Berliner Kupferstichkabinett; vgl. Gassier, 1973, 178.

27) Der Titel stammt von Goya.

28) Die ausgebreiteten Arme sind, ähnlich wie das Sturzmotiv ein von Goya häufig verwendetes und mit unterschiedlicher Bedeutung versehenes Bildmotiv.

29) Hofmann kann nachweisen, daß der Sturz - exemplarisch verdichtet in Titel und Motiv des *Capricho* 19 "Alle werden fallen" - schon zur Zeit der *Caprichos* zu den bevorzugten formalen Topoi Goyas gehört, mit denen er seine pessimistische Geschichtsphilosophie verbildlicht. Auf einem in Boston befindlichen frühen Probedruck findet sich an der Stelle, die in der späteren Fassung des *Disparate Claro* der Soldat einnimmt, ein loderndes Feuer (ein Höllenfeuer?).

30) Fraenger 1977, 260.

31) oder auch Bobalción.

32) In der Vorzeichnung noch als Priester kenntlich gemacht. Goya entscheidet sich beim Radieren offensichtlich, die Klassenzugehörigkeit der Figur unbestimmt zu lassen. Auf jeden Fall gehört er zu denen, die Kapital aus dem Götzendienst schlagen.

33) Der Vergleich des alttestamentarischen mit dem Goyaschen Ikonoklasmus ist nicht so willkürlich wie es auf den ersten Blick scheint, ist doch das Judentum Hermann Cohen zufolge eine der Quellen des Geistes der Vernunft und begreift sich Goya noch in dieser schwärzesten seiner Schaffensperioden der Vernunft verpflichtet - wie auch immer er sein Anliegen künstlerisch umsetzt. Zu Goyas späten Attacken gegen die hölzerne Madonna gehört ferner *Desastre 67*.

34) Holländer interpretiert den *Bobo* als Verkörperung des Kriegsgottes Mars, nach Homer der Dümmste der Götter, flankiert von Phoibos und Daimon, Angst und Schrecken. Eine Interpretation, die nicht nur die fehlenden Marsattribute des *Bobo* ignoriert, sondern auch die Marienstatue und die sich hinter ihr verbergende Männergestalt außer Acht läßt. Vgl. Holländer 1968, 9f

35) Novalis 1978,.334.

36) vgl. Benjamin 1920, 67ff.

37) Brecht 1980,.39.

38) Brecht 1980,.39.

39) Abgebildet bei Gassier 1975, 442f

40) vgl. dagegen Tizians "Papst Paul III. mit Kardinal Alessandro Farnese und Herzog Ottavio Farnese" (1546). Auch hier das Thema der Günstlinge. Aber wieviel Menschenwürde läßt ihnen der Venezianer 240 Jahre vor der Französischen Revolution.

41) Kapitelüberschrift in Hofmann 1980, 95.

42) Der Titel stammt vermutlich von Goya.

43) Diesen Begriff, der Goyas Fähigkeit zur schöpferischen Synthese bezeichnet, übernehme ich von Werner Hofmann.

44) Im Hintergrund von *Indecision* sah man eine an den Baum gefesselte Gestalt, die an in den Banden der Ehe gefesselten des *Capricho* 75.

45) Neben der Fledermaus und der Katze das *monstruo* (Ungeheuer) der *Caprichos*.

46) Der anonymen Gesellschaft oder abstrakten Kollektivität im Durkheimschen Sinne, die das Erbe der Religion - bei Goya repräsentiert durch die Eule - antritt.

47) Werner Hofmann 1980, 202.

48) vgl. Gassier 1975, 444; siehe auch Gantner 1974, 213.

49) vgl. Hofmann 1980, 202.

50) Williams 1978, 91.

51) Der Titel stammt von Goya.

52) Die Spielenden sind teilweise in die von der Aristokratie bevorzugte französische Toilette, teilweise nach der Mode des Majismo gekleidet.

53) In ihrer puppenhaften Erstarrung erinnert sie an die Spielerin am linken Bildrand des *Blindekuhspiels*.

54) Nicht nur sind die spanischen Tänze, Bolero, Fandango, Seguedilla, Flamenco stark erotisch besetzt, Michael Armstrong Roche weist auch auf die am Latz ausgebeulte Hose des linken Tänzers hin, während der Mann im Vordergrund, der uns seinen Rücken zuwendet, die Beine spreizt, als ob er reitet. Das spanische *cabalgar*, "reiten" aber hat die Nebenbedeutung von "kopulieren".

55) *El Pelele*, auch mit "Trottel, Hampelmann" zu übersetzen.

56) Man hat die Figuren oft als Repräsentanten des spanischen Adels gedeutet. Mag sein, daß diese Klasse Goya zu Beginn seiner Arbeit vor Augen stand. Die hochmütig stolze Haltung der drei dem Betrachter nächsten Gestalten scheint dafür zu sprechen, ebenso die Tatsache, daß das Eingesacktsein zugleich die Dysfunktionalität der Hände symbolisiert - allerdings haben die Majos ebenfalls ddliese Rolle übernommen. Goya war nur konsequent, wenn er schließlich auf jedes weitere Attribut dieses Standes verzichtete. So sind die Repräsentanten einer Klasse zu den Repräsentanten der Menschheit geworden und ihre Torheiten haben sich verallgemeinert, sind zu Torheiten der ganzen Gesellschaft geworden.

Literatur

Camón Aznar, José: Los Disparates de Goya y sus dibujos preparatorios. Barcelona 1951

Benjamin, Walter: "Der Begriff der Kunstkritik in der deutschen Romantik". In: Gesammelte Schriften Bd. I.1. Frankfurt/Main 1980

Brecht, Bertolt: "Episches Theater, Entfremdung". In: Über Politik auf dem Theater. Frankfurt/M. 1980

Dittberner, Susanne: Majos und Majas. Über die stilbildende Kraft der spanischen Unterschichten. In: Ästhetik und Kommunikation, 18.Jg., 1989, H. 70/71, 87ff

Fraenger, Wilhelm: Goyas Träume. In: Von Bosch bis Beckmann. Köln 1985

Gantner, Josef: Goya. Berlin 1974

Gassier, Pierre und Wilson, Juliet: Francisco Goya. Leben und Werk. Fribourg/Schweiz 1971

Gassier, Pierre: Francisco Goya. Die Skizzenbücher. Fribourg 1973

Gassier, Pierre: Francisco Goya. Die Zeichnungen. Fribourg 1975

Gassier, Pierre: Francisco de Goya. Fribourg 1983

Harris, Tomás: Goya. Engravings and Lithographs. Oxford 1964

Held, Jutta: Die Genrebilder der Madrider Teppichmanufaktur und die Anfänge Goyas. Berlin 1971

Herr, Richard: The Eighteenth-Century Revolution in Spain. Princeton 1958

Hofmann, Werner: Goya. Das Zeitalter der Revolutionen 1789-1830. Hamburg 1980

Hofmann, Werner; Helman, Edith; Warnke, Martin: Goya. Alle werden fallen. Frankfurt 1981

Holländer, Hans: Goya. Los Disparates. Tübingen 1968

Klingender, Francis D.: Goya in der demokratischen Tradition Spaniens. Berlin 1978.

Lafuente Ferrari, Enrique: Goya. Sämtliche Radierungen und Lithographien. Wien und München 1961

Marx, Karl: "Das revolutionäre Spanien". Artikelserie in New York Daily Tribune 1854 (abgedruckt in: Marx-Engels-Werke, Bd.10. Berlin 1961, 431ff)

Novalis: Werke. Bd.II. Tagebücher und Briefe Friedrich von Hardenbergs. München und Wien 1978

Ortega y Gasset, José: Velázquez und Goya. Stuttgart 1955.

Ortega y Gasset, José: Miseria y Esplendor de la Traducion. Glanz und Elend der Übersetzung. Spanisch und Deutsch. München 1977

Sánchez/Sayre: Goya and the Spirit of Enlightenment. Hrsg. von Alfonso E. Pérez-Sánchez und Eleanor A. Sayre. Boston 1989

Williams, Gwyn A.: Goya. Hamburg 1978

Die Autoren der Beiträge

Reinhard Blomert, Dr.rer.pol., geb.1951; studierte in Heidelberg und Berlin, Lehrbeauftragter an der FU Berlin. Zusammen mit Helmut Kuzmics und Annette Treibel Herausgeber der Reihe "Studien zur Zivilisationstheorie". Veröffentlichungen: "Psyche und Zivilisation", Münster 1989; "Abwehr und Integration" in: Gesellschaftliche Prozesse und individuelle Praxis, Bochumer Vorlesungen zu Norbert Elias' Zivilisationstheorie, hrsg. v. H. Korte, Frankurt 1990, S.15-41; (stw 894); "Fortschrittsdenken, Technik und Zivilisation", hrsg. v. Kuzmics/Mörth, Frankfurt 1991; Rundfunksendungen (zu Norbert Elias, zur DDR); Aufsätze und Besprechungen.

Ulrike Brunotte, M.A., geb. 1955; wissenschaftliche Assistentin am Religionswissenschaftlichen Institut der Freien Universität Berlin. Arbeitschwerpunkte: Erfahrungsreflexion der Moderne: Remythisierungs- und Rekultifizierungsbewegungen, Natur- und Vernunftbegriff; Patriarchatstheorien: Zur Figur des Heros in der antiken Mythologie und der Moderne; Angst in den Religionen (Vernunftreligion) und moderne Angstreflexion.

Dieter Claessens, Prof. Dr. geb. 1921; Studium der Soziologie, Psychologie und Ethnologie 1951 bis 1956 nach Kriegsteilnahme u. Gefangenschaft 1940-1949. Dr.phil.1957, Habil.1960, Ordentlicher Professor für Soziologie und Anthropologie v. 1962-1983. Zahlreiche Veröffentlichungen u.a.: 1980 "Das Konkrete u. das Abstrakte", Frankfurt/M 1989 (m.a.) "Sozialkunde der BRD", Düsseldorf/Köln 15.Aufl.

Susanne Dittberner, geb. 1957; zur Zeit wissenschaftliche Mitarbeiterin am Institut für Soziologie der Freien Universität Berlin, arbeitet an einer Dissertation über den sozialgeschichtlichen Hintergrund und den Modernitätsbezug der Kunst Francisco Goyas.

Walter Eder, Prof. Dr., M.A., geb. 1941; Professor für Alte Geschichte am FB Geschichtswissenschaften der FU Berlin. Buch- und Aufsatzveröffentlichungen zur antiken Rechts- und Sozialgeschichte und zur vergleichenden Verfassungs- und Rechtsgeschichte der Antike. Mitbegründer des Instituts für Tourismus der Freien Universität und dort seit 1984 verantwortlich für den Ausbildungsbereich Wissenschaftliche Reiseplanung und -leitung und für den Aufbau eines Archivs für Tourismusforschung.

Arvid Erlenmeyer, Arzt für Neurologie und Psychiatrie, Psychoanalytiker (DGAP, DGPT, IGfAP) in eigener Praxis. Interesse für die Geschichte der Analytischen Psychologie C.G. Jungs und ihren Einfluß auf die Theoriebildung sowie für aktuelle und zeitgeschichtliche Probleme in ihrem Einfluß auf die Psyche.

Martin Groß, geb. 1952 in Zavelstein (Schwarzwald); studierte Germanistik und Politologie an der FU Berlin, arbeitet seit 1982 als freier Autor und Publizist sowie seit 1983 als Lehrbeauftragter an der FU Berlin (Germanistik)

Rolf-Joachim Heger, geb. 1945; Volkswirt und Erwachsenenpädagoge, langjährige Projekttätigkeit im Bereich der Mitarbeiterfortbildung in pädagogischen Arbeitsfeldern, von 1984-1989 wissenschaftlicher Mitarbeiter am Institut für Erwachsenenbildung der FU Berlin, seither Dozent und Berater (BBJ Consult) für Arbeits- und Qualifizierungsmaßnahmen im Land Berlin. Mitherausgeber und Verleger von "Émile - Zeitschrift für Erziehungskultur".

Achim Hellmich, Dipl.-Päd., geb. 1942; Studium in Berlin, Ausbildung als Lehrer und Sozialpädagoge, mehrjährige Tätigkeit in der Schule. Wissenschaftl. Assistent an der Pädagogischen Hochschule Berlin. Seit 1980 Lehrtätigkeit als Akademischer Rat am FB Erziehungs- und Unterrrichtswissenschaften der TU Berlin. Veröffentlichungen zur Sozialpädagogik, Vorschulerziehung, Kinder- und Jugendliteratur und zur Waldorfpädagogik.

Dietmar Kamper, Prof. Dr.phil., geb. 1936; zunächst Professor für Erziehungswissenschaft in Marburg, derzeit Professor für Soziologie an der FU Berlin und Mitglied des Forschungszentrums für Historische Anthropologie. Veröffentlichungen u.a.: Zur Geschichte der Einbildungskraft, München 1982; Zur Soziologie der Imagination, München 1986; Hieroglyphen der Zeit, München 1988; mit Ch. Wulf Herausgeber von 12 Bänden unter dem Rahmenthema "Logik und Leidenschaft; Mitherausgeber der Reihe "Historische Anthropologie", Berlin 1988ff.

Wolfgang Kleespies, Dr.med., geb. 1944, praktizierender Nervenarzt und Psychoanalytiker, Studium der Medizin in Freiburg i.Br., Ausbildung in Nervenheilkunde und Psychoanalyse in Berlin. Dozent und Lehranalytiker am Institut für Psychotherapie Berlin. Regelmäßige Durchführung von Fortbildungsveranstaltungen für Ärzte und Psychologen in Lindau und Lübeck.

Dieter Lenzen, Prof. Dr.phil., geb. 1947 im Münster (Westfalen); zunächst Professor für Erziehungswissenschaft an der Universität Münster, derzeit Professor für Philosophie der Erziehung an der Freien Universität Berlin und Mitglied des Forschungszentrums für Historische Anthropologie. Veröffentlichungen u.a.: Herausgeber der Enzyklopädie Erziehungswissenschaft", 12 Bände, Stuttgart 1982ff.; "Pädagogische Grundbegriffe", Reinbek 1989; Mythologie der Kindheit, Reinbek 1985; Krankheit als Erfindung, Frankfurt/M. 1991; Mitherausgeber der Reihe "Historische Anthropologie", Berlin 1988ff.

Helga Marburger, Prof. Dr.päd., geb. 1952; Professorin für Erziehungswissenschaft/Interkulturelle Erziehung am FB Erziehungs- und Unterrichtswissenschaften der Technischen Universität Berlin.

Ortfried Schäffter, Dr.phil., geb. 1943; Diplom-Politologe und Erziehungswissenschaftler, arbeitet am Referat für Erwachsenenbildung der FU Berlin. Publikationen zur Didaktik und Organisation der Erwachsenenbildung u.a.: Zielguppenorientierung in der Erwachsenenbildung, Braunschweig 1981; Institutionsberatung 2 Bde., Baltmannsweiler 1981/82; Kursleiterfortbildung, Frankfurt 1983; Veranstaltungsvorbeitung in der Erwachsenenbildung, Bad Heilbrunn 1984.